［英］保罗·莫兰（Paul Morland） 著

路远 译

人口版图

TOMORROW'S PEOPLE

THE FUTURE OF HUMANITY IN TEN NUMBERS

中信出版集团 | 北京

图书在版编目（CIP）数据

人口版图 /（英）保罗·莫兰著；路远译 . -- 北京：
中信出版社，2023.3
书名原文：Tomorrow's People：The Future of
Humanity in Ten Numbers
ISBN 978-7-5217-4649-5

Ⅰ . ①人… Ⅱ . ①保… ②路… Ⅲ . ①人口—发展—
研究—世界 Ⅳ . ① C924.1

中国版本图书馆 CIP 数据核字（2022）第 251239 号

人口版图
著者： ［英］保罗·莫兰
译者： 路远
出版发行：中信出版集团股份有限公司
（北京市朝阳区东三环北路 27 号嘉铭中心 邮编 100020）
承印者：捷鹰印刷（天津）有限公司

开本：787mm×1092mm 1/16 印张：20 字数：206 千字
版次：2023 年 3 月第 1 版 印次：2023 年 3 月第 1 次印刷
京权图字：01-2022-5294 书号：ISBN 978-7-5217-4649-5
定价：69.00 元

献给

英格丽德·莫兰

目录

今日人口

历史上的人口大趋势造就并持续影响着我们，就像塑造过去一样塑造着人类的现在和未来。如果没有欧洲大陆的人口爆炸和由此引发的人口外迁，就不会出现 19 世纪末欧洲人看似对世界不可动摇的殖民统治；如果美国和苏联的人口规模没有超越欧洲，就不会成为 20 世纪的超级大国；如果中国没有十几亿人口，就不会成为占据世界主导地位的美国的竞争对手；如果印度的人口没有超过 10 亿，就不会被视为未来的世界大国。

人口因素既能推动历史发展，也会造成历史逆转。俄罗斯失去主导地位以及苏联解体在很大程度上是人口演变的结果。如果 20 世纪 90 年代的日本能像百余年前迈进世界强国之列时拥有年轻、有活力且不断增长的人口，就不会被视为"日落之地"。现实情况是，20 世纪末的日本已经成为人口不断减少、经济停滞不前的老龄化国家。从伊拉克到也门再到利比亚的中东大部分地区，如果没有大量贫困无望的年轻人，就不会陷入政治动荡。从英国脱欧公投到唐纳德·特朗普当选美国总统，再到欧尔班·维克托领导匈牙利，如果不了解暗藏其中的人口变因，就无法理解占据新闻头条的大规模移民、经济停滞或民粹主义等重大事件。[1]

人口塑造了我们的过去，也塑造着我们的未来。人口统计也许不能决定命运，但它强大有力、快速变化。曾经人口大量外流的欧洲，现在正在经历大规模移民。曾经年轻的人口，现在正在经历老龄化。像意大利这样曾经以大家庭闻名的国家，现在家庭里的孩子要少得多。一些国家曾经有三分之一的婴儿活不到一周岁，现在的婴儿死亡率仅为千分之二。曾经正规教育普及率低的地方，现在文盲已经大大减少。曾经挨饿的人们，现在已经变得肥胖。今天与昨天的人口已有很大差异，明天的人口将再次不同。

对大多数人来说，人口对未来的影响微乎其微。但是如果把人口演变进程分为前现代、现代和后现代三个阶段，不管各地在人口演变起点和速度上有何差异，它们都要经历这三个阶段的话，那就具有意义了。族群、国家甚至各个大洲虽然处在人口进程的不同阶段，按照不同的速度向前推进，但它们都在同一条道路上。

前现代

在历史长河的绝大部分时段中，大自然一直支配着人类的生存与死亡，生理冲动决定了男女之间的交配行为。虽然并不存在可靠的避孕措施，但自古以来人们就尝试将性与受孕分离开来，其中有些方法颇为奏效。有些地方的杀婴现象极为普遍，人们将不想要的孩子遗弃，或者像古代斯巴达那样通过优劣比较和筛选来减少新生儿的数量。母乳喂养幼子的时间过长，可能会延长生育间隔，女性生理周期对两性行为也会产生一定影响。在某些文化中，例如中世纪的欧洲天主教，通过实行僧侣独身制度，修建修道院和圣母院，至少在原则上将数量众多的人从生殖繁衍的行列中分离出来。

世界人口在历史长周期内平稳增长，从恺撒大帝到维多利亚女王的 19 个多世纪里，世界人口增长了 4 倍。[2] 然而，高死亡率抵消了高出生率，使总人口没有呈现较快增长。进步的文明在享受相对和平的环境时人口可能会增长，但也会再次回落。中世纪的欧洲就是一个典型的例子：由于土地资源消耗殆尽，新型耕作技术的应用促使人口数量开始增长，但 14 世纪头 10 年的作物歉收和 40 年代的黑死病又造成人口数量减少。[3] 中国也经历了类似的人口增长黄金时期，随后便遭遇了人口下降。

前现代社会的交通条件既不便捷又昂贵。通过运输粮食来满足众多人口所需通常费钱费力，特别是对于那些依赖陆路运输且关卡林立、税收繁重的地方，就更加不切实际。[4] 因此，人们主要依靠就近补给。歉收意味着饥荒，而大荒之年可能意味着饿殍遍野，或者寻找食物的人口出现大规模流动。即便饥荒和疾病没有造成人口减少，战争和杀戮也会导致大量人口死亡。17 世纪的欧洲在三十年战争中损失了三分之一的人口，同一时期，中国超过十分之一的人口损失于明朝灭亡时。[5]

出生率要么不受控制，要么被粗暴或极端的方式抑制，有时晚婚等社会习俗也会抑制出生率，而群体的死亡率特别是婴儿死亡率通常很高。与新生儿活到 1 岁相比，80 岁以上的老人更有可能活到下一个生日，这大概就是前现代的人口状态。

现代

欧洲历史学家通常将 15 世纪晚期作为中世纪和近现代的分界线。[6]中国最早发明活字印刷术，从根本上降低了学习成本，使知识阶层受益于思想快速传播。欧洲人在探索通往亚洲之路时偶然发现了美洲，开辟了新大陆，给原住民带来了人口灾难。阿拉伯人虽被逐出西班牙，但在巴尔干半岛获得了立足点，尤其是在奥斯曼帝国攻陷君士坦丁堡之后。欧洲统一的基督教世界即将被宗教改革打破。

不过，这些变化都未从根本上改变前现代的人口格局。贵金属的流通决定了谁有购买力，而新的农作物，特别是土豆这种廉价的碳水化合物，逐渐改变了欧洲某些地区人们的生活。人口的关键变化是在三百年后从欧洲一隅开始的。

18 世纪晚期，托马斯·马尔萨斯通过描述当时的人口结构来驳斥乐观的启蒙思想家。他在 1798 年出版的《人口原理》一书中指出，人口在不受控制的情况下将呈指数级增长，必然会受到相对缓慢的粮食产量增长的制约。就在马尔萨斯将其描述的人口结构说成是上帝设计的"恒常趋势"时，该结构开始发生改变。[7]用今天的标准来看，食物供应、公共卫生和医疗条件的改善虽不彻底，但足以降低死亡率。与此同时，出生率居高不下甚至一度上升。由此形成的数量积累推动了人口总量的大幅增长，同时也给北美洲和大洋洲带来了定居者。这种情况推动了如今我们所说的"人口转变"[8]。

英国最先出现转变，其他国家紧随其后，先是在欧洲内部，之后扩展到欧洲以外。当其他地区进入人口转变的第一阶段时，英国已进入下一阶段。此时的英国出生率下降，人口增长的时代宣告结束。到了20世纪，受教育程度较高的群体中婴儿死亡率较低，避孕措施更加完善也更加经济，因此家庭规模得以被控制。在两次世界大战期间，两个孩子的家庭成为欧洲和北美大部分地区的常态。从人口总数低的高出生率和高死亡率向人口总数高的低出生率和低死亡率转变似乎已经完成。没有人预料到战后北美和欧洲部分地区会出现"婴儿潮"，直到20世纪60年代末，"婴儿潮"才接近尾声，生育率回落并逐渐低于每名女性生育2个以上孩子的更替水平。

正如欧洲和北美向世界扩张之前便开始了第一阶段的人口转变一样，此后其他国家的经历也大致如此。19世纪末，日本是第一个由工业化和城市化带来死亡率下降、人口增长、出生率下降的非欧洲国家，在那之后，人口转变成为真正意义上的全球现象。

这个过程被谴责为"欧洲中心主义"，因为欧洲国家试图将小家庭、分娩医疗化、借助医疗技术战胜死亡推广到世界其他地方。如果说现代制度是欧洲强加给世界的，那么接纳者们已经对其敞开了怀抱。我庆幸自己和妻子能够自主决定生育多少孩子，庆幸我们都能活到 80 岁以上，庆幸其他人也是如此。即便我对前现代人口结构的消失感到遗憾，但世界进程依旧向前，并不会因为这个偏好而发生改变。

一些国家刚刚开启人口现代化之旅。直到最近几十年，非洲大部分地区的死亡率才开始大幅下降，许多国家的生育率仍保持在平均每名女性生育 6 个孩子，这与前现代社会的水平非常接近。前现代的人口模式是一种大量繁衍和快速死亡的状态，而现代的人口模式则是迈向更小家庭和更长寿命的旅程。它与经济增长、技术和教育进步、工业兴起、交通改善以及素质教育的普及密切相关。世界上大部分地区仍在经历这些阶段，但过程何时结束，接下来又会发生什么呢？

后现代

世界上大多数国家要么已经完成人口转变，要么正朝着这个方向迈进。人口转变一度与经济发展密切相关。随着人们更加富有、接受更多教育、城市化水平提高，出生率和死亡率便开始下降。[9] 如今，人口现代化进程已经超越工业发展和经济进步，而不再是它们的衍生物，即使贫困的国家也出现了小规模家庭和预期寿命延长的现象。斯里兰卡人均寿命几乎和美国一样，但人均收入比美国少得多。尽管毛里求斯人比爱尔兰人的收入少得多，但他们人均少生 0.5 个孩子。21 世纪初，摩洛哥妇女中大多数人仍然是文盲，但平均生育的孩子数量远低于 3 个。[10] 人口和经济发展不再同步暗示了未来已来。

以上情况并不意味着人口发展进入了最终阶段，我们正在见证后现代人口结构的出现。当前，现代生活条件已经存在足够长的时间，乃至被认为是理所当然的，不过仍有一些人选择组建大家庭。这不是关于经济、工业化、城市化或避孕的问题，而是对文化、价值观和宗教的反映。在一些地方，人口结构的变化——特别是生育率——是由个人意愿而不是物质条件驱动的。随着人口力量推动世界变化，我们看到从物质到思想观念的转变。马克思认为物质条件推动了社会发展，但人口趋势正在带来新的变化。由于世界各地的人口普遍具有寿命长和低死亡率的特征，因此影响族群或国家生育率的因素更多是与希望、恐惧、意愿或价值观有关，而不再由物质条件主导。[11] 例如，美国俄亥俄州的阿米什地区女性生育的孩子是该州平均值的 3 倍左右，这不是由她们的家庭收入而是由她们的信仰决定的。

人口现代化与经济现代化曾经是并行的。有些人认为，发达经济体的增长放缓是必然的，因为增长不可能永远持续下去。[12] 我们发现后现代人口结构反映在政治中时，身份和年龄比阶级更重要——在决定如何投票方面价值观比谋生发挥了更大的作用，年龄则比经济地位更有可能影响人生观。

在有关第二次人口转变的讨论中[13]，有种观点认为，随着人们将个人追求置于家庭之上，生育率将不可避免地永久降至更替水平以下。[14]由于人们对婚姻和生育冷淡，传统的生活方式将被打破，取而代之的是新的生活方式。结果将是人口变得更少、更老，以及伴随着移民补充劳动力的不足，社会将经历一场深刻的种族变迁。与第一次人口转变一样，第二次人口转变将最先出现在西方，随后传导至全球。[15]

然而，在表象背后还有更微妙的变化。不是每个人的家庭规模都在缩小，有些是在变得更大。并非所有地方都欢迎来自不同文化的移民，一些国家试图限制移民入境，而另一些国家从一开始就拒绝移民。一些地方的预期寿命停止增长，甚至出现下降。一些主要城市出现了人口外流，在新冠肺炎疫情之后，人口外流可能还会加速。

明日人口

我写这本书的目的，是想说明人口因素何以解释今天的人类，同时也要阐释明日人类的生活将会是什么样子。书中的10个章节讲述了世界各地人口趋势的主题：婴儿死亡率下降、人口规模增加、城市化、生育率下降、人口老龄化、老年人口数量增加、人口负增长、种族变迁、教育水平提高和食物供应增加。这些趋势不是孤立的，而是紧密相关的。婴儿死亡率下降意味着人口继续增长，从而影响城市化；城市人口较低的生育率加深了人口老龄化，最终导致人口负增长并引发移民和种族变迁。与此同时，教育的普及和食物的增加推动了整个人口的发展。

当我们把这些变化综合到一起审视的时候，就显现出核心主题：从人口的角度来说，由现代向后现代转变，其实是拥有对生活中最重要事情的更多控制权，本质是对生存和死亡有更多选择权。虽然本书中的事例和数据能够表明人口是如何变化的，但未来最终将由数十亿人面对生活中最重要和最亲密的事情时的决定所塑造。

我在上一本书《人口浪潮：人口变迁如何塑造现代世界》中提出未来将出现三种颜色：更多的绿色（随着人口增长放缓，环境得以恢复）、更多的灰色（人口老龄化）和更少的白色（种族变迁的影响）。这些是向后现代人口结构转变的一部分表现。人口的减少和以更少的资源更好地养活人类，意味着更多的绿色；人口老龄化的普遍上升以及世界许多地区极有可能出现的极端老龄化，意味着更多的灰色；非洲人口激增而欧洲人口下降，意味着更少的白色。

术语与数据

阅读本书时，需要掌握一些专业概念。出生率用来衡量新出生人数相对于总人口的占比情况。如果总人口为 1 000 万，当年有 20 万婴儿出生，那么那一年的出生率为 2% 或 20‰。总和生育率（TFR）指示育龄期内平均每名女性将生育多少个孩子。例如，100 万名年龄在 15～40 岁的女性每年生育 10 万名婴儿，那么平均每名女性每年的生育数量为 0.1；在 25 年的育龄期里，平均每名女性将生育 2.5 个孩子。

至关重要的是，当人口学家提到生育率时，他们指的是实际生育水平，而不是假设生育水平。有些女性可能没有生育孩子，要么是因为她或伴侣在生育方面存在问题，要么是因为各种各样的其他问题。如果一个女人没有生育孩子，人口学家会说她的生育率为 0，即使她有生育能力。

死亡率是死亡人数相对于总人口的占比情况。如果总人口为 1 000 万，每年有 10 万人死亡，那么死亡率为 1% 或 10‰。预期寿命衡量一个人的预期生存年数，它以一个国家当前分年龄死亡率为计算基础。[16] 预期寿命通常是男女分开计算的。

年龄中位数是衡量一个社会中某一时刻人们年龄的指标。如果按年龄最小到最大的顺序排列，人口的年龄中位数就位于最年轻和最年长的两部分人中间。

书中引用了很多数据，因为不理解数据就无法理解人口的故事。但需要提醒的是，人口数据需要进行大规模的收集与核实，其准确度取决于人口普查、人口记录和其他官方数据。某些地方、某些时候、某些问题上的数据或许更可靠。在现代社会，我们想当然地认为国家机构将收集、公布和分析有关出生、死亡和人口跨境流动的信息，但这是近年来才有的现象。例如，当人口学家观察 18 世纪日本相当低的出生率时，他们往往不确定这些数据是由于生育节制、堕胎还是杀婴造成的。[17] 通常的经验是，数据越新，收集数据的国家越发达，数据相对就越可靠。因此，可以推断 2020 年芬兰的死亡人数比 1950 年博茨瓦纳的移民人数更准确。我尽可能地使用了联合国人口司的综合数据，其他情况书中均已标明出处。[18]

正如过去和现在的数据是不全面的，未来的数据也不是一成不变的。然而，虽然没有水晶球用来占卜，但人口学家仍然可以信心十足地预测一些问题。除了一些巨大的灾难，我们将知道 2050 年有多少 30 岁的意大利人，我们可以合理且肯定地说，30 年后南非人的寿命不会比现在短。本书的一个主要观点是没有什么是不可避免的，事情如何发展将越来越取决于人们做出的选择。在过去，我们可以根据人们的物质条件做出预测，而经济学家可以预测这些条件如何变化。随着文化和个人偏好而非经济因素越来越多地影响人口结构，预测将变得更加困难。

当你出发前往一个遥远的目的地时，可能在你到达那里之前，一条新的道路已经建成，或者一场地震将现有的道路摧毁了。然而，即使地图上显示某段旅程是不确定的、不完整的甚至完全错误的，这张地图也是有意义的，可以确保在出发时提供科学的指引。通过解释人口如何影响现状，阐述人口主要趋势及其对政治、经济和社会的影响，本书提供了通往未来的地图。

第一章

婴儿死亡率

10：秘鲁每 1 000 名婴儿的死亡人数 [1]

尘土飞扬的卡拉瓦依略地区位于秘鲁首都利马和安第斯山脉之间。在 16 世纪 30 年代被西班牙征服者摧毁之前，这里是印加帝国的一部分，后来西班牙人前来定居，强迫当地人在自己的土地上为他们工作。尽管这里位于首都的郊区，但与西方人观念中第三世界的棚户区有着很大区别。土坯砖砌成的卡拉瓦依略老城颇具民俗风情，而当地有些居民即将迈入秘鲁中产阶级行列。但总体来看，这里仍是一个杂乱的混合体，既有简陋的住所，也有开阔的田野；既不完全像农村，也不完全像城市。临时搭建的房屋斜倚在山坡上，在其背后错落分布着白领工作的现代化办公楼。

　　卡拉瓦依略与许多发展中国家的城区没什么不同。这些城区的居民正从农村贫困状态向着西方人长期认为理所当然的生活水平迈进。这一过程中重要的变化就是婴儿死亡率从高到低，婴儿夭折这个曾经普遍的现象逐渐消失了。

1996 年，卡拉瓦依略开办了一家诊所，负责培训社区卫生工作者向当地孕妇讲解营养和卫生等方面的知识。参加培训的女性向那些没去参加培训的人介绍相关知识，这对传播优生优育的观念大有裨益。卫生工作者来自他们所服务的社区，了解当地的风土人情，这使他们比外来者更能发挥作用。这种小型倡议对于降低婴儿死亡率效果明显。[2]

有时，简单的经济激励措施也会起到作用。21 世纪初，秘鲁为了让女性参加课程并给孩子接种疫苗，不仅向孕妇提供产前教育，还提供现金补贴。在大部分情况下，政府派出会说当地语言的卫生工作者，联合地区诊所，通过降低婴儿死亡率改善当地人的家庭生活，同时也提高了秘鲁许多地区的健康水平和预期寿命。

世界银行的数据显示，秘鲁每 1 000 名婴儿中，仍有 10 个活不到 1 岁。[3] 尽管其他来源的数据略有不同，但有一点是肯定的，婴儿死亡率正在快速下降。20 世纪 70 年代初，秘鲁的婴儿死亡率在 100 ‰ 以上，大约是目前水平的 10 倍。在短短几代人的时间内将婴儿死亡率降至如此水平是一项了不起的成就，但秘鲁并没有因为这一成就而出名，这说明秘鲁所处发展阶段中婴儿死亡率降低这一趋势在其他国家也较为普遍。在过去的半个世纪里，秘鲁婴儿死亡率的下降速度只比南美洲其他国家快一点，而包括中国在内的亚洲许多国家也取得过类似的成就。

秘鲁女性受教育程度的提高对婴儿死亡率的大幅下降做出了

主要贡献，不仅因为受教育程度的提高使人们更科学地了解怀孕、分娩和育儿，还意味着掌握阅读和写作能力的女性更有能力掌控家庭福利。1970年，只有不到1/3的秘鲁儿童进入中学学习，今天几乎所有的秘鲁女孩和男孩都能够入学。[4]一个人人都有机会接受基础教育的社会与一个只有少数特权阶层才能接受教育的社会是截然不同的，尤其是在儿童福利方面。女性更倾向于在孕期寻求和遵循医生的建议，也更有能力抚养孩子。

我们可能会想，教育是不是婴儿死亡率下降的因素，或者这种关系是间接的还是直接的。物质条件的改善或许可以解释死亡人数的减少以及教育水平的提高。然而，统计分析毫无疑问地证实教育对婴儿死亡率有直接影响。[5]知识可以挽救生命，比如知晓如何用蚊帐预防疟疾，或者了解怎样使用盐糖水止住腹泻。在发达国家，教育还与更好的健康状况和较低的死亡率有关。[6]

婴儿死亡率下降的同时，孕产妇保健也在不断改善。仅从2003年到2013年，秘鲁孕产妇死亡率就下降了一半以上。[7]

因此，秘鲁婴儿死亡率降低要归功于更好且更便宜的药品、更高的食品标准、更清洁的水，以及更多的受教育机会。由于这些方面进步飞快，秘鲁婴儿死亡率下降的速度是欧洲国家的两倍。秘鲁仅用25年时间，就解决了英国在20世纪近3/4的时间里面临的婴儿死亡率高的问题。尽管秘鲁仍然贫困，但其婴儿死亡率相当于20世纪70年代末的英国或21世纪初的俄罗斯。换句话说，秘鲁新生儿在1岁前死亡的概率，只有20世纪60年代我在伦敦出生时的一半。

正如卡拉瓦依略是发展中国家城市的典型，秘鲁在过去几十年取得的成就也是其他国家的典范。20世纪50年代初至80年代初，全球婴儿死亡率下降了一半，此后又下降了一半。过去几十年间在这一领域取得的进展比整个人类历史上取得的进展都要大。

婴儿死亡率是什么以及受什么因素影响

我们现在统计的是每千名婴儿的死亡率，这一点很重要。它曾经是以每百人计算的，因为在前现代社会中，大约有1/3的婴儿会在1岁前死亡。世界上某些地区在过去两个世纪以及另一些地区在过去几十年生活方式和生活水平的巨大变化，极大地提高了婴儿的生存率。日本作为典型国家，其婴儿死亡率仅为2‰。

如今，我们把死亡和老年人联系在一起，但在前现代社会中，年轻人面临的风险最大。对于那些信奉需要受洗才能进天堂的基督徒来说，确保孩子尽早接受洗礼是优先事项。1816年，在意大利的帕多瓦，将近15%的婴儿在出生6天后死亡，75%的婴儿在出生2天后接受洗礼。到1870年，夭折率已经减少了一半，婴儿洗礼也减少了一半。[8]一种可能的解释是，父母知道他们的孩子不会夭折，可以稍微放松一点。

在母亲不识字、饮食不卫生的地方，婴儿很难活过1岁。过去几乎普遍都是如此。英国国王亨利八世的6个妻子虽然享受着16世纪金钱所能买到的一切舒适、奢华和照料，但只有3个孩子幸存下来。[9]他们的3个孩子都没有子嗣。亨利的2个妻子被处决了，其中一个才19岁，她还有很多年育龄期。其他4个妻子都是自然死亡。我们只记得亨利有6个妻子，但他没有孙辈或者至少没有合法孙辈的事实却很少被人提起。亨利八世有6个妻子却没有一个孙子，这让我们看到即使是社会的最高阶层，血脉中断的可能性也很大。

我有时会请人们举一个儿子从父亲那里继承了英国王位，然后又把王位传给下一代的历史案例。大多数答案是600多年前在位的亨利五世国王。有时，王位不能顺利继承是因为政治事件和篡位者，但更多时候与继承人的早亡有关。亨利八世的哥哥亚瑟先于他们的父亲亨利七世去世。乔治二世的儿子弗雷德里克因为早亡，王位传给了自己的儿子，也就是乔治三世。乔治五世之所以能继承王位，是因为他的哥哥阿尔伯特·维克多快30岁的时候去世了，当时他们的父亲还没有登上王位。

大量婴儿的死亡解释了为什么过去人口增长如此缓慢，以及为什么几个世纪前地球上只有10亿人，而现在是80亿人。在亨利八世和一个半世纪后的安妮女王统治期间，情况没有多大改观。安妮女王怀孕18次，没有幸存的后代。她的儿子格洛斯特公爵威廉王子在11岁时病逝，该王朝的命运就此终结。就像她的姐姐玛丽二世女王一样，她这一支的血脉就此中断。随着都铎王朝和斯图亚特王朝的终结，至少在新教意义上是这样的，汉诺威的一位远亲在 1714 年填补了王位空缺。正因为我们对皇室家族了解甚多，所以他们的例子很有说服力，不过他们的真实情况也适用于阶层低的群体。过去的皇室家族布满了枯枝，就像亨利八世和他的妻子们血脉中断一样。无论是皇室成员还是平民都有一个共同点，那就是孕育后代并不容易。

在生命的成长过程中，死亡率通常在青春期下降，然后在接近老年时上升。曾经有一段时间，女性平均要生育 6 个甚至更多的孩子，才能代偿生育之前死亡的人口数量，从而保持人口规模稳定。现在这个数据一般被认为是 2.1。

死亡的阴影

死亡是人类永恒的话题之一。我们的祖先恐惧于阴暗地河与炽热熔炉的景象，长久以来深受其扰。这种情绪衍生出宗教、神话和艺术。为了延缓死亡，大量资源投入医疗保健领域。英国的国家医疗服务制度和美国的医疗保健系统，不就是在付出巨大努力去延缓死亡吗？人类总是生活在一种奇特的先知先觉中，知道家人和朋友都会在某一天永别于世，自己的命运也是如此。对于人口学家来说，死亡、死亡率或死亡统计趋势是这门学科的基本构成要素。[10]

你可以把生存当作每年都要通过的比赛。[11] 早期的障碍是最多的，许多人在头几道关就倒下了。从人口统计学上看，人类越是生活在接近自然状态的环境中，生命消逝的情况就越是惊人。这好比那么多无花果种子中未必有一颗生根发芽、开花结果。出生在野外的狒狒几乎有 1/4 活不到 1 岁，这在灵长类动物中相当普遍。[12] 在古代农业社会中，人类婴儿死亡率与类人猿相近，有时甚至更高。对于以狩猎采集为生的人类祖先来说，情况好不到哪里去，他们中有 1/4 的婴儿没能活过 1 岁，还有 1/4 的人寿命也不长。直到 19 世纪，人类的繁衍情况才有所改变。如果不是这样的话，人口的大幅增长会开始得更早。

今天我们所面对的关卡，特别是生命早期的生存障碍要少得多。在发达国家出生的人口中，只有极少数人无法克服这些障碍，绝大多数人都能冲破障碍生育繁衍。虽然每一个早亡的年轻人对于自身和家庭而言都是悲剧，但在当今世界绝大部分地区已经得以避免，这是一个值得庆祝的事实。

即使在今天，仍有许多出生在撒哈拉以南非洲地区、远离城镇、不受管理的婴儿没有身份证明，亚洲更为偏远的地区也是如此。乔来自泰国北部的清莱，由于父母既没有意识到也不想去为他登记出生证明，他直到十几岁时才拥有公民身份。这让依赖准确统计数据的人口学家感到头疼。更重要的是，这可能给那些来自偏远地区、想要融入现代生活的人带来不便。乔在接受英国记者采访时说："我去不了想去的地方，警察总是不让我离开村庄，因为我没有任何东西可以证明我是泰国人。"[13] 由于没有登记出生人数和死亡人数，计算婴儿死亡率往往根据推断而非确凿的事实。

数据可能因以下情况失真：配备新生儿救护设施的地方也是最佳抽样调查点，这里的婴儿死亡率最低。虽然修正婴儿死亡率数据时可以考虑城市中提供最佳医疗保健和最佳统计数据这些事实，但对于大多数医疗条件不足的国家而言，它们的数据只能是近似值。

影响数据准确性的另一个原因是，一些社会变化飞快，导致分析数据时的现实情况已经发生改变，婴儿死亡率变化之快在人口指标中是少见的。在光景不好的时候，一场瘟疫或饥荒可以影响一整代人，幼儿和老年人通常更容易受到侵袭，但在当今社会，疫苗接种和孕产妇培训等进步举措能够大幅降低婴儿死亡率，对整个社会而言也是效果明显。例如，美国采用氯化消毒法进行饮用水消毒，在短短十几年内就使感染伤寒死亡的人数减少了一半以上，最终有效地消灭了伤寒之祸。[14]

尽管数据可能有些错误或比较模糊，但婴儿死亡率的下降是当今世界最显著的人口趋势之一。世界上几乎所有角落的情况都已很好或是正在快速改善，不过这还远远不够。

领先者和落后者

半个世纪以来，发展中国家在降低婴儿死亡率方面取得的进展最快。总体而言，婴儿死亡率随国家财富和教育水平的提高而下降，但较贫困国家的政府和国际援助机构将儿童健康列为优先事项，儿童福利也是大多数父母最优先的考虑。因此，正如我们在秘鲁看到的那样，相对贫困国家缩小差距的速度比预期中要快得多。

美国是富裕的发达国家，生育率相对较低并呈下降趋势，婴儿死亡率略高于5.5‰。[15] 虽然这一数据远低于秘鲁等发展中国家，但对于一个不仅极其富裕，而且在全球医学研究领域领先的国家来说，这一数据高得离谱。在婴儿死亡率上，世界上最富裕的国家表现相对较差，反映出穷人能够获得的医疗服务有限。但即便是在美国，婴儿死亡率自20世纪80年代初以来也下降了一半。毫无疑问，当数据已经很低时，再进一步降低会更加困难，但其他国家已经实现了这一点。40年前，西欧和美国的婴儿死亡率水平大致相同；如今，法国、德国以及欧洲其他国家的婴儿死亡率是美国的一半。

分析人口数据会给我们带来有益的提示，因此有必要更深入地研究一下为什么近年来美国从领先队伍中掉队了。

种族是影响美国婴儿死亡率的主要因素。非裔美国人婴儿死亡率是社会总体水平的2倍多，但比较贫困的拉美裔婴儿死亡率则略低于平均水平。亚裔美国人的婴儿死亡率最低，通常新移民及其后代的婴儿死亡率为3‰～4‰，差不多达到世界最低水平。[16]总体而言，美国白人的表现略好于拉美裔，但明显不如古巴移民和中南美洲移民的后裔，同时比亚裔差很多。[17]

然而，非裔美国人婴儿死亡率的变化令人欣喜。通过对刚到辛辛那提一年的当地妇女进行教育平权，并增加社区卫生工作者和孕妇产前小组人数，黑人婴儿的死亡率下降了24%。[18]

新生儿死亡的情况最可能出现在年龄过小和过大（20岁以下和40岁以上）的孕妇中。前者的情况是这些母亲往往相对贫困且受教育较少。后者的情况主要与生物学有关，中年妇女生孩子的时间越晚，怀孕和分娩就可能越困难。以上情况使我们找到了问题所在以及美国政府应该把重点放在哪里。但我们无法回避的一个事实是，美国总体表现糟糕的原因在于缺乏可负担得起的医疗服务。

从地理上看，美国东南部贫困州的表现最糟糕，这些州中非裔美国人比例最高。然而在打着乡村文化之乡和后工业衰败标签的物质匮乏、白人占绝大多数的西弗吉尼亚州，婴儿死亡率与亚拉巴马州和佐治亚州相似。[19]

在日本、韩国、新加坡和挪威，婴儿死亡率仅为2‰。爱沙尼亚也达到了这一水平。还有一些发达国家的婴儿死亡率为3‰。达到最高水平的国家理应继续沿着这条道路走下去——过不了多久，婴儿死亡率就会像孕产妇死亡率一样，不是千分之几，而是万分之几甚至十万分之几。

在降低婴儿死亡率方面，有些国家取得的成就比秘鲁还要引人关注。自20世纪90年代初以来，马尔代夫的婴儿死亡率足足下降了85%，其中部分原因是蓬勃发展的旅游业推动了经济的快速发展。就在20世纪60年代，马尔代夫有近25%的婴儿活不到1岁。如今这一比例已降至7‰，还不到1%。2019年初，驻扎在马尔代夫的印度海岸警卫队用吊车将一名危重新生儿送上直升机，并紧急送往首都马累的医院，这一事实说明了当前马尔代夫对婴儿生命的重视程度。[20] 这种为拯救一条生命付出的巨大努力在前几代人看来是不可想象的，因为当时没有资源用来珍爱生命。马尔代夫仍然是一个发展中国家，但其婴儿生存率仅略微落后于美国等发达国家，与罗马尼亚等较落后的欧盟国家持平。

不容自满的英国婴儿死亡率

虽然就绝对数据而言，英国的婴儿死亡率确实很低，不到全球平均水平的 1/7，但也有令人担忧的迹象。毫无疑问，从长期来看，它已经有所降低——现在还不到 20 世纪 80 年代末的一半，是 60 年代中期的 1/5 ——但这种下降趋势似乎即将结束。事实上，正在出现一种缓慢而短暂的逆转。英国的婴儿死亡率从 2014 年的 3.6‰ 上升到 2017 年的 3.9 ‰，这不过是统计数据上的短暂变化，任何比例的上升都违背了我们一直认为的不可阻挡的单向进程。[21] 正如我们看到的那样，这一指标在最贫困地区也是最差的。[22] 英国的婴儿死亡率仍只有美国的 2/3 左右，但几乎是芬兰等排名靠前国家的 2 倍。最新数据显示，2020 年的数据接近 3.5‰，婴儿死亡率上升的趋势有望逆转。[23]

英国经济衰退或至少停滞不前的原因尚不完全清楚。反对党的政客们指责政府在过去 10 年里实施紧缩政策，但是现在用于医疗保健的资金却比以往任何时候都多。我们认为像女性受教育这种影响婴儿死亡率的因素得以持续改善，教育普及程度甚至高等教育程度都比以前要高。另一方面，英国的育龄妇女群体与 20 年前越来越不相同。近 30% 的英国婴儿是由外籍母亲所生，这个数据是 20 世纪 90 年代初的 2 倍多。这些人中确实有许多来自婴儿死亡率低于英国的国家，比如波兰是外籍产妇最常见的来源国，但来自巴基斯坦的产妇数量同样多，那里的婴儿死亡率要高得多。尽管英国国家医疗服务体系尽了最大的努力，但巴基斯坦裔和英国本土的婴儿死亡率之间的差距并没有在一代人的时间内被跨越，这也许并不令人惊讶。社会群体中不断增加的肥胖人士和糖尿病患者及其对怀孕期间健康的影响也微乎其微。另一个可能的原因是，越来越多的高龄母亲在生育时面临着更大的生理挑战。2008—2018 年，英国 45 岁以上女性所生孩子的数量增长了 46%。[24]

　　由于可能存在的文化和语言障碍，巴基斯坦等国家的产妇可能很难绕过英国国家医疗服务体系去获得其他社会服务。儿童的健康在一定程度上取决于母亲的受教育水平、健康程度和获得的营养。从贫困国家来到英国的女性，除受教育程度较低之外，在童年和青少年时期可能经历过更糟糕的状况，当她们成为母亲时，将会产生连锁反应。无论付出多大的努力来抵消这些影响，即使是轻微的习惯改变，也会使婴儿死亡率略微上升。

　　尽管英国的数据不尽如人意，但即使在婴儿死亡率本来就很低的国家，趋势也在显著下降。在全球范围内，这一数据是 20 世纪中期的 20%～25%。虽然婴儿死亡率改善明显，但我们不应该满足于现在的情况。在世界各地，每 5 秒钟就有一名婴儿死亡，情况最糟糕国家的婴儿死亡率是最好国家的 40 倍。就在 2018 年，全球每年 15 岁以下儿童的死亡人数超过 600 万，其中有 500 多万儿童活不过 5 岁。[25] 可以预计，随着教育普及、生活条件改善和医疗技术持续提高，婴儿死亡率将会进一步下降。正如一位美国母亲在讲述自己的孩子死里逃生时所说的那样："人类的进步救了我的孩子，并将拯救更多的孩子。"[26]

非洲的婴儿死亡数量占世界一半以上。[27] 在塞拉利昂，婴儿死亡率仍然在 80 ‰ 左右，疟疾、肺炎和腹泻等疾病极为普遍，孕妇分娩时的死亡率也是世界最高的。然而，即使是塞拉利昂也取得了巨大的进步，婴儿死亡率已经比 20 世纪 90 年代中期降低了一半。

撒哈拉以南非洲地区的情况不容乐观，世界上情况最为糟糕的国家都在此地。而在南亚没有什么内在原因导致巴基斯坦的婴儿死亡率比印度高出近 2 倍，在 20 世纪 70 年代，这两个国家几乎处于同一水平。自那以后，印度的婴儿死亡率下降了 3/4，但巴基斯坦的婴儿死亡率仅下降了一半。巴基斯坦并没有受到诸如减少儿童接种疫苗等阴谋论的影响。例如，一位不愿接种疫苗的家长向社区卫生工作者辩解道："印度教徒的疫苗中掺有猪血，这是要让我们下地狱。"[28] 2019 年，一名社区卫生工作者和两名警察因社交媒体上的健康恐慌而遭到枪杀，脊髓灰质炎灭活疫苗的接种工作不得不暂停。[29] 无知使人们继续付出生命的代价。

不平等加剧、趋势好转和有限的下降空间

近几十年来，发展中国家的经济快速增长，而发达国家的薪酬中值却停滞不前。这意味着国家之间的经济趋同，贫困的国家缩小了差距，而国家内部的经济不平等加剧了。例如，在较贫困国家，日益壮大的中产阶级与当地穷人逐渐分化，而更富裕的欧洲、北美和亚洲经济体中出现了超级富豪精英。通过婴儿死亡率也能看到同样的问题。最糟糕的国家取得的进展最明显，因此在国际层面上，差距正在缩小。例如，1950 年马拉维共和国的婴儿死亡率比美国高出近 150 ‰，而今天这一数据仅高出 35 ‰。国内差距的扩大体现在马拉维的发展是不均衡的。城市地区由于拥有更好的基础设施和教育条件取得的进步最大，而农村地区容易被忽视。腐败、区域性优待和中产阶级的形成，都加剧了国内的分化。2014 年的一项调查显示，马拉维富裕城市地区的婴儿死亡率不到贫困农村地区的一半。[30]

随着风险降低，人们就会专注于预防，这也是人口学中的真理。例如，自 20 世纪 80 年代初以来，英国火灾死亡人数减少了一半。这要归功于家庭明火的减少、防火板家具的增加和其他措施。然而，当死亡事件真的发生时往往令人震惊。2017

年 6 月，格伦费尔大楼火灾造成 72 人死亡，震惊了整个英国。当一场灾难来袭时，它越不寻常，对国民的影响就会越大。但它的影响越大，采取的应对措施就越多，死亡人数也将继续下降。[31]

这与婴儿死亡率具有相似之处。一位曾在非洲较贫困国家生活过的援助人员告诉我，大约 15 年前，婴儿夭折极为普遍，如果有人家里孩子死亡，他们可能都不会请一天假——婴儿夭折被视为稀松平常的事，所以很少有人对此感到惊讶。[32]

随着婴儿死亡率的下降，每一件事的价值都被放大，社会决定采取更多措施应对这一问题，反过来进一步降低了死亡率。最近英国婴儿死亡率的小幅增长引来了可能左右政策和未来实践的调查，最终将扭转不良趋势。

此外，有一种担忧认为，最容易降低婴儿死亡率的手段已经用过了；轻松达成目标后，未来让婴儿死亡率再低将更难实现。"最容易取得的成效"是在新生儿出生后的 11 个月，这段时间可以采取疫苗接种等举措。然而，要在新生儿出生后最脆弱的第一个月内取得成效是很难的，因为除了产妇营养和健康等更复杂的问题外，还要取决于分娩前和分娩期间的干预。在通常情况下，婴儿在最脆弱的第一个月内死亡，死亡率之高导致衍生了各种仪式来应对这一问题。一位援助人员对我说，他在乌干达工作时，看到一种庆祝孩子满月的仪式："在满月之前死亡的婴儿往往不被视作新生命。只有满月才意味着这个新生儿活了下来。"[33]

女性的生育风险

曾几何时，分娩对女性的生命构成一大威胁。与婴儿死亡率一样，孕产妇死亡率是前现代社会制约人口增长的主要因素。如果一个女孩活过了周岁，等到了生育年龄，她很可能在第一次或第二次怀孕或分娩时死亡。在日常生活中，继母曾经是一个比今天重要得多的角色。许多男人发现自己要抚养孩子，所以在妻子亡故的情况下需要找一个替代者。

怀孕和生育可能是危险的，前者常与高血压有关，后者常发生出血或感染。此外，堕胎过程中经常发生死亡，特别是在无人监护和非法堕胎的情况下。当贫困或受教育水平较低的女性分娩时，在基础医疗设施遥远或缺乏的情况下，所有风险都有可能出现。

与婴儿死亡率一样，在世界某些地区，分娩时的死亡仍很普遍，但这些地区的孕产妇死亡率正在下降，仅从 2000 年到 2017 年，孕产妇死亡率就下降了 1/3 以上。[34] 这种人类特殊形式苦难的降低与婴儿死亡率下降有许多共同之处，而与婴儿死亡率一样，提供专业护理可以发挥很大的作用。

在斯里兰卡首都科伦坡的一个工业地区，一位助产士的故事就是一个很好的例证。阿里亚塞利·古纳维拉向一位新手爸爸展示了如何制作和使用简易的吸乳器，这有助于喂养他刚出生三天的婴儿，并缓解年轻妈妈的乳房不适。超过 90% 的斯里兰卡女性在分娩后的几天里接受探访，这些探访往往带来了母亲和婴儿的救命之物。心存感激的年轻妈妈告诉记者："没人会来帮我们，除了助产士。"[35] 一个吸乳器的生产成本很低，但只要有安全卫生的使用说明，它每天都能挽救生命。

斯里兰卡的制度之所以成功，是因为认真保存了记录孕妇情况的登记册，并将处境可能危险的孕妇作为护理重点。斯里兰卡的助产士与准妈妈们建立了密切的关系，这使她们能够就性和家庭暴力等问题进行坦率的对话。阿里亚塞利说："我现在是这个家庭的一员了。"斯里兰卡已经树立了母亲和婴儿护理制度的典范，来自南亚各国和其他地区的代表团都来学习助产士服务。

斯里兰卡血腥内战的历史记忆尚未褪色，但早晚有一天会被人们遗忘。在 1948 年获得独立之前，斯里兰卡在某种程度上是大英帝国的一个模范殖民地。它在 19 世纪晚期设立代议制议会，20 世纪 30 年代立法通过普选权。得益于茶产业融入世界经济，斯里兰卡较早开始了现代化进程。早在 19 世纪 80 年代，斯里兰卡就开始培训助产士。

2000 年，斯里兰卡的孕产妇死亡率为每 10 万例活产中死亡人数 56 人，这在发展中国家是一个显著的例外，但是仍远高于发达国家。随着产后护理的进一步发展，到 2007 年，斯里兰卡的孕产妇死亡率已经降至每 10 万例活产中死亡人数 36 人。[36] 在可避免死亡和弃婴问题上，发展中国家与发达国家相比仍有相当大的差距，这仍然是一个令人痛心的现实。但在世界许多地方，这种情况在一代人的时间里减少了一半以上。[37] 农村地区的孕产妇死亡率较高，因为那里的产妇想要获得助产士的帮助更不容易。当获得服务和设施能够产生影响时，通常城镇或城市的情况更好，因为那里获得这些服务和设施更容易。

与婴儿死亡率一样，简单的干预措施可以产生显著的效果。研究表明，组织妇女小组讨论怀孕和分娩并分享基本的保健经验，成为改善健康和降低死亡率的有效途径。[38]

阿富汗直到最近也在这方面取得了进展。自1990年以来，该国的孕产妇死亡率下降了一半以上，但要达到具有母婴护理悠久传统的国家的优良标准，还有很长的路要走。而且，在阿富汗这样的国家，数据通常是不准确的。最近的调查结果表明，阿富汗孕产妇死亡率的降低幅度比此前认为的要小，而且尽管助产士服务有所增加，但在农村地区能够为新手妈妈服务的助产士却减少了。事实上，阿富汗似乎是世界上唯一一超出撒哈拉以南非洲地区孕产妇死亡率的国家，后者每100名孕产妇中就有一人死亡。[39]

孕产妇死亡率本身代表的意义很重要。孕产妇死亡率高通常会使婴儿死亡率高，两者的根源都在于缺乏教育、医疗条件和公共卫生服务。正如婴儿死亡率下降一样，孕产妇死亡率的下降说明了对新手妈妈进行女性教育和心理辅导的重要性。在传统的农村社会中，孕妇分娩时尤其危险。在英格兰和威尔士，孕妇分娩时的死亡率从19世纪的40%～60%下降到1930年的42‰左右。今天，这一数据大约是十万分之七。[40]

虽然全球孕产妇死亡率下降是战后世界的一项杰出成就，但也有一些不幸的例外。在这方面美国已经落后，同样由于医疗服务的相对不平等，以及向社会最贫困人口提供的医疗服务不完善，美国女性在分娩期间或分娩后不久死亡的概率约为十万分之十九，这不仅高于其他发达国家，而且比上一代人更糟，至少是20世纪80年代末的2倍。[41] 受苦的不仅仅是那些贫困的人，塞雷娜·威廉姆斯和碧昂斯等名人都谈到过自己是如何在分娩时濒临死亡的。威廉姆斯写道："在生下女儿奥林匹亚后，我差点死掉。我的剖宫产伤口裂开了，因为栓塞导致了剧烈的咳嗽，医生在我的腹部发现了一个由于瘀血而产生的肿块。然后我又回到了手术室，做了防止血块流入肺部的手术。"威廉姆斯非常感谢医生对她的救治，但并不是所有的女性都这么幸运。[42]

美国在实施像斯里兰卡等国家运用的至关重要的产后监测措施方面一直滞后，种族问题再次浮现。黑人女性死于分娩期并发症的概率是白人女性的3倍多，几乎是拉美裔女性的4倍。这个问题是由曾任民主党总统候选人、现任副总统卡玛拉·哈里斯带入政坛的，她坚称这是医疗体系中的种族主义造成的。但如果这是最恰当的解释，那就很难理解为什么拉美裔在这方面的表现优于白人。[43] 与婴儿死亡率一样，这些涉及生死的问题需要仔细审查和分析，然后是精心规划和认真改善。

与婴儿死亡率一样，产妇保健的关键时刻是分娩之后。在美国，相关事例的发生比较普遍，分娩时或分娩后一周内死亡的女性比随后51周内死亡的女性略多。[44]

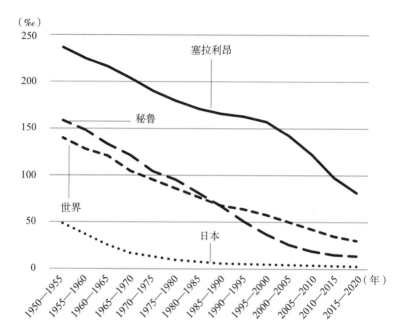

图 1-1 世界范围内和选定国家的婴儿死亡率（1950—2020）

资料来源：联合国人居署

婴儿死亡率下降得很快，死亡率最高的国家下降得尤其明显。在塞拉利昂，出生后第一年的婴儿死亡率从 20 世纪 50 年代初的大约 1/4 下降到今天的不足 1/140。日本的婴儿死亡率仅为 2‰，是世界上最低的国家之一，由于婴儿死亡率在很长一段时间内一直很低，因此很难看到明显进展。全球形势正在改善，受过教育的父母（特别是母亲）、个人收入的提高、获得医疗保健服务机会的增加，都促成了这一成功。

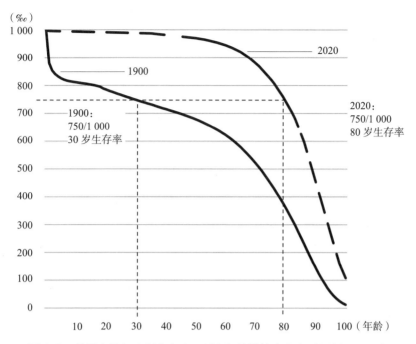

图 1-2　美国女性每 1 000 人 0～100 年龄段的生存率（1900—2020）

资料来源：美国社会保障管理局

如果我们按年龄计算 1900 年美国女性的生存率，并假设这些数据适用于今天的新生群体，我们可以预计每 1 000 人中只有 800 人能活到 10 岁，大约 2/3 的人能活到 50 岁。相比之下，根据 2020 年的生存率推算，超过 99% 的人在 10 岁时仍能活下来，97% 的人寿命超过 50 岁。

如果使用同样的数据，1900 年的研究对象中有 1/4 的人会在 30 岁之前死亡，2020 年的研究对象中有 3/4 的人能活到 80 岁。比较两个年份的数据，我们会看到逐渐变化的曲线，其中特定年龄段的人口生存率较高。

婴儿死亡率和孕产妇死亡率的差异

婴儿死亡率的显著下降深刻地改变了社会。在发展中国家，人口变得更年轻。例如，由于婴儿死亡率下降了约90%，科摩罗联盟的马约特岛年龄中位数在1950年至1985年间下降了15岁。因此需要建造更多的学校，更多的人需要从事诸如教师等以儿童教育为导向的职业，经济必须吸收迅速增长的年轻劳动力。就像照顾越来越多的老年人所带来的挑战一样，这些需求来自积极的人口学信息——与死亡的对抗。对于日本这样的国家来说，把婴儿死亡率从2‰或3‰降至1‰甚至更低也许是一个有价值的目标，但日本的婴儿死亡率长期以来一直处于很低的水平，进一步降低不会对人口结构产生实质性的影响。

即使在秘鲁这样的国家，哪怕婴儿死亡率为0也不会对人口规模产生重大影响，因为只有大约1%的婴儿死亡。婴儿死亡率的下降曾经是全球人口增长的巨大引擎。现在，正是低死亡率加上持续的高出生率推动了人口爆炸。

随着时间的推移，较低的婴儿死亡率导致了较低的生育率，部分原因是预计会失去较少小孩的父母会生育更少的孩子，以及小家庭与丰富的生活方式之间的关系。最初，生存率的增加会降低社会的年龄中位数，但一旦家庭规模缩小，存活下来的大群体就会被小群体接替，就像战后西方"婴儿潮"时期出生的人一样。

愤世嫉俗者可能会建议那些担心人口增长的人应该避免帮助

欠发达国家降低婴儿死亡率，但这种想法的形成有一个漫长且丑陋的背景。这种想法不仅缺乏同情心，而且想象我们可以让数百万人永远处于以前的痛苦状态是不切实际的，即使我们足够冷酷地希望这样做。相反，对于希望降低全球人口增长速度，最人道且实用的方法是促进那些处于人口转变早期阶段的地区尽快进入后续阶段，实现繁荣，推动女性解放，提供更多的选择。为了实现这一目标，物质和教育条件有限的社会必须经历死亡率直线下降但出生率仍然很高的人口转变阶段，然后才能进入出生率下降的下一个阶段。

尽管美国和巴基斯坦有不足之处，但不应忽视其在降低婴儿死亡率和孕产妇死亡率方面取得的进展。我们有充分的理由相信，在未来的几年里，发展中国家不断改善的产后服务将使分娩前后的死亡变得少见。除非出现一场全球性灾难，否则像英国这样的人口转变在人口学上不太常出现。或许，英国的经验只是表明表现非常好的国家和地区很难进入最优秀的行列。

我们知道婴儿死亡率和孕产妇死亡率低的未来会是什么样子，因为这已经在许多发达国家出现。有些人认为可以完全消除死亡，但目前这种想法仍停留在科幻小说的层面。我们稍后将研究那些看似离奇的理论，而在现实领域，尽管婴儿死亡率和孕产妇死亡率在未来几十年不会完全消失，但二者的极低水平将继续在世界各地实现。虽然将婴儿死亡率和孕产妇死亡率从千分之二降低到万分之二，甚至十万分之二是很棒的目标，但婴儿死亡率和孕产妇死亡率从一开始就非常低，因此进一步的改善几乎不会明显体现在数据上。

世界上许多地方仍在向着这一目标前进，当婴儿死亡率和孕产妇死亡率急剧下降时，人口最初以极快的速度增长。这是人口转变的扩张阶段，欧洲在一个多世纪以前就开始了，并已经进入下一阶段，而世界上大部分地区目前正在经历这一阶段。非洲还需要几十年的时间，不过它将改变一切。

第二章

人口增长

40 亿：2100 年非洲人口数量[1]

马尔加耶·亚当和他的妻子卡图玛在 15 岁时结婚，后来生育了 10 个孩子。在接受英国《金融时报》记者采访时，他承认如果妻子没有足够的生育能力，他可能会找第二个配偶。他们生活在乍得南部的偏远农村，经常面临干旱和恐怖分子的袭击。马尔加耶对于养育这么多子女并不后悔："拥有一个大家庭是值得骄傲的事情，很多孩子可以帮忙。这不是我的选择，而是上帝赐予的。"在乍得这样的国家，传统家庭结构和观念影响着人们塑造生活的能力，不管个人是否愿意，许多孩子最终都会被生下来。[2]

马尔加耶和他家人的故事说明了为什么撒哈拉以南非洲地区的人口增长如此之快。根据联合国的预测，到 21 世纪末，非洲大陆的人口将达到 40 亿。非洲巨大的人口增长是当今世界最重要的趋势之一，这有可能改变全球政治、国际关系、经济、文化和生态。与过去两个世纪其他几次大规模人口增长一样，有两个因素起到推动作用：持续的高生育率和不断下降的死亡率，特别是年轻人这个群体。我们在上一章观察到了这一点。

在过去，无数的新生儿抵达生命的站台，但死亡的列车几乎同时抵达并很快将他们带走。现在，新人仍在大量抵达，但离开的人减少了很多，所以站台上人满为患。这一趋势始于19世纪的英国，在20世纪推向世界，现在非洲正处于人口转变的最后一波浪潮。

与马尔加耶·亚当比起来，亨利八世在生育方面并不成功，我们在上一章讨论过。令人惊讶的是，前者生活在全球社会金字塔的底部，却能成功地养育一个家庭；而后者无疑处于顶端，却无法将他渴望的继承人抚养长大。当然，穷人中总有一些人在生育方面有好运气，而社会中最富有的人在生育方面却有坏运气，马尔加耶和亨利八世所处的时代有力地解释了他们在生育方面的差异。

在前现代社会，马尔加耶不可能期望他的10个孩子都能活到成年，那显然是小概率的幸福事件。另一方面，今天即使在乍得这样一个贫困的国家，他所有的孩子都能存活下来也是幸运的，只是不算个例。就在1950年，乍得近1/5的婴儿活不到1岁。如今，这个比例不到1/10，比日本的婴儿死亡率高50倍，但正在朝着好的方向发展。

乍得具备促进高生育率的所有特征。受教育程度低的女性比受教育程度高的女性生育更多的孩子，只有大约1/5的乍得年轻女性能够识字，只有12%的人上过中学，因此生育率居高不下也就不足为奇了。[3]乍得正处于人口转变的初期阶段，情况已经改善到足以降低死亡率，但生育率仍未改变。正如预期的那样，乍得的人口非常年轻，平均年龄只有16岁，比20世纪中期年轻了5岁，这仅仅是因为更多的年轻人活了下来。

对于乍得的大多数人来说，生活仍然很艰难。如果认为无法减少人口数量，那就太天真了。许多人生活不稳定，营养不足，无法健康成长。据估计，由于乍得盆地的集约化种植、森林砍伐和过度放牧，多达300万人面临粮食危机。[4]人们一度认为全球变暖是导致乍得湖萎缩的原因，虽然最近几十年湖水迅猛增长，但是气候变化的确影响了非洲部分地区的降水量。[5]无论降水量是多还是少，该地区人口继续成倍增长。

乍得的邻国尼日尔是另一个幅员辽阔的国家，人口虽少但增长迅速。尼日尔相对空旷，它的面积是英国的5倍多，但人口还不足英国的1/3。[6]尼日尔综合医院治疗了很多严重营养不良的儿童。阿米娜·查布伤心地说："我有6个孩子，其中2个严重营养不良。因为没有足够的食物，所以没有足够的奶水。"[7]这位年轻母亲的悲惨处境不应使我们忽略这样一个事实，即那些被送进医院的人是最幸运的，还有许多人在远离大城市的地方默默忍受痛苦。反过来这也不能掩盖另一个事实，像阿米娜·查布这样的女性逐渐成为非洲的个例，而不再是普遍现象。如果不是这样，尼日尔的人口不可能在21世纪前20年翻一番，婴儿死亡率也不可能减半。在人类历史的大部分时间里，原本迅猛的人口增长受到了有限资源的限制。简而言之，这就是现代人口学奠基人托马斯·马尔萨斯的观点。现在可用的资源对许多人来说已经不再是迫在眉睫的问题，人口可以继续增长下去。

也许人口增长将会遭遇全球性的灾难而被击退，两百年后马尔萨斯终于被证明是正确的。在新冠肺炎疫情之后，我们更加意识到大流行的破坏力。但就目前而言，乍得及其邻国的人口仍在继续增长。就像近几十年来中国撼动世界经济一样，非洲也将改变未来的全球人口结构。巨大的经济转移已经从东方世界开始，而巨大的人口转移将在南半球国家发生。

非洲：人口爆炸

乍得是非洲面积最大的国家之一，比英国、法国和德国的面积总和还大，但它也是世界上最贫困的国家之一。它的人口每几十年就翻一番。在 21 世纪前 20 年里，800 多万人口变成了 1 600 多万，这是出生人数超过死亡人数的结果，而不是移民造成的。撒哈拉以南非洲地区大约由 50 个国家组成，在地理、气候、种族、历史、宗教和资源方面存在巨大差异。赞比亚和南苏丹相距甚远，就像卢旺达和几内亚之间的距离一样远。乍得首都恩贾梅纳距离巴黎比距离开普敦要近。塞内加尔首都达喀尔到索马里首都摩加迪沙的距离是达喀尔到马德里距离的 2 倍多。然而，我们可以对非洲人口进行一些概括，就像我们对欧洲或拉丁美洲的概括一样。

几个世纪以前，非洲一直是奴隶的来源地，最初吸引的是阿拉伯人，后来吸引的是向美洲贩卖奴隶的欧洲人。有一种说法是，阿拉伯人贩卖了多达 1 400 万人，欧洲人贩卖了大约 1 200 万人。[8] 对非洲近代人口长达几个世纪的奴隶掠夺和殖民主义，使非洲大陆的人口相对于其面积而言至今仍显得稀少。非洲的面积是欧洲的数倍，但在 1950 年，非洲人口不足 2 亿人，还不到欧洲人口的一半。几十年来，高出生率和高死亡率相互抵消，使人口规模保持稳定。现在，随着生存率的提高，非洲正在走出人口学的阴影。

英国船长詹姆斯·弗雷德里克·埃尔顿的回忆录说明了人口统计数据的变化之大。埃尔顿在 19 世纪 70 年代前往东非沿海地区航行。当时英国利用过剩的人口在殖民地定居，埃尔顿负责评估当地的定居潜力。他在日记中记录了自己的"愿景"：尽管原住民人口明显稀少，但非洲原住民不会随着"白人的前进"而完全消失，这一事件"在英国的殖民史上留下可悲的污点"。在 19 世纪，欧洲人到处征战，非欧洲人却在节节败退，埃尔顿不同寻常地哀叹非欧洲种族被占领后正在消失。[9] 虽然"白人的前进"和"原住民的消失"似乎是不可避免的，但有些人仍然对此感到遗憾。

对原住民的这种态度并非非洲所独有。19 世纪，澳大利亚的一家报纸描述了一种相当普遍的态度。它宣称："当野蛮人与文明对立时，前者必然走向绝境，这是他们种族的命运。尽管我们会谴责这些事情，但这绝对是必要的，为的是不让文明的前进步伐被原住民的敌对情绪阻碍。"[10] 在 1871 年首次出版的《人类的由来》一书中，查尔斯·达尔文预测"在未来的某个时期……人类的文明种族几乎肯定会消灭并取代世界上的野蛮种族"[11]。在 19 世纪中期，美国占领了墨西哥的北部，也就是现在的美国西部，一位美国参议员预测墨西哥人"在文明的影响下，如果没有退却的话就会灭亡……这是命中注定的……屈服于更强的对手"[12]。事实上，被定义为"达尔文主义"的种族观念在达尔文动笔之前的几十年就已经很普遍了。达尔文主义可能被误用于为种族主义提供伪科学依据，但它很难创造种族主义。

在达尔文和埃尔顿的时代，这似乎是现在和未来的永恒特征，但事实证明并非如此。根据联合国最近的研究，2100 年非洲人口将是 1950 年的 20 倍。非洲人口将达到 40 亿人，是欧洲人口的 6 倍。在 1950 年，每 14 个人中就有一个人来自撒哈拉以南非洲地区；到 2100 年，这一比例将达到 1/3。在全球范围内，这将是自 16 世纪征服美洲导致原住民人口崩溃以来，不同种族群体相对人口规模变化最大的一次。

在 21 世纪余下的时间里，非洲人的预期寿命将稳步上升，死亡率将相应下降，特别是在新生儿及其母亲中。我们还可以预测非洲内部和欧洲的大规模移民，尽管这在很大程度上取决于前者的经济和政治发展速度以及后者对移民的态度。不可避免的是，非洲的进步与其承受人口增长的能力并不对等，但无论结果如何，非洲大陆将成为未来人口的家园。如果"走出非洲"的假设是正确的，人类曾经起源于非洲，那么现在我们就正在回归祖源。

"走出非洲"

"令人无法接受的是，在米兰的某些地区时常出现非意大利人，你会认为自己不是在意大利或欧洲城市，而是在非洲……有些人想要一个多肤色、多种族的社会，我们不同意这种观点。"这种情绪并非来自某个路人或意大利北部的右翼支持者，而是来自意大利前总理西尔维奥·贝卢斯科尼。[13]

我们将在后面讨论大规模移民对发达国家的影响，但应首先考虑推动移民的部分发展中国家的人口爆炸。在亚洲和拉丁美洲，人口增长正在放缓：大多数国家的人口年龄中位数正在上升，大规模移民的潜力正在减少。这就是为什么近年来墨西哥人口净流入美国的情况发生了逆转。但是，非洲的快速增长仍有时日。大部分移民发生在非洲内部，从农村迁移到城镇，从不太成功的国家迁移到比较成功的国家。也有很多移民流向欧洲，这是发达世界中最容易前往的地方，也是非洲人最熟悉的大陆，因为他们的殖民历史和语言文化相通，特别是英语和法语。塞内加尔一名刚毕业的大学生因在国内找不到工作而感到沮丧，他对巴黎的熟悉程度要比北京高，拉各斯的同龄人了解伦敦更甚于了解东京。

许多成功穿越地中海的非洲人最终被安置在意大利或欧洲其他国家的街头营地。但更多的人要么无法穿越地中海，要么根本走不到那么远。28岁的法塔玛塔来自塞拉利昂的弗里敦，她试图穿越撒哈拉沙漠时落入了人贩子的手中。她最终成功逃脱，但又被重新抓获并关押在阿尔及利亚。她在第二次逃脱后放弃了去欧洲的希望，请求一个非政府组织帮助她回家。出发两年后，她如释重负地发现自己又回到了起点，但是她的家人和她断绝了关系，因为她没能到达那片本可以给他们汇款的乐土。"我很高兴能回来，但我希望我没有回来。"她哀叹道。她哥哥说："你根本就不该回家。你应该死在你去的地方，因为你没有带回来任何东西。"[14]

那些在旅途中死去或被遣送回国的人，其家人总是因为没有收到迫切需要的汇款而感到失望。在大多数情况下，家人为帮助家庭成员进入似乎充满财富和机会的神奇世界而投资的钱会打水漂。到了移民地，他们就可以寄钱回来，其他家庭成员可以得到资助。我的一个尼日利亚朋友在伦敦生活了很久，她告诉我，每当和家乡的人谈话时，他们就会试图把一个迫切想在英国开始新生活的表亲或其他远亲强推给她。

非洲的巨大压力来自经济和人口。非洲大陆正在经历快速的人口增长，随着其发展越来越快，更多的人有能力积攒足够的钱把家人送到欧洲。生活在城市的人往往与更广阔的世界联系更紧密，能够想象在另一个大陆上生活，但越来越常见的是，即使那些生活在偏远农村地区的人也能够看到一种不同的生活景象。对成千上万的非洲人来说，借助移动电话这种通信工具，通过Facebook、Zoom、Skype等互联网应用程序，他们可以看到完全不同的繁荣景象。[15] 幻想催生渴望，渴望驱使行动。

除人口压力、经济吸引力和技术上的刺激以外，推动非洲移民的另一个因素是移民本身。已经成功移民的表亲们会被鼓励或哄骗去帮助其他家庭成员进入他们的新家。一旦接纳这些人的社区达到临界规模，就可以开拓其他社区。确定合法（或非法）的入境路线、在抵达时帮忙联系住宿或提供信息，这些都是新移民适应环境的关键。[16] 姑妈可能会提供一些旅费，表亲可能会在前几晚提供沙发，一个老朋友也许能帮忙找到工作。熟悉的商店、餐馆、报纸以及其他商品和服务，让新移民仿佛重新回到舒适的往日社会和文化泡沫中，这使适应新环境变得更加容易，并鼓励了更多的移民。今天抵达欧洲的非洲人的情况，与20世纪初抵达纽约的犹太人或西西里人一样。

非洲人移民欧洲的规模也取决于欧洲的移民政策。从2017年8月至2018年，共有18.3万名移民抵达意大利。[17] 许多非洲人来到意大利希望继续前行，但仍有100万甚至更多的人留在了意大利。几十年来，意大利民粹主义政党在崛起，但移民人数激增是其在2018年上台掌权的推动力。虽然有些人不愿意承认，但非洲的人口增长已经改变了欧洲的种族和政治版图。

非洲内部的移民问题

然而，就目前而言，非洲内部的移民人口要比非洲以外的移民人口大得多。这种流动一直存在。毕竟，欧洲大陆的国界大多是一个半世纪以前通过战争划定的，通常不以人类活动或者地理要素为划分标准。随着交通变得越来越成本低廉和方便，越来越多的非洲人在国家间流动，规模庞大的都市吸引着来自国内和国外的人。1983 年，由于油价下跌造成经济紧张，200 万未登记在册的西非人被驱逐出尼日利亚。[18] 但在 2018 年，更准确的估计表明，尼日利亚有 50 万加纳人。[19] 南非有近 300 万移民，那里有来自非洲各国的最大的移民社区。[20]

如果没有非洲正在经历的大规模人口增长，这种人口流动是不可想象的，但直接原因各不相同。在非洲西部和南部，移民往往是为了寻求经济机会，只不过情况要复杂得多。在较富裕的科特迪瓦，可能有超过 100 万来自布基纳法索的移民，但在布基纳法索也有大约 50 万科特迪瓦人。

在东非，移民更多是由战争引起的。截至 2017 年，约有 90 万人从南苏丹逃往乌干达，约 30 万人逃往苏丹。[21] 索马里的长期内战和不稳定导致大量人口外流到邻国。

目前，生活在国外的非洲人更有可能生活在非洲大陆以内，而不是非洲大陆以外。对于那些考虑移民的人来说，非洲同一地区的另一个国家仍然比欧洲或美国更有可能成为他们的目的地。[22] 毫无疑问，这在很大程度上与移民相对容易有关，比如从乌干达到肯尼亚，远比穿越地中海或获得必要的签证和长途飞行更简单、更安全、更便宜。

非洲未来的生育率：巨大的未知

在一些人看来，20 世纪 80 年代末、90 年代初，随着冷战的结束，我们已经来到历史的终点。"混合经济下的自由民主显然是最有效的模式，而整个世界最终将会成为同一种模式。"这一观点的倡导者是政治学家弗朗西斯·福山，他提出"到达丹麦"[23]，即寻求复制丹麦人所取得的繁荣、自由、稳定和人的权利。从政治上讲，整个世界是否都在向犯罪率低、经济高效、福利丰厚、制度稳定、包容的丹麦靠拢，这是有争议的。然而，从人口角度看，世界正在"走向丹麦"——婴儿死亡率较低，预期寿命较长，年龄中位数上升，家庭规模缩小，人口结构趋同。事实上，一些国家在这些指标上已经"超过丹麦"：日本人的寿命比丹麦人长 3 年，希腊人的孩子比丹麦人少将近一半。

然而，撒哈拉以南非洲地区的生育率是例外。虽然我们可以假设变化的方向是丹麦，但非洲向其他地区普遍存在的低生育率过渡的速度和程度是一个巨大的未知因素。人口的未来在很大程度上取决于这一点，包括到 21 世纪末，我们的人口是将超过 150 亿还是降到 70 亿。2014 年，《柳叶刀》杂志的一项研究表明，全球人口将在 2064 年达到略低于 100 亿的峰值，到 2100 年降至 90

亿以下。[24]而联合国估计，到 21 世纪末，全球人口将接近 110 亿，并仍将缓慢增长。

尽管我们可以相当肯定非洲的预期寿命会增加，但未来的生育率却不那么确定。今天，非洲女性平均每人生育 5 个孩子，这个数据与 70 年前相比变化不大，世界上其他地方几乎都没有这种情况。根据联合国的"中间"预测（介于较高预测和较低预测之间），到 2100 年，非洲的家庭规模将缩小到更替水平：大约 2.2 个孩子。然而，如果这个数字超过 2.5，非洲将有 55 亿人口。2020 年的一项研究预测，到 2100 年，非洲的生育率将降至 2 以下，届时非洲人口将达到 30 亿。

非洲南部是个例外。南非自身的生育率并不比更替水平高多少，只有 20 世纪 70 年代末的一半。在种族隔离时期，计划生育成为政府政策的一部分。当地政权的节育计划被指责是白人政府为了控制黑人人口增长而采取的措施。[25]无论其动机如何，该方案是成功的，南非的生育率开始不同于非洲大陆其他国家。自那时起，计划生育政策一直实行，生育率继续下降。虽然南非存在许多问题，但它并没有经历人口的爆炸式增长，否则这种增长就会普遍存在。

南非起步早，其影响已经蔓延到邻国。在斯威士兰、莱索托和纳米比亚，生育率接近每名女性生育 3 个孩子，而博茨瓦纳则低于这一水平。后一个国家的事例特别值得关注——它缺乏南非的资源，但在推动避孕药具的使用方面并没落后多少。博茨瓦纳卫生当局有近 50 年的基层推广经验，这为政策执行提供了帮助。

在生育率下降的地区，主要原因是女性教育，但最近转向了男性的责任。特雷弗·奥海尔主持了一个针对男孩的关于性健康和生殖健康的广播节目，他坚持认为男孩必须在和女孩一样的年龄阶段学习生理知识。[26] 教育仍然是帮助男人和女人控制自己的身体，从而成为控制自身命运最有效的方式。

无论政府、非政府组织和活动人士做了多少工作，重要的是他们不能忽视民众的需求。的确，政府可能会实施严厉的限制，但对于非洲的大部分地区来说，政府资源匮乏，控制力度往往较弱，而且生育文化强势，这样的计划将严酷到难以想象。如果没有强制措施，使用节育器只是人们可以做出的一种选择。在非洲南部，人们希望拥有更小的家庭，但在撒哈拉以南非洲的其他地区，情况并非如此。2015 年，在西非和中非，平均每名女性生育5.5 个孩子实际上比期望值少差不多 0.5 个。[27]

我们不应该过多解读关于人们想要多少孩子的调查。这些调查的结果往往受到文化差异的影响，但它们可能预示着非洲生育率的下一个重大转变，低生育率将从南部向东部蔓延。东非的女性几乎比西非的女性少生一个孩子，比中非再少生一个孩子。虽然乌干达和索马里的生育率与世界最高生育率国家尼日利亚、尼日尔、乍得等保持一致，但肯尼亚、埃塞俄比亚等主要国家的生育率却在持续下降。在肯尼亚，一些创新的方法正试图打破禁忌，比如一款可以回答避孕问题的手机应用程序，提供了比传统更具体、更可靠的建议。一名年轻女子对记者说："我只会用谷歌，有些问题确实很难开口向其他人咨询。"[28]

相比之下，在尼日利亚，降低生育率的进程缓慢得令人痛苦。伊朗和中国仅用了 10 年时间，就将平均每名女性生育 6 个孩子降低到生育 3 个。20 年前，尼日利亚每名女性大约生育 6 个孩子，现在大约是 5 个。原因是多方面的，其一，人们期望大家庭，愿意采取各种措施来支持生育；其二，政府提供的服务质量差，某些地区的政治不稳定，打乱了现有的服务。

如果非洲文化的确倾向于生育，那为什么没能实现人口增长呢？应当注意到，长期以来非洲大陆人烟稀少。在这样一个土地资源丰富但人口短缺和死亡率高的地方，有着强烈生育文化的社会才能生存下去。

这与中国等国家形成了鲜明对比。在中国，人口总数大，人均占地面积小，土地的短缺形成了一种文化，一旦小家庭成为可能，人们就会热切地接受这个选择。可能非洲人或者至少他们中的一些人确实比亚洲人或欧洲人更倾向于生育，但没有理由认为这种文化是永久性的。文化会改变，就像一切事物一样，它会随着一代又一代人的繁衍而改变。

对于那些对非洲生育率下降缓慢感到绝望的人，有两点值得注意。第一，它已经低于中国在 20 世纪七八十年代和伊朗在 20 世纪八九十年代的水平，至少在一些国家其下降速度与英国相比已经相当快速，在近 60 年里从每名女性生育 6 个孩子下降到 3 个。如果我们预计每个地区进入人口转变的速度都比上一个地区快，非洲将会令人失望，但非洲大陆的大部分地区仍比其他地方更快进行了人口转变。第二，尽管非洲取得了巨大的进步，但我们只能预期尼日利亚等国家的生育率会有限下降，那里的女性识字率甚至也可能在下降。[29]

艾滋病：悲剧与胜利

尽管可以获得和承受的治疗手段有所增加，艾滋病的阴影仍笼罩在非洲上空。然而，任何认为它会逆转人口浪潮的人都会被证明是错误的。

多方面的事例都已证明。20世纪的第二个十年是欧洲历史上发生致命冲突的时期，双方在西线激战了四年多。在其他战场，特别是在巴尔干半岛，军队使用最新的致命武器造成了严重破坏。更糟糕的是，就在第一次世界大战结束之际，西班牙大流感又夺走了数百万人的生命。然而，欧洲的人口增长如此强劲，总体死亡率下降和高生育率使1920年欧洲大陆的人口比1910年的人口更多。[30]

最新的事例（尽管规模较小）是过去10年席卷叙利亚的血腥内战。50万人的死亡人数令人震惊，但这仅仅是叙利亚人口自然增长的一年。造成叙利亚人口减少的原因不是死亡，而是大量移民。这一切都与14世纪的黑死病和17世纪的三十年战争相去甚远，当时全国人口减少了1/3甚至更多，并花了几十年甚至几个世纪才恢复。在当今食物、水和医疗条件不断改善的情况下，即使是最严重的灾难，也比不过人口增长的力量。

全球范围内估计有 3 500 万人死于艾滋病，其中约有 2 500 万人来自撒哈拉以南非洲地区。[31] 在将近 40 年的时间里，这种传染病每年在非洲造成 60 多万人死亡，大约占每年出生人数的 2%，这解释了为什么它几乎没有影响非洲的人口增长。

然而，在非洲大陆南部国家的人口数据中，损害是显而易见的，那里是艾滋病最严重的地方。在博茨瓦纳，从 20 世纪 80 年代末到 21 世纪初，预期寿命下降了 10 年，尽管该国当时也出现过某些积极的发展。在斯威士兰，艾滋病的影响更大，全国预期寿命减少了 17 年以上，逆转了几十年来取得的进步，使国家回到了 20 世纪 50 年代的水平。

好消息是全球努力研究治疗方法，并以负担得起的价格提供医疗条件，加之性健康教育的普及也扭转了这一局面，南非的预期寿命反弹的速度快于下降的速度。从人口学的角度来看，经济的下滑与发达国家平均寿命的稳步增长形成鲜明对比。图表上的线条是有指示意义的，但我们不应该忘记这条线代表的是被毁的生活。

令人受到鼓舞的是，人类已经控制住这场曾经威胁全球的传染病，其规模堪比瘟疫，尽管它还没有完全被击败。在斯威士兰，25～49 岁的群体中感染艾滋病病毒的人占到 27%。[32] 美国防治艾滋病紧急救援计划的工作值得肯定，向成千上万的人提供抗反转录病毒药物促使感染率大幅下降，但如果没有斯威士兰当局的合作，这是不可能实现的。联合国艾滋病规划署负责人米歇尔·西迪贝说，当现任领导人意识到这是一个关乎国家存亡的问题时，重大且急剧的突破开始到来。[33]

在南非，继 21 世纪初的灾难性阶段之后，艾滋病的防治进程也出现好转。在这一时期，塔博·姆贝基坚持认为艾滋病和艾滋病病毒没有关系，导致治疗方案被推迟。数据显示，南非人的预期寿命现在已经超过了 20 世纪 90 年代初的峰值。在全球范围内，艾滋病死亡人数在过去的 15 年里减少了一半。

埃博拉有可能成为另一种像艾滋病一样危害巨大的传染病，因为它传播得更快，因此可能更具破坏性。2013 年底，西非国家几内亚暴发了一场疫情，第二年夏天，疫情蔓延到利比里亚和塞拉利昂。包括欧洲和北美在内的其他国家也出现了孤立病例，但只有在这三个贫困的西非国家，这种传染病似乎才失去了控制。国际社会迅速采取行动，到 2016 年初，三个国家都成功抗击了埃博拉病毒。总共有大约 11 000 人死亡，这个结果令人非常遗憾，但快速和有效的反应防止它成为下一次"黑死病"。[34]

一方面，现代化生活方式显然会加速疾病传播，贫困国家的人旅行更加普遍，国际航空旅行将传染病带到遥远的港口；另一方面，现代条件特别是国际社会的快速反应遏制了病毒传播。没有人能肯定地说，我们已经做好应对生物威胁的准备，而历史上令人印象深刻的案例给了我们乐观应对的理由。尽管人们对新冠肺炎疫情造成的破坏感到担忧，但（在撰写本书时）它导致的死亡人数不到全球人口的千分之一。

人口红利：人口、经济和非洲的未来

2013 年初，我在雅加达做一个项目。印度尼西亚首都是一个尽人皆知的脏乱且拥挤的城市，我们从酒店开车到办公楼足足用了半个小时，但有一次，路程似乎比平时长了一倍。"发生了什么事？"我和同事问司机。"今天是情人节，"司机回答道，"街上人人都在约会。"当我们回到酒店从三十层楼往下看时，整个城市似乎都动不了了。

印度尼西亚绝大多数人是穆斯林。当局认为情人节是禁忌，纵容婚外关系，因此传统文化对其比较排斥，但这个城市的年轻人却接受这种节日以及其他西方习俗。着装大胆的女孩们穿梭在车流中，坐在摩托车后座上紧紧地抱着男朋友。这些女孩不会像她们的祖母那样生育那么多的孩子，而且可能也比母亲生育得少。

印度尼西亚正享受着所谓的人口红利，这种红利往往在生育率开始下降时出现。由于最近的高生育率，许多十几岁和二十几岁的年轻人都进入了劳动力市场。然而，他们不像父母那代人一样急于组建自己的大家庭。印度尼西亚的生育率已经从 20 世纪 70 年代每名女性生育 5 个孩子下降到今天的 2 个多一点。随着年轻而有活力的人口的到来，劳动力在增长。由于没有众多家人的年轻工人开始积攒养老金，这里的储蓄率通常很高。同时，非劳动者的抚养比也下降了。基于这些原因，一个经济体获得了真正繁荣的机会，印度尼西亚的人均收入在 21 世纪头 15 年翻了一倍多。[35]

　　人口红利是一个机会，但并非一定能够抓住。印度尼西亚就成功地抓住了这一点，向全球开放经济，吸引资本流入。它向民主的迈进让投资者对其政治稳定有了信心。其他大幅降低生育率的国家没有利用类似的人口环境。在内战之前，叙利亚就因腐败和统治阶层拒绝改变而陷入困境。该地区的不稳定在某种程度上反映了经济上所受的挫折，但它也有很深的人口根源，我们将在后面的章节中讨论这一点。

　　对于非洲来说，人口红利主要体现在未来。在人口众多的地方，年轻人花太多的时间和精力在孩子身上，而无法适应与经济增长有关的改变。在有 7 个孩子的贫困国家，女性很可能想要一台洗衣机或一台冰箱，但她们不太有能力获得一台，就连教育预算都捉襟见肘。然而，一旦家庭规模缩小，情况就会发生变化。受过良好教育的年轻父母会限制家庭规模，部分原因在于确保能够负担得起更好的教育、营养，以便照顾好他们的后代。非洲的人口红利要想成为可能，将取决于采用印度尼西亚模式而不是叙利亚模式，潜力是巨大的。但对于尼日利亚这样的国家，除非有规模更小的一代人紧随其后，否则迅速增长的劳动力不会带来积极的经济变化。[36]

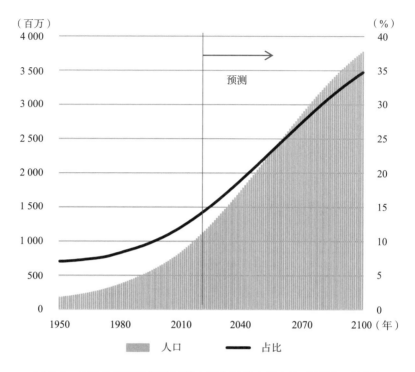

图 2-1　撒哈拉以南非洲地区的人口和世界人口占比（1950—2100）

资料来源：联合国人居署（中等水平变量）

　　在撒哈拉以南非洲的大部分地区，人口转变正处于早期阶段，爆炸性的人口增长将持续下去，直到 21 世纪末才会开始放缓。1950 年，该地区人口不足 2 亿人；如今，这一数据已超过 10 亿。联合国估计，到 2100 年，将有近 40 亿人居住在那里，但这在很大程度上取决于生育率下降的速度。

　　非洲人口在全球人口中所占的比例急剧上升，从 1950 年的 1/14 上升到今天的 1/7。到 2100 年，非洲人口将占世界人口的 1/3 以上。

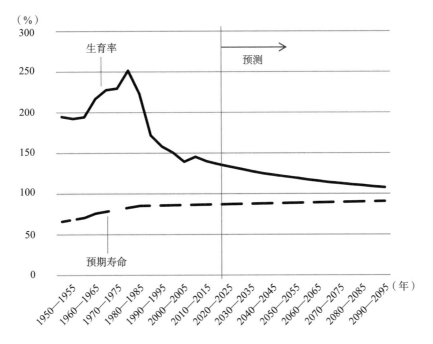

图 2-2　全球生育率和预期寿命与丹麦对比

资料来源：联合国人居署（中等水平变量）

关键的人口指标往往趋于一致，生育率下降幅度最大、预期寿命最长的国家，都是家庭人数最多、寿命最短的国家。

从人口学上看，世界正变得越来越像发达的丹麦。1950 年，全球生育率是丹麦的 2 倍；如今，这一比例只高出不到 50%，到本世纪末，预计仅高出 10%。

预期寿命也是如此。1950 年，全球平均水平是丹麦的 2/3。如今，这一差距仅缩小了 10% 左右，而且势必会进一步缩小，尽管可能会更缓慢。

非洲：未来人口的家园

无论非洲人口达到 40 亿还是 55 亿，这都将是我们这个时代最重大的人口事件。英国是 19 世纪工业革命和第一次现代人口大爆炸的先驱，但人类历史上最重大的事件是在中国和非洲发生的。中国的工业化和非洲的人口扩张正在以我们难以预见的方式重塑世界，到 2100 年，非洲的面貌将发生巨大变化。

欧洲人凭借在人口结构转型中的先机获得了明显的优势，活力和人口增长是他们紧跟全球化时代的先决条件。在许多国家，如美国、加拿大和澳大利亚，以英语为母语的欧洲人驱逐了原住民，并按照他们自己的习惯创建了新的社会。但非洲人将拥有后发优势。人口转变的时间越晚，死亡率下降的速度就越快。如果生育率不随之下降，人口增长的速度就会快到惊人。

人口扩张是非洲最大的机遇，也是最大的挑战。这些国家吸纳数十亿新兴人口从事生产性工作并使他们融入全球经济的能力将决定未来几十年世界的命运。人口过剩、资源枯竭和沙漠化的威胁日益迫近，但数十亿营养良好、受过教育的非洲人可以为人类进步做出不可估量的贡献。

最大的挑战将在经济和政治方面。如果想要得到好的结果，也就是说，如果大多数非洲人要过上长寿、健康、和平、富裕的生活，就需要人类发展突飞猛进。很可能发生类似于 20 世纪初欧洲争夺资源的暴力冲突。[37] 要取得成功，非洲领导人不仅要从世界其他国家学习技术，还要学习政治经验。最近几十年非洲的冲突，如刚果民主共和国的冲突，是世界上最致命的战争。拥有很多年轻男性的人口往往更不稳定，而非洲人口将在未来很长一段时间内都很年轻，这使其国家间和内部容易引发暴力冲突。幸运的是，现在有更有效的方法来获取资源，养活日益增长的人口。

1950 年，日本人口比尼日利亚多 2 倍有余。如今，尼日利亚人口与日本人口的比例接近 1.5∶1。联合国报告预计，到 2100年，尼日利亚人口与日本人口的比例将达到 9∶1。世界在权力、经济、文化、宗教等方面也会发生翻天覆地的变化，这是不可想象的。它将会有怎样的不同是一个很难回答的问题。非洲一定会对世界文化产生比以往更大的影响。尼日利亚的尼莱坞电影可能不仅成为宝莱坞，还会成为好莱坞的竞争对手。非洲作家可能获得诺贝尔文学奖。非洲的大学和科学家可能在全球舞台上崭露头角。在过去几个世纪中通常处于边缘地位的非洲问题，将在世界关切的问题中变得更加核心。当世界上三分之一的人口是非洲人时，就很难拒绝一个非洲国家成为联合国安理会常任理事国。

在非洲，伊斯兰教和基督教之间的冲突往往尖锐甚至暴力，随着非洲大陆的地位日益突出，这些紧张关系将变得更加关键。虽然冲突可能只发生在局部，但非洲可能沿着宗教路线经历文明冲突，这并非不可避免的——基督教徒和穆斯林在历史上和平共处过很长一段时间。当前之所以出现紧张关系，很大程度上是因为它们代表着不同的现代化模式。

无论未来的几十年是和平还是暴力，非洲人口增长是确凿无疑的。即使非洲国家能够将生育率降低到更替水平，它们的人口增长也需要几十年才会停止。当人口增长率很高时，即便每个国家的新生儿数量更少，也会有很多年轻人选择生育。因此，非洲生育率决定的不是人口是否继续增长，而是以哪种速度增长。

目前，这个问题的答案还不清楚。由于非洲的情况复杂，未来并不确定。但很明显，非洲大陆的大部分地区都有一种根深蒂固的生育文化。这也许比该地区缓慢的经济发展更能解释为什么撒哈拉以南非洲地区的生育率下降幅度比其他发展中国家都要小。此外，尽管非洲的生育率可能会继续下降，但会在很长一段时间内徘徊在更替水平。从长远来看，未来将属于有生育和抚养孩子意愿的文化和社会。欧洲、东亚和美洲的大部分地区似乎未能通过这一考验；人类的巨大希望可能取决于欧洲曾经称之为"黑暗大陆"的地方。

随着非洲人口的爆炸式增长，生活在城市地区的人口数量增加。虽然像拉各斯这样的城市自 1970 年以来迅速增长了 10 倍以上，但整个非洲大陆要达到中国那样的城市化水平还有很长的路要走，我们接下来要讨论的就是这个问题。

第三章

城市化

121：中国百万以上人口城市[1]

第一次世界大战前夕，世界上只有十几座城市的人口超过100万。[2] 进入 19 世纪，欧洲、北美和日本等国家的城市人口呈指数级增长。在 1914 年，任何受过教育的人都听说过世界上人口最多的城市，并熟悉它们的位置和主要特征，它们是纽约、东京、伦敦和巴黎。

　　一个多世纪以后，仅中国就有 121 座人口至少达到 100 万的城市。到 21 世纪 20 年代将新增上百座城市达到同样的水平，其中有不少城市是学识渊博的人也不曾熟知的。[3] 当出现如此多的特大城市且城市规模急剧增长时，修改城市的定义将会大有裨益。

　　世界上大多数大型城市都是从较小规模发展起来的，也有一些是从零起步的。巴西于 1960 年迁都巴西利亚市，那里现在拥有大约 250 万人口。尼日利亚首都阿布贾在 1980 年之前几乎不为外界所知，现在也已经达到类似的人口规模。印度大约有 40 座人口超过百万的城市，其中很多叫不上来名字。[4]曾经数量稀少的特大城市现在已经随处可见。

城市的定义是不明确的，对城市人口的统计也是不明确的。首先，一个特大城市的边界可能不是那么清楚。以伦敦为例，我们应该统计居住在 M25 公路沿线或大伦敦区的居民，还是居住在伦敦西区或伦敦金融城通勤距离内的居民？其次，如何明确区分村庄和城镇，以及城镇和城市？最后，世界上一些地区的大城市人口数据要好于其他地区。许多城市的人口相对较少，但通勤的人数相当可观。卢森堡首都约有 12.5 万人，但每天有很多比利时人、法国人和德国人通勤经过这里，更不用说那些来自卢森堡其他地区的人了。[5]

城市理论家 V. 戈登·柴尔德认为，城市刚出现时有 10 个特点：广泛而密集的人口，手工艺专业化，资本密集性，大型建筑，免于体力劳动的社会经济阶层，记录和知识创造，写作，艺术家，贸易以及基于居住地而不是亲属关系的保障。[6]在当今世界，如果不是所有国家都具备这些特征的话，那么就没有多大帮助。关于如何定义一个城市，也许我们能用这样一句话概括，那就是当我们看到一个城市时，我们就知道它是一个城市。

不为世界熟知的中国特大城市

南昌位于中国东南部，以九岭山脉、鄱阳湖为界，鄱阳湖是中国最大的淡水湖。这座城市在中国共产党发展进程中扮演了重要角色，1927 年爆发了一场世人瞩目的南昌起义 [7]，因此又称"英雄城"。南昌不仅在革命历史中占有特殊的地位，也是道教文化的一个重要发源地。

显然，南昌既不像巴西利亚，也不像阿布贾那样近乎一夜之间拔地而起，它在中国历史上有着悠久的历史和重要的地位。但直到最近几年，它才达到目前的规模，大约有 500 万人居住在广阔的城市地区。就在 1970 年，这座城市的居民还不到 100 万，而如今赣江东岸的老城已完全被西岸的新城赶超。这很像伦敦金融城快速发展时发生的情况——首先向威斯敏斯特蔓延且吞并了它，然后跨越泰晤士河向南扩张，蚕食了周围的米德尔塞克斯郡。不同之处在于，南昌的城市发展进程已经推进几十年，而世界上大多数国家对此并不知情。[8] 也许，欧洲中心论者认为南昌籍籍无名仅仅是因为那里很少有欧洲人，但是随着中国城市人口数量从 100 万激增到 200 万，我们有理由相信中国境内许多没有名气的城市仍在继续增长。

和许多城市一样，现代南昌是农村人口向城镇迁移的产物，但这并不是中国独有的现象。1800 年，世界上只有 6% 的人口居住在城镇。到 2007 年，一半的人口居住在城市。据估计，到 2050 年，这一比例将占到 2/3。[9] 中国农村人口在 20 世纪中期经历了一次显著增长，尽管生育率从 1970 年开始下降，特别是在 1979 年开始实施计划生育政策之后，但农村青年群体的数量减少尚需要一段时间。即使在农村发展缓慢的时候，农村居民仍继续向城镇迁移以寻找机会。

重庆的规模比南昌还要大，也不太为西方人所知。它的人口接近 1 600 万，是伦敦或纽约的 2 倍。[10] 这座城市的历史可以追溯到中华文明的早期，但直到 1990 年，它的人口还只有现在的 1/4。像中国的其他城市一样，它的发展是人口普遍增长和农村人口向城镇迁移的结果。重庆人口的增长还受益于政府的引导，即把经济增长力量从繁荣的沿海地区转向内地。除了本土企业，重庆成功吸引了福特和微软等企业，创造高薪就业机会，将农民吸引到城市。

经济机会总能把人们从农村吸引到城镇，但这种吸引力被人口转变放大了。随着婴儿死亡率的下降和农村人口激增，将土地分割成越来越小的地块变得不合时宜。农村无法吸收它的人口，大规模的城市流动开始了。

20 世纪 70 年代中期，中国 80% 的人口生活在农村，现在超过 60% 的人口生活在城市。[11] 这种情况在中国可能比在其他地方发生得更快、规模更大，但其影响在世界各地都是相似的，城市人与农村人只是不同而已。

城市人口的崛起

当一个社会从以农村为主转变为以城市为主时，这种转变不仅改变人们的居住环境，它还涉及思维方式以及精神状态的变化。几年前，我在伦敦某地担任一所小学的校长，那里有一个很大的孟加拉裔社区。其中一名教师抱怨说，如果计划去农村旅行，许多家长就会告诉孩子放学直接回家。我和几位家长讨论了这个问题，得到的答案是，这些家长来自孟加拉国一个贫困且相对偏远的省份，他们认为到农村去没有任何意义——他们为自己离开了农村感到自豪。

几年后，我在塞尔维亚工作时，一位英国同事问当地一家电信公司的经理是否考虑过离开贝尔格莱德，回到他的农村老家。我的同事和我一样都是在城市长大的，而我们那位塞尔维亚朋友在总部拥有一份相当体面的工作，在中产阶级郊区拥有一套房子，他离偏远村庄的生活只有一代人的距离。他怒气冲冲地看着我的同事说，回到乡村是他最不愿意做的事。与之类似，另一个朋友告诉我，他的岳父决定退休后去牙买加，他几十年前从牙买加来到英国。当他的一个孩子提议买个小农场养鸡时，他震惊了。养鸡是我在伦敦北部认识的两个家庭在郊区的消遣方式。他回答道："我不想回到我来的地方。"

对于那些在城镇长大、父母和祖父母都生活在城市的人来说，农村成了他们逃离的地方，而不是逃往的地方。我们这些在城市中长大的人忘记了"逃到农村"是现代社会的奢望。我们认为农村代表着浪漫的田园生活，而不是"靠天吃饭"，从土地上获得基本生活所需。但如今，城镇和乡村之间的鸿沟已经不复存在。例如在英国，住在农村的人大都离城市很近，如果你有车的话，任何距离都不成问题。此外，今天英国的农村地区通常提供与城市相同的教育条件和公共卫生服务。

在收音机、铁路、汽车和像样的公路出现之前，即使是生活在英格兰东南部中心地带的人们也与现代生活相隔绝。在20世纪40年代，当我的母亲在"闪电战"期间从伦敦撤离，住在贝德福德郡时，她的家里没有通电，大多数村民只能从村里的井里抽水。如今，贝德福德郡距离伦敦很近。由于没有排水系统，爷爷不得不把生活垃圾埋在花园里。尽管这一切即将改变，但在1970年，只有三分之一多一点的英国家庭安装了电话。[12]

曾经只有城市才能享受到的福利，现在农村地区也能享受到，互联网的到来更是加快了这一趋势。在线杂志和播客对于那些没有住在城市的人来说是一样的，但要受当地网络的限制；只要有了互联网，在娱乐和消遣方面，农村生活的体验就不再与城市生活有太大不同。电子阅读器代替了线下书店，奈飞公司代替了电影院。

政治和宗教态度的差异过去将城市与农村分开，农村地区的人们更受传统的束缚。德国有句老话叫"Stadtluft macht frei"，意思是"城市的空气使人自由"。尽管态度更为保守，但乡下人可能觉得自己很自由，而在早期，欧洲大部分农村地区都被封建主义约束，表现为对某些阶层的尊重和对变革的抵制。我们今天看待世界的方式是通过物理法则和数学模型，而不是神灵或恶魔的干预，这也是早期现代化的产物。[13]至少城市里的人比城市外的人受教育程度更高。例如，在19世纪60年代，柏林几乎所有人都能阅读，而西普鲁士有1/3的人还不识字。[14]

在发达国家，城市和农村生活已经趋同，但在其他地方就不尽然了。对于今天发展中国家的人来说，无论是在亚洲、非洲还是拉丁美洲，离开农村到城市的人仍然有机会，就像曾经在欧洲所做的那样。搬到城镇可以增加带薪就业的机会，这比自给自足的农业生活水平更高，也增加了子女获得良好教育的机会，让他们找到需要动用脑力而不是体力的工作。一位雅加达的出租车司机曾告诉我，他的爸爸和爷爷一辈子都守在稻田里。开出租车可比那强多了，如今他的儿子坐在装有空调的办公室里工作。如果没有在爪哇的炙热阳光下工作过几年，就难以理解坐在办公桌前或者坐在方向盘后面的快乐。

从这个角度看 20 世纪六七十年代的中国，一位被迫做出选择的知青离开北京温和且相对舒适的家，去往内蒙古过上自给自足的农民生活，他说，

> 没有遮阴处可以躲避炽热的太阳……我们大约在凌晨 4 点起床……成群的蚊子会无情地叮咬我们。在酷热的天气里，谁也无处可以躲藏。虽然我们不能靠耕种养活自己，但我们用自己的身体喂养了草原上的昆虫。[15]

马克思对农民和农村生活的观点在现代人听起来可能觉得傲慢，但事实是，农民不仅比城镇居民受教育程度低，而且更不倾向于发动革命。农民一旦被激怒就会发生暴动，城镇居民则往往发起革命。暴动通常是地方性的，因组织不完善，最终被镇压。

1381 年的瓦特·泰勒起义和 1781 年的普加乔夫起义都是典型的例子。泰勒的脑袋被悬挂在伦敦桥的柱子上，而普加乔夫则被拉到莫斯科的一个广场上当众处以极刑。农民起义是为了宣泄愤怒而不是实现政治意图，往往很快就被当局镇压。

因此，马克思认为革命的未来不是掌握在无知的农民手中，而是掌握在一个全新的阶级手中，这就是无产阶级。这个新兴的阶级是由受过基础教育的城市产业工人组成的。他们更加认识到阶级利益，并且更有能力实现阶级利益。按照这一说法，无产阶级既可以组织起来，又有力量接管城镇。

工人阶级也许并没有成为革命的先驱，但是重大的革命往往发生在城镇，其中最著名的工人阶级革命发生在巴黎、圣彼得堡和德黑兰。而在 1848 年的法国，反革命往往是从农村发起的，由封建贵族领导的农民组成了反革命军队。

尽管城镇与未来、乡村与过去联系紧密，但应当看到城镇也是文明发展的宝地，那里建有纪念碑、图书馆和博物馆，通过这些形式将历史保存下来。

城镇不仅与政治和经济变化联系在一起。从最早起，人们就把它们和文明相提并论，文明这个词译自拉丁语词汇 "civitas"，意思是 "城镇"。当人们能够相互接触、交谈和交换想法时，他们创造和创新的效果最好，就像在城镇里一样。在农村，与外围的人交往需要使用稀缺的资源。未来是在 17 世纪末伦敦的咖啡馆和 20 世纪初维也纳的咖啡馆里创造出来的，就像在大学实验室里创造出来的一样。写作和税收以及艺术和科学这样的支柱都是在城市中发展起来的。住在城市里的人比住在偏僻的村庄、村舍或农场里的人更有能力保护自己。城市在安全的条件下有效地创造了规模经济，这意味着在天下大乱的时候，资本更有可能保存在城市而不是农村。城市还从排污系统、医疗改善和教育普及等公共事业中获益。

因此，城市的繁荣程度是衡量文明的一个标准。每个城市都需要进口大量的建筑材料、食物和水。相反，当一个文明衰落时，它既不需要大城市，也不需要维持大城市的手段。西方最典型的例子就是罗马帝国的衰落，尽管罗马帝国的许多其他城市也有同样的命运，但罗马的情况更加典型。罗马在公元 1 世纪的人口可能超过了 100 万人，但在三个世纪后只有 3 万人。[16] 公元 150 年左右，伦敦的人口达到顶峰，此后的几十年里，伦敦的人口可能减少了 2/3。[17] 没有什么比人口的衰落更能清楚地表明罗马帝国的衰落了。到 1200 年，巴黎的人口刚刚超过 10 万，仅为罗马鼎盛时期人口的 1/10。当时西欧的技术无法支持更大规模的城市。

现代人绝大多数是城市文化的产物，我们几乎没发现这有多么惊人。我们忘记了虽然城市有几千年的历史，但它只是最近才容纳了一小部分人口。1600 年，欧洲只有 1.6% 的人居住在城市，1800 年这个比例略高于 2%。到了 1801 年，英格兰和威尔士有 10% 的土地是城市，而这两个地区的大多数人口早在 1900 年就已开始城市化。[18] 就像人口转变的浪潮一样，英国是先驱[19]，而地球上的大多数人口是 20 世纪初才进入城市的。[20]

城市化与环境

正如我们所看到的，天真的都市人认为乡村永远是玫瑰色的，并把它与休闲活动而不是田间的辛勤劳作联系在一起。他们倾向于认为农村生活在某种程度上是自然的，而城镇生活对环境有破坏作用。但事实远非如此。

当然，古代社会的人均碳排放量很低。那些除了步行或骑自行车之外很少旅行的人、那些从来没有使用过电的人、那些看见洗衣机也不知道如何使用的人，对地球资源的利用非常少。但是，当现代化到来的时候，生活在城市里的人可以更有效、更可持续地利用资源。

例如，普通的美国城镇居民家庭开车行驶的里程数和拥有的汽车可能比农村居民家庭少，而农村居民每次想要一块面包或一品脱牛奶时，很可能需要驾车出行。城市居民更有可能使用公共交通来满足他们的大部分日常出行需求。他们上学或上班的路程可能更短，对内燃机的依赖也更少。例如，伦敦人开车上班的比例远低于英国其他地区的一半。[21] 自来水和污水处理系统、电力和快递服务等可以更有效地触达城镇居民，而且需要更少的管道或电缆以及更少的柏油路面。

与农村人相比，城镇居民很可能居住在更小、隔热性能更好的房屋中，因此他们更省油，总体排放量更低。例如，2004 年的一项研究发现，伦敦人的碳排放量大约是英国全国平均水平的一半[22]，而纽约人的碳排放量比美国人平均水平要少 30% 左右[23]。高度城市化的纽约是美国所有州中人均排放量最低的。[24] 正如城市设计师和规划师彼得·卡尔索普所说，城市是最环保的人类居住形式。与密度较低的地区相比，每个城市居民消耗更少的土地、更少的能源、更少的水且产生更少的污染。[25] 我们居住在城镇和城市的趋势使一半的人类生活在不到 3% 的地球表面。[26]

当然，现代城市仍然是巨大的能源消耗者；只不过一旦人们开始过上现代生活，就能最有效地利用能源。[27] 真正耗油量大的人不是贫困国家的农民，而是发达国家的农村居民，他们往往为了生活必需品和娱乐驾车远行，却住在不那么紧凑和隔热良好的房子里。

城市化也给自然带来了更直接的好处：农村的空空如也为自然提供了一个喘息的机会。在法国南部靠近西班牙边境的东比利牛斯地区有大片的野荒山坡，这里之前集约耕种的唯一迹象是慢慢坍塌的梯田，这些梯田曾经是面积很小的农田。这个地区的老人还记得被遗弃已久的山坡是什么时候被精心照料的。当地的村庄并没有全部被清空，但村民正在告别农业，许多人已经离开了山谷，前往附近的大城市或更远的地方。

自然界的动植物取代了农作物，几十年来首次在该地区发现了狼和熊。这些熊被重新引入比利牛斯山做实验，而狼似乎占据了法国南部越来越空旷的土地，从意大利北部自行迁徙而来。[28] 野猪的数量也在激增，但是它们的数量被当地的狩猎活动抑制。当人类离开乡村前往城镇时，自然会恢复原状。苏联时期 1/3 的耕地如今已被遗弃；早期欧洲移民砍伐了新英格兰的森林，20 世纪森林覆盖率再次上升，土地覆盖率从 30% 上升到 80%。[29]

可逆的趋势？

　　两个因素有可能导致城市化进程逆转。首先，我们可能遭遇文明的崩溃，无论是来自一场大流行或金融危机，还是来自任何时候都可能袭击人类的一系列灾难。城市生活所需的食物、水和其他一切东西的供应将会枯竭，那些幸存下来的人将会发现自己要靠农村的自然资源来维持生计。新冠肺炎疫情对人口数量的影响不大，但仍导致一些城市中心被暂时遗弃。

　　现在判断新冠肺炎疫情是否会导致长期的城市衰退为时过早，但这种衰退在危机时期曾经发生过。除了罗马帝国的崩溃，另一个例子是 20 世纪初困扰俄国的革命和内战混乱局势。近期，如同候鸟一样迁徙的农民回到了他们的村庄——只有在斯大林时代工业化的助推下，城市化进程才得以恢复。

　　新冠肺炎疫情可能导致人们从城镇逃到农村。600 多年前，在瘟疫肆虐的年代，从伦敦到汉普斯特德的有钱人发起了一场现代运动。如果出现这样的城市难民潮，一旦疫情过去，人口减少，城镇就可能变得缺乏吸引力且充满暴力；相比之下，农村生活更可行。事实上，这种想法是幸存类科幻小说中的素材，是为法律和秩序的崩溃做准备的，但并不意味着它永远不会发生。

　　虽然发生这种全球性灾难的可能性不大，但历史上有文明崩溃伴随着城市消失的先例。事实上，从柬埔寨暹粒的宝塔到墨西哥尤卡坦半岛的玛雅遗址，曾经繁荣但长期被遗弃的城市成为考古和文化旅游的支柱。

这些核心城市的消散不是生态因素的结果，就是政治问题的结果。在不同大陆的人们几乎不知道彼此存在的世界里，这些都是地方性事件。在一个相互联系的世界中，类似的崩溃所带来的生态和政治灾难将在全球范围内上演。我们享受着全球化带来的巨大好处，每天都有数千里之外近乎瞬时发生的金融交易，数百万人成为空中飞人，这意味着无论是生物问题还是经济问题都可以传播得更快、更远。新冠肺炎疫情暴发后，我们更加深刻地认识到这一点。

城市化进程逆转的第二个原因可能是发展而不是倒退。技术进步意味着人们可以很轻松地进行长距离通勤，或者他们根本不需要这样做。随着现代电话会议和信息技术的发展，人们可以越来越多地在一起而不在一地工作，虚拟技术的发展会使这成为现实。人们会选择住在离工作地点更远的地方，要么是因为喜欢农村生活，要么是因为住宿更便宜，要么是为了避免麻烦和昂贵的通勤成本。新冠肺炎疫情加速了这些变化。

然而，人们可以选择继续居住在城镇或其附近，即使他们不再需要这样做。实现远程工作的技术已经相当先进，但每天仍有数百万人从郊区通勤到市中心，以便在与同事、客户和供应商的面对面交流中受益。这些受益可能不会被技术创新消除。同样，商务旅行者仍然乘飞机去遥远的城市开会，而这些本可以通过电话会议进行。在商界要建立和维持人际关系，距离仍然至关重要，更不用说社会关系了。尽管如此，在新冠肺炎疫情之前，人们就已经开始远离城市生活和通勤。伦敦地铁的使用率明显下降，财政压力也在增加。[30]

对简单安静的生活、更大的生活空间和户外活动的向往似乎是富人的偏好，但对城市生活的厌倦却引起了共鸣。就拿这篇关于乡村生活的抒情散文来说吧，它出自一位离开伦敦前往威尔士的人之手：

> 我把丽晶公园附近小公寓的钥匙交还给他，并在克米伊村外找到了一个改建的租赁粮仓。它坐落在半山腰一条陡峭的山道顶端，给人一种立于绿色海洋中的感觉。大多数清晨，我会在写作前散步数里地。这最初是一种低强度运动，好比戴着耳机去健身房锻炼，以此摆脱身体的懒惰。但有些事情发生了变化。散步很快就成了生活中的一部分。我把耳机扔在家里……在粮仓里待的时间越长，就越不愿意去别的地方。一位朋友在电话中说："你就像迷恋在天堂一样。"他说得对。[31]

大城市人口的减少并非没有先例，我们不必追溯到罗马帝国的衰落或黑死病。在 1939 年到 1991 年之间，伦敦的人口从 850 万下降到 650 万，之后趋势逆转，数量再次上升。[32] 以伦敦为例，人口增长是由一股海外移民潮引起的，到 20 世纪 90 年代，这股移民潮抵消了英国人的外流。阿姆斯特丹也出现了类似的趋势，在 20 世纪 80 年代之前，一大批战后移民涌入城市外面的保障房，随后北非和土耳其移民涌入，从 90 年代末开始，有抱负的年轻专业人士涌入。

如今，大量人口涌入城市，导致房价上涨，从而促使更多的人离开。许多 10 年前甚至 15 年前涌入城市的年轻从业者选择在成家后离开，在适合家庭居住的地区寻找更宽敞、更经济的住所。尽管有一群青年从业者被城市生活的新鲜感吸引，但由于最近大多数发达国家的出生率总体下降，后者往往比前一群人少。[33] 这些相互矛盾和不稳定的趋势可能导致荷兰和英国等地的城市规模缩小，尽管当人们离开阿姆斯特丹或伦敦等城市时，他们很可能在距离故居很近的地方定居。

无论发达国家有多少城市兴衰起伏，大多数发展中国家的城市化进程仍将继续。事实上，这一趋势的规模远远大于任何来自欧洲和北美城市的潜在逃离人口。每当一个有抱负的作家离开伦敦去威尔士旅行，就有成百上千的尼日利亚人渴望去拉各斯和伦敦。因此，从全球的角度来看，人类将越来越多地成为城镇居民，到 21 世纪中叶，城镇居民可能会占到全球人口的 1/4。[34] 在可预见的未来，只有在世界上最发达的国家，城市化趋势才可能出现逆转。

例如，在撒哈拉以南非洲地区，大约 60% 的人口仍然是农村人，远低于 1960 年的 85%。[35] 像拉各斯这样单向流动的超大城市在最近几十年里如雨后春笋般涌现，现在的人口数量比欧洲任何时候都要多。据称拉各斯是 1 500 万或 2 000 万人口的家园，这取决于其边界的划分。[36]

未来城市

　　未来人们可能越来越多地居住在城市，但他们的居住地不会一成不变。首先，发展中国家的城市可能变得更像欧洲、北美和亚洲较富裕地区的城市。随着世界上较贫困地区城市居民收入的增加，他们的消费模式和对公共服务的需求也将增加。就像欧洲和北美城市的贫民窟已经被清除一样，我们可以期待同样的事情发生在金沙萨和雅加达。这并不是说城市贫困人口将不复存在，而是说基本条件将得到改善。自来水、充足的管道和室内卫生设施将成为常态而非特例。公共交通将会改善，可以减少交通堵塞带来的困扰和污染。汽车排放标准的提高将进一步减少污染。城市居民会要求做出改善，而市政当局和政府将越来越有能力提供这些服务。

　　在较富裕的国家，提供医疗、教育和交通服务使农村更像城市，而城镇正变得更像农村。20 世纪早期，当伦敦地铁网络扩展时，居住和工作在市中心的人可以搬到郊区去了。在那里，他们可以享受自己的花园，也可以在城市的乡村里享受，这是一个可以追溯到罗马时代的典故。在 2020 年因新冠肺炎疫情封城期间，我住在"一战"前建造的房子里，坐拥一个面积大约 18 平方米的花园，我和数百万伦敦同胞都很感激这种发展。

　　汽车在美国和欧洲的出现，使远郊的发展得以实现，城市工人可以通勤，但有了更多的开放空间和更好的设施。这些可能因城市扩张而受到批评，但它们为数百万人提供了高水平的生活。随着城市变得更加富裕，绿地、动物甚至农业的发展都被置于城市空间。[37]

未来城市的出现一直有许多令人遐想的空间，因为城市就是未来主义的。我们有理由认为城市将会更多、更大。无论未来几十年生育率如何，如果没有全球性灾难，世界人口注定至少会持续增长到 21 世纪下半叶。这些新增人口中的大多数最终将生活在城市。一些城市，如曼彻斯特和图卢兹，在后工业世界蓬勃发展；而另一些城市，如底特律和米德尔斯伯勒，则苦苦挣扎。

随着城市的发展，它们往往会侵蚀周围的农业用地，如果食物变得越来越少，这种改变将受到越发强烈的抵制。但未来仍有很长的路要走，正如土地被重新分配用于城市用途时，土地价值的巨大上升所表明的那样。在英国有这样的例子，同样的土地一旦被认为可以用于住房，其价值大约要高出 150 倍。[38]

城市一直以来都是食品和能源的净流入地，吸收着内地的资源。尽管最近城市粮食生产的趋势可能只是一个短期的跟风，但有理由认为它可能长期持续。经过改造的仓库配备了人工光源，用于多层种植粮食，不使用传统农业所需的除草剂和杀虫剂，并有效利用水和营养物质。城市粮食生产的另一个巨大优势是不需要长途分销的成本和环境费用。同样，就像从纽卡斯尔用驳船运输煤炭到伦敦已经成为过去时一样，天然气可能很快就不会再通过管道输送到城市。太阳能电池板已经安装在屋顶上，也许有一天会安装在墙上。再加上私人安装微型风车的可能性，这样的创新能为城市生产提供所需的大部分能源。

如果电动汽车成为常态，城市污染将大大减少。这一趋势在发达国家早已形成，原因是人们用更环保的取暖方式取代了燃煤。另一种看似不可思议的城市交通方式飞行汽车会缓解地面拥堵。更直接的是手机和互联网革命使汽车共享服务和出租服务成为可能，城市交通正在发生变革。

汽车拥有率可能会下降。自动驾驶汽车将进一步减少道路上的车辆数量，释放目前用于停车的宝贵城市空间。许多城市都设有自行车道，租赁单车和有轨电车的出现（或再次出现）减少了对私家车的需求，同时也减少了空气污染。当我走过郊区那些为了容纳尽可能多的汽车而用混凝土铺成的停车场时，我开始想象三十年后它们会是什么样子。它们会变回曾经被称为花园的地方吗？这将增加城市的绿化面积，为城市降温，如果地球继续变暖，这将是特别有价值的。

从过去的错误中吸取教训很重要。未来的城市不需要像狄更斯笔下的伦敦、现代的雅加达或拉各斯那样混乱无序，也不需要像欧洲战后清除贫民窟时开发的住宅那样没有灵魂。在自发性和规划之间将会实现富有想象力的平衡，而人与自然的共存将是这种平衡的重要组成部分。

成功的城市往往定义了自己的民族和国家，同时努力融入其中。伦敦在英国占据主导地位，尽管它在经济和政治上正日益偏离其腹地，巴黎也是如此。拉各斯对尼日利亚有着巨大的影响，就像墨西哥城对墨西哥的影响一样。大城市通常是多样化和年轻的，吸引了这个国家最聪明和优秀的人，以及来自更远地方的人。

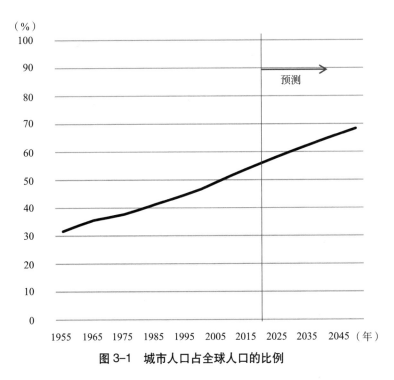

（%）

图3-1　城市人口占全球人口的比例

资料来源：联合国人居署

　　自从农业发展以来，大多数人都生活在农村，城市人口只占总人口的一小部分。然而，到20世纪中叶，1/3的世界人口生活在城市，而最近我们又超过了地球上一半的人口是城市居民这一临界点。这个趋势将持续下去，到本世纪中叶，大约70%的人将居住在城市。

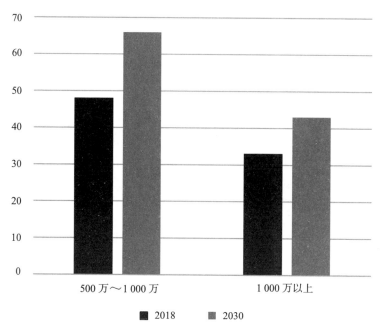

图 3-2　2018 年和 2030 年人口在 500 万～1 000 万以及

1 000 万以上的城市数量

资料来源：联合国人居署，《世界城市发展报告》

　　世界城市的规模越来越大，数量也越来越多。2018 年，人口在 500 万～1 000 万的国家有 48 个，到 2030 年将达到 66 个。同一时期人口超过 1 000 万的城市数量预计将从 33 个增加到 43 个。

　　2016 年英国脱欧公投就是一个很好的例子。伦敦强烈反对"脱欧"，而英格兰其他地区则强烈支持。英国前首相鲍里斯·约翰逊称这不仅是对布鲁塞尔的投票，也是对伦敦的投票，尽管他代表着大伦敦选区，并曾担任伦敦市长。[39] 对大城市表面上自命不凡的怨恨和城市本身一样古老，大城市被指责像海绵一样吸走了其他地区的人力和物力。对此他指出，生产力和经济成就在国家预算中占了不均衡的份额，支撑着全国的教育、福利和医疗保健服务。

城市化和人口学

城市和人口之间的影响是相互的。当农村人口扩张并涌入城镇时，城市往往会扩张。一旦人们搬到城镇，他们的生活方式和家庭规模就会发生变化，这反过来又会导致人口变化。

因此，城市的兴衰受到人口趋势的影响，人口趋势反过来也会影响城市的兴衰。迅速增长的农村人口向城市迁移发生在第一次人口转变初期，当时的生育率很高，死亡率直线下降，就像 19 世纪早期的英国和现代的尼日利亚。城市大量吸收了土地上无法容纳的不断增长的人口，但它随后改变了那些移居到当地的人的行为。

城市化与死亡率之间的关系更为复杂。曾经城市中被污染的空气和露天下水道使其成为疾病的发源地，并导致死亡率上升。城市吸引了人们，又耗尽了他们，就像其他资源一样。18 世纪的伦敦就是这样，需要不断的人口流入来维持规模。19 世纪中叶，曼彻斯特和利物浦的平均寿命只有 26 岁，伦敦是 36 岁，但英格兰和威尔士的平均寿命是 41 岁。[40] 据估计，莫斯科大约 80% 的人口死于 1654 年的鼠疫。[41] 在接下来的一年里，20% 的伦敦人死于这种传染病，占到英国总人口的 13%。[42] 直到 20 世纪的前十年，城市的死亡率还比农村高出 1/3。[43] 搬到城市通常意味着更糟糕的生活环境、更糟糕的饮食和更早的死亡，然而城市可以吸收大量的人口，因此城市规模能够变得更大。

在 20 世纪，相反的情况变成了现实。随着城市变得更清洁、更卫生，人的寿命也延长了。城市曾经是疾病和瘟疫的滋生地，现在是易于获得医疗保健服务和教育资源的中心，这往往意味着能延长寿命。

最终，随着国家的发展，农村地区的医疗保健服务和教育水平与城市地区一样提高，预期寿命的差距再次缩小，污染和城市生活压力的影响甚至使农村生活看起来更有益健康。另一方面，城镇居民越富裕，他们的寿命就越长。伦敦和英格兰东南部的居民比英国其他地区的居民寿命更长，尽管许多人不得不忍受城市生活的压力和糟糕的空气质量。[44]

虽然城市化对死亡率的影响是复杂的，但对生育率的影响却比较明确。对于农村父母来说，多一双手是受欢迎的，而对于城市父母来说，多一个孩子可能会减少分配给下一代每个成员的资源。在世界上很多地方，城镇居民受教育程度更高，他们的子女早亡的可能性更小，而且出于这两点原因，他们生育的子女往往也更少。那些不希望失去任何子女、受教育为他们提供生活机会的人，家庭规模更小。此外，计划生育措施在城市地区比在偏远的农村地区更容易推进，农村地区的人很难接触到，而且可能受到保守主义和社会的压力。但是，一旦一个国家完全发展起来，城乡之间的差异就会消失。

　　发展中国家的一些城市生育率相对较低。在印度的大城市加尔各答，平均每名女性生育 1.2 个孩子，大约是全国平均水平的一半。[45] 那里的女性对生育二胎的缺点和不便表达了自己的看法，直到最近，这种观点在巴黎或纽约还经常听到，但在发展中国家却很少听到。在印度的其他城市，如钦奈和孟买，生育率也没有高多少。令人惊讶的是，在这些仍然贫困的城市，数以百万计的人生活在贫民窟中，女性的生育率远低于世界上一些最富裕的国家。然而，这些地方的生育率还没有降到新加坡的低谷。

第四章

生育

1：新加坡的总和生育率

"当没有孩子的生活更轻松时，为什么还要生孩子呢？"新加坡一家杂志的一位编辑写道。"所有那些失眠的夜晚，脏乱的早晨，到处都是屎尿……更别提很难专注于你的事业。"[1]一种担忧正在发达国家以及一些发展中国家蔓延，但并非忧心死亡人数太多，而是出生人数太少，导致人类最终面临完全消失的风险。经过几十年来对人口增长的担忧，人们现在开始担心相反的情况。[2]

　　在某些情况下，家庭规模可能是个人无法控制的。他们想要孩子，却无法生育。20世纪70年代中期以来，发达国家男性的精子数量似乎下降了50%到60%。[3]相比之下，84%的英国夫妇如果没有避孕，那么将在一年内怀孕，而且这大多发生在女性错过黄金育龄期之后。[4]因此，在许多时候，缺少孩子的情况与那位编辑表达的一致。对于新加坡来说，每名女性平均只有一个孩子，这本身就是一个典型的例子。

事实上，新加坡的总和生育率的确切情况并不清晰。新加坡政府宣布总和生育率为 1.1，而其他信息来源则显示是 0.83。[5] 因此，1.0 的总和生育率是一个合理的近似值。必须再次强调的是，当人口学家谈论生育率时，他们指的是实际生育情况，而不是女性生育孩子的能力。新加坡的女性没有太多的孩子，无论是由于生育能力上的问题还是许多其他因素，人口学家将这种结果称为低生育率。1.0 的比率意味着新加坡每一代的人口规模是前一代的一半。

我们开始看到东亚国家保持着固定的低生育率，但这是在相对较近的时期才出现的现象。当时，西方认为亚洲是一个多生多育和大家族的大陆。20 世纪初，欧洲人所恐慌的"黄祸"在很大程度上与亚洲人口规模有关。面对欧洲的入侵，亚洲逐渐衰落，但欧洲人对亚洲仍然拥有的一个优势感到担忧，那就是庞大的人口数量。在 1904 年至 1905 年日俄战争日本战胜俄国后，情况更是如此。即使种族语言变得更加温和，亚洲给人的印象仍是一个人口众多、增长迅速的大陆，这种印象一直持续到 20 世纪中叶。

早在 20 世纪 60 年代初，新加坡女性仍有 5 个以上的孩子，与她们的母亲和祖母的生育数量相当。但从那时起，生育率急剧下降，在接下来的 10 年里，平均每名女性生育的孩子不到 2 个。新加坡的变化是一个迅速而极端的例子，与其他地方导致生育率下降和随后保持低生育率的原因一样：教育水平的提高，尤其是对女性的教育。

通常来说，受过教育的女性不希望生很多孩子，因为她们想追求自己的目标和事业。她们有办法、有知识通过避孕来控制生育。一旦生了孩子，她们想要确保孩子受到良好的教育，并在他们的人生道路上给予帮助。因此，女性就把有限的资源集中在更少的孩子身上。在过去的50年里，伴随着城市发展，新加坡人受教育程度越来越高，生活也越来越富裕，他们符合组建小家庭的所有条件。

由于低生育率往往首先被受教育程度较高的人接受，这通常会使人们担心"低质的类型"太多，而"优质的类型"太少，从而危害国家的"质量"。这种担忧出现在20世纪初的英国、德国以及20世纪末的新加坡。[6]但使新加坡与众不同的原因是其领导层准备采取行动。尽管英国和德国的评论人士担心人口转变像担心股票一样，新加坡政府并没有准备好采取一种有利于某一阶级的行动。到了20世纪后期，新加坡政府更加热衷于干预。

1990年，没有完成中学学业的新加坡女性比大学毕业的女性多生一个孩子。十年后，这一差距变成0.5个，受教育程度较低的女性开始赶上受教育程度较高的女性。[7]家庭规模小是一种社会习惯，它首先出现在较富裕的阶层，然后渗透到整个社会。那么需要担心的问题就不是下一代的素质太低，而是下一代的数量太少了。

人口政策一直是新加坡的重要政策。最初，政府鼓励缩小家庭规模，在住房和教育方面歧视大家庭。[8]20世纪80年代初，当受过良好教育的家庭生育率首次出现下降时，现代新加坡的缔造者李光耀鼓励那些他认为最优秀、最聪明的人提高生育率。1983

年，他说："我们必须进一步修改政策，并努力重塑我们的人口结构，以便那些受过更好教育的女性能够有更多的孩子。我们必须以某种方式确保下一代人才不会枯竭。政府的政策已经在养育方面有所改善，但无法改善自然发挥的作用。这只有我们的青年男女才能决定。政府所能做的就是通过各种方式帮助他们，减轻他们的压力。"[9]

我的一个新加坡朋友在20世纪80年代中期在英国完成大学学业后回到本国成为一名公务员，被不断鼓励参加"爱之邮轮"活动，希望遇到一个同样聪明的新加坡人，多多生育国家认为具备优良遗传基因的孩子。当时，受教育程度较低的妇女如果接受绝育手术，可以获得经济奖励。

随着小规模家庭在教育上的普及，政府的重点从优生学转向全面提高生育率。20世纪60年代，政府曾呼吁人们生育不超过2个孩子，但到了1987年，他们建议人们生育3个或3个以上（如果负担得起），并实施了激励措施和税收减免。2001年，政府又采取了一系列措施，其中包括一项"婴儿奖金"计划，每年为二孩和三孩家庭提供现金补贴。在这两种情况下，效果仍然是短暂且微弱的。

新加坡的案例研究表明，尽管政府或许能够有效降低生育率，但要提高生育率困难得多。无论政府做了什么，考虑到20世纪80年代新加坡经济和人口发展的速度，新加坡女性不可能像20年前一样每人生育5个孩子。为试图降低20世纪60年代到80年代初的生育率，新加坡政府顺应趋势，但要想提高生育率无异于登天。

截至 2017 年，新加坡 25 岁至 29 岁的女性中约有 70% 是单身，而 10 年前这一比例刚刚超过 60%。在同一年龄段的男性中，这一数据超过了 80%。[10] 对于一个仅有 2%~3% 非婚生育率的国家来说，这一点尤为重要。这一水平远低于英国、德国，只占美国的 1/10。[11] 如果新加坡女性既不结婚也不接受非婚生育，那么她们就不会有很多孩子。

尽管新加坡的生育率比美国、加拿大和大多数欧洲国家下降得更快、更多，但它并没有走上同样的道路。20 世纪 30 年代，欧洲许多地区的女性平均只生育两个孩子。第二次世界大战后，生育率在著名的"婴儿潮"时期上升，但到了 20 世纪 60 年代，随着避孕药的出现和社会风向的改变，生育率又开始下降。就像我们之前提到的那位编辑一样，由于与不断提高的教育水平和期望相冲突，西方女性似乎被繁重的家务劳动拖累而不愿意生孩子。"脏尿布"也是阻碍受过良好教育、有抱负的女性生孩子的重要因素之一："多年来，我一直在用菜刀把尿布上的屎刮掉，每天想的就是哪里的豆角每斤能便宜两分。"[12]

"不育新月地带"：从西班牙到新加坡的低生育率国家

如果新加坡的低生育率是一个例外，那就没什么可担心的。毕竟，新加坡是一个小国。作为一个对欠发达国家和周边秩序良好国家的人具有吸引力的目的地，它可以通过提高移民的成功率来避免人口下降，甚至可以选择以华裔为主的移民——要么从生活着众多华人的邻国马来西亚，要么从中国。印度尼西亚是另一个较为合适的移民来源国。在这方面，新加坡相对与众不同。英国和美国等国家很容易吸引移民，但大规模的移民不可避免意味着种族变迁。

然而，尽管生育率低，新加坡仍是国际化程度最高的国家之一。事实证明，有一个从西班牙延伸到新加坡的新月形不育地带。从直布罗陀海峡到达亚欧大陆另一端的柔佛海峡，你几乎不可能踏上一个生育率高于更替水平，即每名女性大约生育 2.2 个孩子的国家。

路线将从西班牙开始，该国的总和生育率为 1.3。自 20 世纪 80 年代初以来，西班牙女性生育的孩子一直少于 2 个，到 90 年代末，生育率仅略高于 1.0。即使在亲天主教和支持生育的佛朗哥政权下，生育率也不是特别高。最近有小幅增长，略高于 1.3，但这至少可以部分解释为生育推迟的"进度效应"。在女性成为母亲的年龄比之前的人群晚的时期，生育率被人为地降低了。当这一过程放缓或结束，女性的平均生育年龄不再增长时——或者至少不再以同样的速度增长时——生育率就会略有反弹，以纠正之前的下滑曲线。[13]

翻越比利牛斯山脉进入法国，生育率为 1.8 相对正常，但仍低于更替水平。在 19 世纪，法国没有像英国、德国和俄国一样经历人口爆炸。当其他欧洲国家的生育率大幅下降时，法国却没有，因此其地位相对有所改善。今天法国的生育率与南欧和东欧的超低生育率并不相似，而与不列颠群岛、比荷卢地区和斯堪的纳维亚半岛的高生育率相似。这些社会的生育率较高，部分原因是女性在家庭和事业的结合方面更成功，而且婚外生育更容易被接受。来自高生育率国家的移民也维持了法国等国家的生育率，尽管移民出生率往往会相当快速地与东道国的出生率趋同。

从法国开始，我们来看看德国和奥地利，这两个国家几十年来的生育率都不超过每名女性生育 1.5 个孩子。只有大量移民才能阻止这些国家人口的下降。克罗地亚、塞尔维亚、罗马尼亚和乌克兰紧随其后，这些国家的生育率都低于每名女性 1.75 个孩子，南欧和东欧亦是如此。匈牙利有所不同的是生育率自 20 世纪 60 年代初以来一直低于更替水平，而阿尔巴尼亚的女性在 20 世纪 80 年代末还保持在生育 3 个以上的孩子。许多低生育率的欧洲国家有一个共同之处，那就是值得称赞的给予女性受教育机会与传统价值观的结合。如果你鼓励女性接受教育，但对那些兼顾事业和家庭的人表示不满，她们往往会选择一份有趣的工作，而不是享受做母亲的乐趣。

低生育率社会的另一个特征是非婚生育水平低。值得注意的是，在传统禁忌被打破、未婚妈妈生育增多的地方，生育率开始回升。例如在匈牙利，尽管生育率小幅上升，但非婚生育几乎占总增长的一半。似乎是由于突破传统道德规范促使生育率上升，而不是政府的政策促使生育率上升；匈牙利政府的激励措施主要是鼓励妇女生育第三个孩子，但生育率的小幅上升可以用多生育一到两个孩子来解释。[14]

　　接着我们来看俄罗斯，19 世纪末 20 世纪初的俄国有着相当高的生育率，面对革命、内战、世界大战、清洗运动和饥荒，人口不断增长。然而，到了 20 世纪中叶，这种情况发生了变化，家庭规模缩小是苏联时期军事和经济衰退的一个关键因素。[15] 自 21 世纪初以来，俄罗斯的生育率已从每名女性生育 1.2 个孩子的水平恢复到近 1.75 个孩子，但数十年的低生育率意味着生育孩子的年轻女性数量很少，这使俄罗斯难以避免人口下降。回看 1914 年，情况就大不相同了，俄国看似永无止境的增长前景，是促使德国在事态失控之前冒险发动战争的因素之一。[16] 今天，尽管俄罗斯的总和生育率（每个育龄女性所生育孩子的数量）有所提高，但其新生儿数量相对于总人口的数量却并未提高。

　　作为人口大国，中国的总和生育率仅仅略高于 1.5。一些人口学家认为这个数据更低，接近 1.2。到目前为止，几乎没有迹象表明 2015 年将一孩政策放宽为二孩政策（到 2021 年进一步放宽，允许生 3 个孩子）产生了很大影响。考虑到中国快速的城市化进程、不断改善的生活水平以及不断提高的女性受教育水平，出现这种情况不足为奇。随着现代化进程的发展，育龄人口离开孩子去城镇工作，这不可避免地打乱了家庭生活。

　　在一个经济发展的社会里，要扭转低生育率的趋势并不容易。对于大多数中国夫妇来说，他们的目标不再是多几双干农活的手，而是通过对一两个孩子加大投入来提高子女的生活质量。一位 26 岁的会计说："我重视女儿的全面教育和发展，以及花时间陪伴她的重要性。"她拒绝了公婆催生的劝告，"当我想到工作和经济压力时，我觉得只要一个孩子就够了"[17]。"虎妈"如果有一两个或更多的孩子，就无法完全发挥效力，这是全世界母亲的共同感受。中国的女性可能正走在与近邻新加坡相同的道路上，未来将对全球产生影响。

在世界各地，低生育率正在自我强化。独生子女将承担照顾年迈父母的责任，导致他们没有多少时间照顾自己的家庭。此外，那些不习惯大家庭的人往往会降低他们对家庭规模的期望，常常满足于只生一个孩子。最后，经济开始适应小家庭，这使生育更多的孩子越来越不方便。

在我们关于亚欧大陆的讨论中，缅甸的生育率最高，在撰写本书时，该国的生育率大约在更替水平。20 世纪 70 年代末，缅甸女性生育 5 个以上的孩子，但此后生育率大幅下降。我们讨论新加坡以前还将面临的国家是泰国（生育率略超过 1.5）和马来西亚（生育率略低于 2）。泰国是一个典型例子，它展示了相对贫困国家的人口结构变化能够超过发展的速度——在经济发达以前就已经达到与发达国家相符的低生育率。[18]

同样的低生育率在其他完全不同的文化中仍然存在。在 20 世纪 60 年代，黎巴嫩女性平均生育超过 5 个孩子，但今天不到 1.75 个。几乎没有哪个国家的生育率比伊朗下降得更快。"当我们几乎入不敷出的时候，我怎么能考虑要孩子呢？"一位有远见的伊朗母亲悲叹道。[19] 在拉丁美洲，生育率普遍偏低或下降。据估计，与此同时，韩国的生育率可能只有 0.8。[20]

因此，全球婴儿"短缺"与地区或文化无关。意大利妈妈一度被认为是典型的女家长，但已经有好几代人不是这样了。唯一的例外是撒哈拉以南非洲地区，那里不断下降的死亡率和持续的高生育率正在推动历史上最大规模的人口激增。

后现代化的人口结构

一个国家的发展水平曾预示其生育率和预期寿命。在 20 世纪 70 年代初，富裕的北欧人能活到 70 多岁，而贫困的南亚人却活不到 60 岁。今天，虽然两个地区之间的发展差距仍然存在，但预期寿命的差距已经缩小。当我们比较大西洋彼岸国家的出生率时，情况也是如此。早在 20 世纪 70 年代，巴西女性的孩子数量是美国女性的两倍多。如今，尽管巴西人的富裕程度仅为美国人的五分之一，但他们的孩子数量却略少一些。贫困国家曾经有大家庭和较低的预期寿命，但现在不是了。

从表面上看，我们似乎正在接近人口进程的终点，而非洲的戏剧性篇章还有待上演。在前现代化时期，所有国家都有高生育率和较短的预期寿命。尽管存在差异——例如 18 世纪的英国和日本似乎适度地降低了生育率——但差异并不大。例外仅出现在像瘟疫和战争这样的灾难导致死亡率非常高的时候，或者丰收时期死亡率略有下降时。世界经历了人口过渡，时间和速度各不相同。一旦实现过渡目标，关键的人口差异就涉及生育率，决定因素是文化而不是经济。

我们比较美国不同州的生育率就可以看明白。南达科他州女性生孩子的数量比佛蒙特州女性多四分之三；美国心脏地带提倡生育的价值观与新英格兰地区的世俗自由主义形成了鲜明的对比。美国一个州的宗教信仰程度越高，其生育率就越高，保守主义与高生育率的相关性就更强。在州一级，对宗教信仰的虔诚和2016年为唐纳德·特朗普投票的趋势，与生育率的相关性分别是收入相关性的25倍和40倍。[21] 在犹他州，宗教对生育的影响是显而易见的。众所周知，摩门教徒的家庭成员数量众多。正如一位有6个孩子的摩门教徒母亲所说，"人们经常问我为什么要生这么多孩子，我通常简短地告诉他们这是关于救赎"[22]。宾夕法尼亚州、俄亥俄州和印第安纳州的阿米什人平均生育5到6个孩子，相当于尼日尔和乍得的生育水平。在1901年到2010年间，他们的人口数量从6 000增长到超过30万，这主要是通过生育而不是宗教信仰来实现的。[23]

从长远来看，这可能以一种意想不到的方式影响美国的种族构成。在美国，只有南达科他州和犹他州的生育率高于更替水平，也都高于美国的白人生育水平。尽管美国白人女性的生育率仍略低于非裔或拉美裔女性，但差距已经缩小。拉美裔来自传统的高生育率国家，但生活在低生育率的美国城市地区。他们看到自己的生育率朝着当地的标准猛跌，而当地的标准越来越像自己国家的新标准。墨西哥现在的生育率接近更替水平，在20世纪70年代早期，平均每名女性生育近7个孩子。就在2007年，美国拉美裔女性的生育率比白人女性高约 60%；如今，这一差距已经缩小了 3/4。[24] 到 2016 年，拉美裔女性的孩子比白人农村女性略少，而且差距还在扩大。[25]

与此同时，超高生育率出现在以白人为主的农村群体中，如前述阿米什人和赫特人，他们的人数在 1880 年至 2010 年间从 400 人增加到 5 万人，年增长率约为 3.8%。[26] 尽管这些族群的规模仍然相对较小，可能还没有引起足够的注意，但如果按这种速度的 1/3 扩张，到 2060 年，他们的数量将达到 5 亿。

我们对白人社区低生育率和人口收缩的假设是基于一个世纪的经验，但事实未必总是如此。我们可能看到在美国甚至欧洲，面对农村白人的再次扩张，那些主要由混血和非欧洲后裔居住的城市正在萎缩。尽管趋势不明显，但确实如此。

犹太人

极端正统派犹太教徒是另一个人口扩张的群体。与美国其他高生育率的少数族裔不同，他们几乎全部居住在城市，而且居住在生育率普遍较低的州。在布鲁克林附近的威廉斯堡和区公园附近，有成千上万的哈雷迪犹太人社区，家庭规模与世界上生育率最高的国家相似。他们正在迅速增长，迄今为止几乎没有放缓的迹象，必将导致这一群体在附近新的社区中寻找新的空间。

英国的哈雷迪犹太人社区也在以每年 5% 的速度增长，大约

15 年后，这个数据将翻一番。[27] 这里同样也面临巨大的住房压力，哈雷迪犹太人开始在近郊建立卫星城，因为那里的住房更便宜。这种模式在美国已经形成。20 世纪 70 年代，一群哈雷迪犹太人从威廉斯堡搬到一个名叫基尔亚斯·乔尔的新城镇，这个城镇现在大约有 3 万居民，平均年龄在 13 岁左右（相比之下，美国的整体平均年龄是 37 岁）。[28]

极端正统派也促进了以色列的人口增长。通常情况下，长期以来有着大家庭的族群是年轻化的群体——几乎 60% 的人年龄在 20 岁以下，而其他犹太族群仅占 30%。[29] 但在以色列，并非只有哈雷迪犹太人才有这么多孩子；在这样一个发达的国家，所有宗教派别的生育率都比我们想象中要高。以色列女性的生育数量几乎是新加坡女性的 3 倍，但受教育程度并不比她们低。正如美国一样，即使不信教，以色列的保守派政治团体通常生育更多的孩子。[30]

价值导向的生育观将会改变关于人口的许多假设。我们可能认为犹太人的家庭规模比阿拉伯人和其他以穆斯林为主的民族要小，但事实并非如此。在 20 世纪 80 年代早期，以色列女性生育孩子的数量还不及伊朗女性的一半，而今天她们的孩子明显更多。

但是全世界犹太人的情况并不一致。以色列的生育率很高，即使是最世俗化的犹太族群的生育率也高于更替水平，但美国的世俗犹太人是所有犹太族群中生育率最低的群体之一。[31]

随着个人主义取代了对家庭的渴望，一些人口学家提到了第二次人口转变，即普遍的低生育率。[32] 但这种趋势被夸大了。相反，生育率越来越多地与意愿、意识形态和宗教联系在一起。正如基督教和犹太教教徒一样，在伊斯兰国家，宗教信仰和宗教活动都与大家庭有关。[33] 社会中的一些种族亚群体都选择大家庭，而其他群体则喜欢小家庭，这将改变国家内部和国家之间的人口平衡。自 1947 年以来，摩门教徒人口增长了 15 倍，部分原因是高生育率。我们或许会疑虑，如果那些选择高生育率群体的后代继续保持传统的生育观，世俗社会是否将衰落并消失，地球以后就是这些宗教人士的。[34]

然而，如果宗教群体继续壮大，保留信徒和保持高生育率将同样重要，但这两种情况都无法保证。这里的数据有限。无论在以色列国内还是国外，人们都在逐渐远离哈雷迪式的生活方式，但几乎可以肯定的是，与自然增长相比，这一趋势微乎其微。[35] 在社会层面上，美国和欧洲大部分地区都在持续逃离宗教。就像前现代城市需要源源不断地从农村移民来补充人口一样，现代世俗主义吸引了更多高生育率的传统群体，然而这些群体无法替代他们自己。未来似乎属于那些既能保持高生育率又不会舍弃传统的群体。

当地的女英雄和生态卫士

一个星期五的早上，我说服了两个朋友一起讨论人口学。我很期待与她们交谈，因为她们并未遵循女性受教育程度越高、孩子就越少的规律。萨拉毕业于剑桥大学，有6个孩子。维姬毕业于牛津大学，有7个孩子。我想了解她们的想法。

维姬和萨拉是犹太教徒和东正教徒，她们的想法都很现代。比起严格的宗教责任感，我觉得她们的大家庭更多是源于一种崇尚生育的文化对孩子的爱。维姬居家编辑一份社区报纸，而萨拉在孩子出生前是一名律师，现在不外出工作。她们很聪明，受过高等教育，但都觉得做母亲是她们所能扮演的最重要的角色。维姬说："把7个孩子带到这个世界上，并把他们培养成全面、成熟、负责任的人，这是我能做的最有创造力和最有意义的事情。"

她们俩都不愿谴责选择小家庭的人，很体恤那些不能生育的人，但当谈到社会上不断下降的生育率时，她们都不由自主地提到了"自私"这个词。她们认为现代都市里生很多孩子并不一定是件难事。在度假时，有时很难租到一辆足够大的汽车或订到家庭活动的门票，但这些都是细微之处的不便。对于维姬和萨拉来说，选择少生孩子的人将个人发展、假期或能让每个孩子拥有自己卧室的能力置于创造新生活之上。维姬和萨拉都不想谴责他人的选择。她们解释说，在我们生活的世界里，实现个人目标和一定水平的生活已经成为一种常态，很难与一个庞大的家庭相协调。最终，这样的期望可能根本不能与家庭相协调。

萨拉也确实提出，可能她想要一个大家庭的想法是自私的。在西方，尤其是在消费水平和排放水平都很高的发达国家，人们越来越担心要孩子是一种放纵。美国国会女议员亚历山德里亚·奥卡西奥-科尔特斯提出了一个问题："孩子们的生活将会非常艰难，这基本上是一种科学共识，这确实也让年轻人产生疑问：我们还可以要孩子吗？"[36] 这个问题我们以后还会讨论。

未来的性

最近，我参加了一个人口学研讨会，旁边是一位已退休的著名人口学教授。在谈到低生育率的问题时，他提到了"性生活的减少"。说到这个人们一直很感兴趣的内容时，他那十分老派和学术化的风格惹得观众都咯咯地笑了起来。我们可能问，在绝大多数情况下，性生活减少到多少才会对人口产生影响，这是人口学研究中不能忽视的问题。

越来越多的证据表明，在意大利和日本这样的国家，年轻人对长期关系、婚姻和生育的热情不如他们的前辈。他们甚至对性不那么感兴趣了。日本 40 岁以下的成年人中，有 1/4 从未有过完整的异性性行为，而且这一比例还在上升。[37] 在意大利，性生活水平的下降被归因于男性性欲的下降。[38]

在这方面，日本可能走在了时代的前沿，但它并不是唯一。在美国的千禧一代中，性生活的缺乏程度是上一代的两倍，避孕套的销量也在稳步下降。[39] "#Me Too"运动的规则可能令人困惑和不快，而传统性别角色的模糊或许也是原因之一。虽然男性更多地参与家务是值得称赞的，但这确实与性生活减少有关。[40] 科技的发展可能是另一个因素。一位家庭医生朋友告诉我："与我刚从业时相比，现在青少年怀孕率这么低的原因是年轻人都待在卧室里玩科技产品，而不是出去谈恋爱。"

性生活的减少本身并不会降低生育率，正如发生性行为和结婚较晚并不一定意味着会少生孩子。但是，女性生育越晚，她的生育能力可能越低；在社会层面上，晚育意味着家庭规模更小。如果处于生育黄金期的女性不再成为潜在的母亲，那么在总体水平上，怀孕和分娩很可能会减少。那些推迟生育的社区往往是因为女性正在追求除生育以外的其他目标，或者由于社会因素导致了低生育率。

人们经常提到看电视是导致低生育率的一个原因，随着电视的出现，性生活的确在一定程度上减少。[41] 然而，电视不仅仅是通过分散人们对性生活的注意力来降低生育率的。巴西的一项研究发现，是那些令人向往的流行肥皂剧降低了生育率：豪华公寓、智能汽车和时髦的衣服美化了家庭人口少的人的生活方式，导致人们不想多要孩子。[42] 大家庭开始与落后的农村生活方式联系在一起，而发展中国家的人们正试图摆脱这种生活方式。我们注意到的另一个转折是，生育率最低的社会是那些反感非婚生育和对女性教育持激进态度的社会。在英国和北欧这样的地方，很多孩子都是非婚生育的，而且情况往往比较乐观——至少如果你喜欢孩子的话。

一个人对生育的态度可能与基因有关。[43] 在一个人们缺乏选择的世界里，想要繁衍后代的基因倾向产生的影响很小。但是一旦人们能够控制自己的生育能力，喜欢孩子的人可能会激增，最终意味着生育率的恢复。

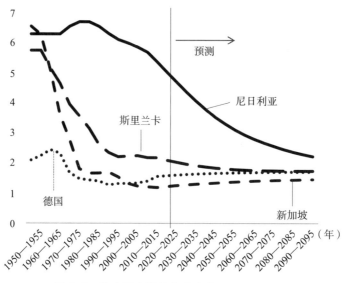

图 4-1 选定国家的总和生育率（1950—2100）

资料来源：联合国人居署（中等水平变量）

在 20 世纪中期，各国的生育率存在着巨大的差距，非洲和亚洲的女性往往生育六七个孩子，而欧洲和北美的女性生育两三个孩子。从那以后，在新加坡等逐渐富裕起来的国家和德国等已经富裕起来的国家，生育率骤降至远低于 2。即使是像斯里兰卡这样相对贫困的国家，生育率也迅速下降。

如今，几乎所有高生育率的国家都位于撒哈拉以南非洲地区，人口学上最大的未知因素是生育率会以多快的速度下降。联合国预计，非洲人口大国尼日利亚的生育率将稳步下降，直到 20 世纪末才接近更替水平。

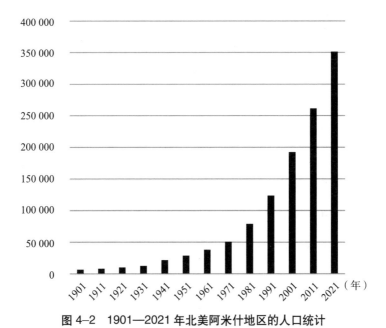

400 000

350 000

300 000

250 000

200 000

150 000

100 000

50 000

0

1901 1911 1921 1931 1941 1951 1961 1971 1981 1991 2001 2011 2021（年）

图 4-2　1901—2021 年北美阿米什地区的人口统计

资料来源：《美国印象》，阿米什研究
注：一些数据已经经过平滑处理

　　当一小部分人口以每年约 3.5% 的速度增长时，最初可能没有人注意到这种增长。如果这一趋势持续下去，最终它将足以对社会产生影响。这就是在北美阿米什地区发生的事情。20 世纪初有 6 000 个阿米什人，但今天已经超过 30 万了。那些保持高生育率并能留住大部分成员的信教人群将在其国家变得越来越重要。

空荡荡的地球？

当托马斯·马尔萨斯断言人口压力肯定会永远受到资源的限制时，他错了。当人口学家认为世界各地的生育率将稳定在每名女性生育 2 个以上的孩子，而全球人口或多或少将保持稳定时，他们也错了。在西方，紧随生育高峰而来的是生育低谷，之后其他地区的家庭数量会减少到可能出现人口下降的程度。低生育率从西欧和北美蔓延到南欧、东欧和东亚。低生育率曾经是富裕阶层特有的现象，但现在却非常普遍，以至于它与经济的联系大大削弱了。最早接受小家庭的国家现在的生育率适度低于更替水平，而一些较晚接受小家庭的国家生育率则大幅下降。

我们应该谨慎预测，但有些预测是有把握的。我们已经注意到具有极大不确定性的是撒哈拉以南非洲地区。如果非洲大陆继续发展，它的人口结构很可能跟随世界其他地区，出现生育率下降。正如我们在中东看到的那样，即使阻止其发展，生育率也有可能下降，哪怕速度难以预测。我们可以预计，在撒哈拉以南非洲以外的地区，此前生育率较高的国家生育率将继续大幅下降。一旦一个国家的生育率低于 4，下降趋势就会继续，但下降到什么水平还不确定。斯里兰卡的生育率近 30 年来一直在 2 到 2.5 之间。与之相比，哥伦比亚在这一"合适地带"保持了不到十年，现在处于更替水平之下。

无论全球生育率发生什么变化，哪怕增速会放缓，人口增长趋势都将确保世界人口暂时保持增长。然而我们已经达到瑞典统计学家汉斯·罗斯林所说的"儿童高峰",即世界儿童数量停止增长的那一刻。[44] 到 21 世纪末,地球上的人口可能增加 50%,但 5 岁以下的儿童数量将减少 5 000 多万。[45]

生育率是改变人口结构的最重要因素。从原则上讲,它的降低幅度是没有限制的,也许有一天我们会认为新加坡目前的生育率已经相当高了。我们倾向于认为某些文化或社会具有长期高生育率的特征,但我们通常是错的。尽管印度的生育率最近才达到或刚刚降至更替水平以下,但几个邦的生育率已经低至 1.7 左右,整个国家可能也将紧随其后。生育率下降意味着较为贫困的国家正在以远远超过其经济发展的速度推进人口现代化进程。

与中国相比,印度的生育率下降较晚,也较温和。印度有可能超过中国成为世界上人口最多的国家。

到 21 世纪末,中国预计将失去现有人口的 1/4 左右,这引发了人们对劳动力萎缩的担忧,而印度则正在全速发展经济。印度相对健康的人口结构将为这个国家提供一个超车的机会,一改过去几十年落后于中国的局面。1980 年,中国的经济规模是印度的 1.5 倍多,到 2016 年达到了 4 倍到 5 倍。[46] 我们可以预计这一趋势在未来几年将会逆转,主要原因是印度不断增长的劳动力。

长期以来,日本一直承受着低生育率和不可避免的经济停滞,这是低生育率陷阱的典型案例。在女性获得教育机会的地方,她们的生育率通常会下降到更替水平左右,而在不鼓励她们将工作与母亲身份结合的地方,生育率会进一步下降。日本有很多既不是母亲也不是职场人士的女性。日本人是发达国家中最不快乐的群体之一[47]，哪怕他们生活舒适、富足，国家犯罪率也很低。

世界仍有可能"日化"，非洲会迅速效仿其他大陆，斯里兰卡等国家也会放慢速度。有一种观点认为，世界各地的人们最终都会接受教育，变得富裕起来，这将导致普遍低于更替水平的生育率，男性和女性都没有准备好花费必要的时间和金钱来养活一个更大的家庭。

然而正如我们所看到的，一种后现代的生育模式已经出现。保守的价值观和宗教信仰总是伴随着较高的生育率，无论是略高于更替水平的生育率，还是宾夕法尼亚州阿米什人的极高生育率。我们可能看到这样一个世界：只有强烈崇尚生育的群体才能生存下来，其他群体则无法繁衍，直至消失。在这种情况下，我们不是在走向一个"空荡荡的地球"[48]，而是走向一个由不同群体组成的世界，这些群体在社会学上有相似之处，但在意识形态上有差异。高生育率群体往往具有绝对主义思想，不喜欢现代技术，如果他们占据主导地位，管理现代社会将面临更大的政治和技术挑战。日本或许是人口现代化的先行者，而以色列将是后现代化的先行者。

与此同时，即使在人口下降之前，低生育率也会导致社会老龄化。这是我们接下来要谈到的话题。

第五章

老龄化

43：加泰罗尼亚的年龄中位数[1]

鲁西永是加泰罗尼亚的一个地区，位于法国而不是西班牙。这里有白雪覆盖的山峰和波光粼粼的地中海海湾，还有绵延至大海的葡萄园。这里是欧洲为数不多的几个可以在上午滑雪、下午享受日光浴的地方。它毗邻大海和比利牛斯山脉，几个世纪以来一直是法国和西班牙之间的关键过境点。这是一个我有幸经常去的地方。

　　几个世纪以来，鲁西永的比利牛斯山关口一直是人员和货物双向走私的通道。1939 年，数十万西班牙人为了躲避佛朗哥的控制而北上；几个月后，为了躲避纳粹侵略者及其维希盟友，难民们绝望地逃向了相反的方向。

　　几年前，我决定去西班牙边境上的第一个沿海城市波特博游览。1940 年 9 月，德裔犹太哲学家瓦尔特·本杰明在这里自杀身亡。今天，尽管不如北方的科利乌尔或南方的卡达克斯这样的旅游胜地重要，它仍是一个令人愉快的海滨小城。除本杰明的坟墓和海岸边他的纪念碑外，这里几乎没有什么可看之处。

尽管我的波特博之行更像是对已故哲学家的朝圣之旅而非人口学考察，但它帮助我解开了一些谜团。大约一年前，地方当局就加泰罗尼亚的独立举行全民公投，人们投了赞成票。然而，西班牙当局拒绝承认公投结果——很明显，西班牙不会允许加泰罗尼亚成为一个独立的国家。为此，巴塞罗那的街道上发生了混战，导致一些人受伤，但无人死亡。没有对乡村警察局的鲁莽袭击，也没有军队的野蛮报复。全民公投没有引发内战，这件事似乎渐渐淡出了人们的视线，然后从报纸头条上消失了。

当我坐在波特博的一个广场上时，我思考了一个问题：为什么全民公投成了历史的注脚，而没有成为暴力冲突的导火索。我环顾四周，看到满头白发的当地人在享受十月的阳光，小口啜饮着黑咖啡。他们年纪太大，没办法在被政治不公激怒后拿起武器上街游行。尽管这些海边居民的年龄比加泰罗尼亚人的平均年龄要大几十岁，但即使是40多岁的人也不会因为政治问题而拿起武器。总的来说，中年人都在忙于担心他们年迈父母的健康问题，担心他们的孩子在学校的表现，担心他们在支付抵押贷款的同时如何负担自己的退休生活。

一个社会的整体年龄结构会产生一定的影响，对此我们要么认为理所当然，要么倾向于忽略不计。2019年至2020年间，香港人走上街头抗议特区政府时，我对这个现象感到震惊。当时参与抗议活动的很多人都比较年轻，最终没有造成严重的社会动荡和人员损失。只要对比一下 20 世纪 80 年代中国的年龄中位数（大约 25 岁）以及相隔 30 年后中国香港的年龄中位数（大约 45 岁），我们就能大致探其缘由。在面对社会动乱时，政府通常会采取一些必要措施来维持社会秩序。我们不得不假设，如果没有激增的年轻人口，政府需要采取的措施规模相对更小，损失相对也会更少。我们听说过一些国家未富先老，危险的是，这种社会将会缺乏冒险精神。

战争与和平，年轻人与老年人

在今天的加泰罗尼亚，40 多岁的人远远超过了 20 多岁的人，年龄中位数也远远超过 40 岁。[2] 在乔治·奥威尔的《向加泰罗尼亚致敬》中，我第一次认识了加泰罗尼亚。20 世纪 30 年代的巴塞罗那是一片混乱的战时城市，离我所熟悉的鲁西永阳光普照的山谷和白雪皑皑的山峰很遥远。当时，这座城市由共产主义者和无政府主义者组成的革命联合政权管理，西班牙的年龄中位数仅为今天的一半。[3]

在经历这一变化的过程中，西班牙已经成为许多经历人口转变的国家的典型。无论是从本国标准还是从国际标准来看，几十年低于更替水平的生育率和延长的预期寿命（现在已经超过 83 岁，是世界上寿命最长的国家之一）使西班牙的人口异常老龄化。除非有强烈的意识形态或宗教因素抑制家庭规模缩小的趋势，这在国家发展过程中几乎是不可避免的。因此，在西班牙和类似的欧洲国家，如德国和意大利，年龄结构是大部分人将要面临的首要问题。

老龄化源于老年人口大幅增加，以及在没有大量移民的情况下人口总量下降。这些都是接下来章节中讨论的主题。我想在这里研究的是，年龄中位数的上升对于一个社会和整个世界意味着什么。[4]

一个平均年龄在 20 岁出头、大多数人都是年轻人的社会，与一个平均年龄在 40 岁、年轻人很少的社会有很大不同，这十分合乎情理。正如夜总会的气氛与咖啡馆的气氛不同一样，我们可以预计，一个以年轻人为主的社会和以中老年人为主的社会将有所不同。

如果说一个以中老年人为主的社会不同于都是年轻人的社会，那么对待冲突的不同态度最能说明问题。我们已经看到 20 世纪 30 年代年轻的加泰罗尼亚和 21 世纪头 10 年老加泰罗尼亚之间的区别，后者没有一个人在争取独立的政治斗争中丧生。通过人口学就可以解释为什么加泰罗尼亚在 20 世纪 30 年代陷入内战，而在 21 世纪头 10 年却没有。

需要指出的是，虽然加泰罗尼亚一直处于和平状态，但比利牛斯山另一侧的巴斯克地区却并非如此，那里的矛盾更加印证了同样的观点。20 世纪 60 年代，当巴斯克民族主义者发动暴乱时，西班牙人口的平均年龄只有 30 岁，比今天年轻大约 15 岁。

随着西班牙人口年龄的增长，人们的精力在斗争中消耗殆尽，到2010年斗争宣告结束。老龄化同样也消耗了人们在北爱尔兰冲突中的精力。这并不是要败坏那些促成和平协议的政治家的外交努力，但是他们的确借助了人口发展的有利结果。如今，爱尔兰人的平均年龄已经从20世纪80年代中期以来的25岁左右上升到近40岁。

如果仔细观察，我们会发现随着人口的老龄化，很多暴力冲突失去了能量。20世纪90年代初南斯拉夫内战爆发时，波斯尼亚的平均年龄不到30岁，但到今天已经超过40岁了。在塞尔维亚，这一时期的平均年龄也增加了近10岁。尽管波斯尼亚和科索沃的宪法解决方案仍然令人不安和模棱两可，但和平已经维持了二十多年。

中东也有一些能够体现这一趋势的例子。当20世纪70年代中期黎巴嫩内战开始时，平均年龄在十八九岁。大约一代人之后，这个国家成功地避免了又一次滑向公开的冲突。尽管街头抗议已演变成暴力行动，但在撰写本书时，死亡人数仅用一只手就能数出来。部分原因是黎巴嫩的平均年龄接近30岁，而且在快速增长。由于发生金融危机，加上2020年8月在贝鲁特又发生了毁灭性的爆炸，此前局势一直不太稳定，但国内和平至少维持到了2021年秋季，这在一定程度上要归因于该国人口的年龄结构。与此同时，叙利亚的人口仍然非常年轻，也一直未能幸免于战争和大屠杀灾难。

老龄化社会不易发生战争的说法不仅有逸事证据支持，也有严谨的统计和学术著作支持。[5] 20 世纪 60 年代,人们观察到随着纳粹的复燃,德国人口中的年轻男性数量激增。20 世纪上半叶欧洲战乱后长期的和平,在某种程度上可以解释为人口由年轻化转向老龄化——欧洲大陆的年龄中位数已经较战后时期上升了十几岁。近几十年的研究表明,在 30 岁以上人口占总人口比例为 55% 或更高的国家里,几乎没有发生过内战。[6]

在当代,年轻人越来越穷,越来越穷的人会越来越暴力。我们可能认为年轻人暴力是因为他们通常很穷,但是年轻人与老年人的比例与内战爆发(迄今为止最常见的一种威胁)的趋势有着密切的关系。[7] 很难想象 1994 年的卢旺达种族灭绝发生在一个平均年龄是 40 岁而不是 18 岁的国家。

与人口年轻化有关的不仅是战争,还有犯罪。在我们进一步研究人口影响社会的方式之前,有必要问一问这些联系为什么存在以及它们是如何起作用的。

年龄因素与社会稳定的关系

虽然不能说年轻"导致"战争,或成熟"导致"和平,但一个社会的年龄结构为其他因素能否引发冲突提供了背景条件。当一大群年轻人想要纵火时,加泰罗尼亚独立公投可能成为引起一场炼狱般的大火的导火索。然而,当周围"易燃"的年轻人被老年人不断取代时,大火可能就熄灭了。20 世纪 90 年代早期,卢旺达经历的大屠杀不会在波特博这样的地方发生。

关键之处不在于一个国家年轻人的数量，而是年轻和年长群体的相对规模。[8] 从绝对数量上看，德国的年轻人要比危地马拉多很多，但这不是重点——德国的人口要多得多。至少从年龄差异的角度来说，危地马拉比德国更暴力的原因是，在危地马拉，20多岁的人与40多岁的人比例约为2∶1。相比之下，在德国，40多岁和50多岁的人比20岁以下的人多近50%。[9] 这就是为何年龄中位数如此关键：它定位了人口学意义上的人口重心，年龄越大，社会就越稳定。年龄较大的人似乎是对晚辈的一种约束，如果没有这种约束，年轻人会头脑发热，急于给自己定下基调。

人口重心似乎也能解释文化方面的某些问题。英国的夜总会早在新冠肺炎疫情之前就已经关闭了。[10] 如果年轻人睡得更早、喝酒更少、性生活也减少，可能是因为人数相对较少的年轻人的文化不再是主流文化。相反，他们受到了人数更多的老年人的影响。青年文化似乎随着"婴儿潮一代"诞生，再随着年龄的增长逐渐消失。

然而，这并不能解释为什么年轻人总是与暴力和战争联系在一起。我们往往认为青年与动荡有关，中老年与社会平稳有关，但也与代际生物学和社会差异这两个更令人信服的答案有关。

由于进化的原因，人类的大脑在青春期到中年之间发生了生物学上的变化。对于十几岁孩子的父母来说，青少年往往比成年人更喜怒无常、更冲动，这几乎不会让他们感到惊讶。科学家告诉我们，高水平的睾酮、雌激素和孕酮会在青少年体内上升，导致情绪化和不稳定。[11] 年轻人更多受到其他年轻人的影响，而不是受到父母约束性的指导。[12]

这些特质使青少年更倾向于暴力和冒险。年轻男性司机发生严重交通事故的比例要比英国司机总比例高出六倍。[13] 年轻人发生车祸的概率明显较高 [14]，不仅是因为他们相对缺乏经验，还因为他们大脑中的化学和生物差异影响了他们瞬间做出的决定。对年轻司机收取更高的保险费用远非不够合理，而是基于真实的风险测算。

这也是一个基本的生物学特点，即人们会随着年龄的增长而变弱。一个处于体力巅峰的人和一个接近中年的人相比，前者处于优势。人们一旦过了 30 岁，就会找到不用武力对付犯罪的方法，因为在武力上，他们明显处于不利地位。

20 多岁的时候，大脑额叶中与自我控制、判断、计划和风险相关的区域会继续发育。结果是一个 30 岁的人与 20 岁的人相比，更不可能做出冲动和草率的决定，而这种决定一旦由集体做出，就会把一场抗议变成一场骚乱，把一场骚乱变成一场内战。

随着我们步入中年，另一件带来改变的事情是我们承担起了个人责任。一个 18 岁的青年在街上参加暴乱，他们可能会认为没什么可失去的；10 年或 15 年后，他们将考虑一系列更复杂的个人问题。如果我出了什么事，谁来付房贷呢？谁来为我的孩子们提供食物？如果我被捕并留下犯罪记录，我会丢掉工作吗？30 岁时人们更有可能安定下来，建立长期的关系；40 岁时，他们更可能有其他的责任要担。我们可以看到青年和暴力之间的联系既有社会的原因，也有生物学的原因。

当人们刚成年时，他们更有可能享受稳定和可持续的性关系，往往由此步入婚姻。在不允许婚前性行为的社会里，许多年轻人在性方面受挫。在中东，由于在持续的城市化进程中住房费用增长、高失业率和昂贵的彩礼，年轻人形成伴侣关系的年龄比前几代人要晚。中东男性平均30岁出头才结婚，这比世界上几乎任何其他地区都要晚。再加上对婚外性行为的禁忌，导致的结果就像是一片表面沉寂而暗中沸腾的压抑之海，这很可能是造成该地区许多弊病的部分原因。正如一位评论员所说："许多失业的、受过高等教育的单身青年在愤怒和无事可做的情况下转向和平抗议——或者更糟的是，转向好战——这对阿拉伯政权的安全构成了威胁。"[15]

个人利益和损失的计算随着年龄而变化，这影响了他们的行为。当人们步入中年时，他们在这个社会体系中有着更多的利害关系。社会和金融秩序的崩溃可能会导致一小笔储蓄的损失。战争可能导致物质资本的毁灭，而30岁的人可能已经拥有物质资本，比如房子、商店或企业。相比之下，没有任何有意义的资本或财产积累的年轻人，可能将改变当前秩序视为一种冒险，甚至是一种机会。因此，在老一辈人占主导地位的地方，我们可以合理地期望更加稳定和减少麻烦。

年轻的战士

这是老龄化人口对战争兴趣减弱的另一种解释：家庭规模缩小导致年龄中位数上升，而那些生孩子少的人似乎更不愿意为事业牺牲孩子。

如果说多子女的家长随时准备放弃他们似乎有些冷酷无情，这当然不符合我的经验。据我所知，那些有很多孩子的人对每一个孩子的重视程度不亚于那些只有一两个孩子的父母。也许在家庭规模普遍较小的地方，孩子较少的大多数人的优先事项会影响到占少数地位的孩子较多的人。然而，在大家庭很普遍的地方，态度可能非常不同——毫无疑问，平均生育三四个子女的普通女性，她的保护本能似乎不那么强烈，这样的社会似乎更好斗。逃避战争的社会不仅是那些人口老龄化发挥限制作用的社会，还有那些没多少年轻人可供失去的社会。德国学者贡纳尔·海因索恩认为，当青年群体数量庞大时，"青年男性往往会被淘汰，或者在暴力冲突中被杀死，直到他们的野心在社会中获得匹配的地位"。他认为，在20世纪后期阿尔及利亚和黎巴嫩的内战中，"战争停止了，因为没有更多的战士诞生"[16]。（然而我们应该记住，往往是老年人把年轻人派上了战场。）

人们对人口刺激理论的反应就像实验中的老鼠一样，这听起来可能有些奇怪，但海因索恩的理论似乎在黎巴嫩等地得到了验证。2006年，以色列和黎巴嫩真主党武装在一场短暂、混乱且无果的战争中发生冲突。如今，真主党的战线已经很薄弱，在过去

10年与叙利亚反政府武装的战斗中遭受了重大损失。它招募到的黎巴嫩什叶派穆斯林越来越少，因为这些人日益城市化，生育的孩子越来越少。事实上，1960年黎巴嫩的生育率几乎是以色列的两倍，而今天却仅仅是以色列的一半。换句话说，当20世纪70年代黎巴嫩内战爆发时，20岁左右的男性可能有3个兄弟，是6个孩子的一部分。相比之下，今天20岁的黎巴嫩男性是仅有的2个孩子中的1个。

这很可能是真主党在过去15年里选择与以色列在边境保持和平的原因之一，尽管以色列袭击了叙利亚。黎巴嫩的人口老龄化以及缺少时刻准备拿起武器的年轻人似乎促成了黎巴嫩与南部邻国的和平。同时，母亲想只生一个儿子，而不是生3个或3个以上，这一态度的变化也许是另一个因素。一个其追随者的生育率在2左右且近年来已遭受重大损失的组织只能打这么多仗。正如黎巴嫩内部维持着一种不稳定的和平一样，以色列和黎巴嫩边境也是如此，至少到本书完成时就是这样。[17]

在全球范围内，美国的老龄化速度比过去的竞争对手（德国和日本）以及现在的竞争对手（中国和俄罗斯）要慢，这可能会扩大美国的主导地位。无论哪个大国最终胜出，世界上所有主要大国都在迈向老龄化的这一事实，是近几十年来几乎没有爆发重大冲突的原因之一。[18] 事实上，一些理论专家甚至谈到了"老年美国治下的和平"。[19]

种族冲突中的人口策略

很明显，战争发生在老龄化社会的可能性很小，而更有可能发生在年轻人多的社会，但这也同样适用于另一种情况。除人口数量导致的冲突外，人口结构还会通过人口工程学来改变。

人口工程学是指少数族群在冲突状态下有意地追求人口实力。他们这样做可能是为了自身，也可能是获得政治或军事力量的一种方式。[20] 在一场冲突中，一个团体试图通过操纵事件来加强自己的势力，这样他们的人数就能增加到与对手相当。在过去，人数更多能够为自己在街头或者战场上增加优势；现在，人数优势体现在决定权力的投票箱上。这一点很重要，尤其是在以种族划界选择政党的地方。

人口工程学可以"硬"也可以"软"。[21] "硬"的方式通过直接影响人口来改变人口平衡；"软"的方式则需要通过其他途径改变人口平衡，无论是通过改变地理边界，还是改变身份结构。如果这看起来相当抽象，一些现实生活中的例子应该会有所帮助。

以 20 世纪 60 年代至 1989 年间尼古拉·齐奥塞斯库统治下的罗马尼亚为例。尼古拉·齐奥塞斯库热衷于增加罗马尼亚的人口，对不断下降的生育率感到十分不满。在 20 世纪 60 年代初，罗马尼亚的生育率仅为 2。就像几十年前墨索里尼统治下的意大利一样，各国都为人口规模设定了目标。[22] 与此同时，齐奥塞斯库希望他的国家有更多罗马尼亚人。"二战"结束时的人口大迁徙导致中东欧国家的种族同质化加剧，数百万德国人被逐出波兰和捷克斯洛伐克。[23] 然而，特兰西瓦尼亚保留了大量的匈牙利人口，罗马尼亚有大量的犹太人和罗姆人，该国的许多城镇和村庄主要是德国人。

尽管 1966 年禁止避孕和堕胎后出生率飙升，但据说罗马尼亚当局要求以罗姆人和匈牙利人为主的地区进行堕胎并对此采取了放任态度。[24] 更确切地说，从某种目的出发，罗姆人和犹太人被允许移民到德国和以色列。因为从政治的角度来看，这可以带来外汇和巩固种族人口的双重好处。因此，通过鼓励选择性地降低出生率和移民，罗马尼亚的人口结构被设计成符合种族中心主义的目标。这应当受到谴责，但还比不上人口学工程最"硬"也最残酷的策略：种族灭绝。

罗马尼亚是"硬"人口工程学的典型，但在北爱尔兰，"硬"策略和"软"策略全都用上了。强硬的一面是，统一派当局急于确保北爱尔兰新教徒和天主教徒的比例保持在大约 2∶1。为此，他们推行住房和就业政策，鼓励高生育率的天主教徒不成比例地向外移民。但这可能被认为是宗教习俗的结果，尽管避孕措施更难获得，在边境以南的天主教徒出生率却相对较低。

事实上，北方天主教徒的出生率比南方的高，这说明冲突是一个促成因素。直到 20 世纪 60 年代，天主教移民的增加和天主教出生人数的增加或多或少相互抵消。[25] 但一旦停止大量移民，他们在人口中所占的比例就开始上升。

"软"人口策略的例子可以在北爱尔兰建国的过程中找到。

在不影响出生、死亡或移民的情况下，这一过程改变了人口平衡。当爱尔兰寻求独立时，英国政府和北爱尔兰阿尔斯特统一党决定，该国北部单独保留在英国境内的地区不应扩展至整个阿尔斯特。为了保证新教徒在北方的持续多数地位，并确保对斯托蒙特议会的控制，联合派"牺牲"了多尼哥、莫纳汉和卡万郡。[26]

以上案例研究说明人口策略如何影响冲突的发生。从中东到南亚，以及像美国这样令人惊讶的地方，人口学都为解释冲突的发生提供了新的角度。

冲动的革命者

正如年轻人更有可能参战一样，他们也更有可能参与革命。在人口结构转变的初期，人口趋向于年轻化，因为原本可能夭折的婴儿现在活了下来。我们可以看到这种情况发生在马拉维这样的国家，它如今的婴儿死亡率是 20 世纪 80 年代末的 1/3 到 1/4。年龄中位数下降了大约 1 岁，之后随着预期寿命的增加，它开始上升。正如我们在第一章中看到的，法国马约特地区婴儿死亡率的直线下降导致年龄中位数下降了 15 岁。类似的情况在更遥远的过去也出现过。19 世纪末 20 世纪初，欧洲开始人口转变，街道上挤满了年轻人，而在此之前，这些年轻人可能早早就夭折了。

1917 年的俄国是一个年轻的国家，革命者是社会的代表：领袖列宁不到 50 岁，斯大林和托洛茨基都不到 40 岁。在革命者中，许多 20 多岁的人掌握着权威——他们与 70 年后坐在老龄化社会顶端的那些白发苍苍的革命者相比，还有很长的路要走。伊朗的情况也类似，1979 年民众走上街头时，平均年龄不到 20 岁。如果他们的革命热情似乎已经减弱，那可能是因为伊朗人的平均年龄已经超过 30 岁，而且老龄化速度很快。

随着社会的老龄化，不仅仅是政治革命变得越来越少，文化革命也是如此，同样的生理和社会因素发挥了作用。因此，我们不应该惊讶的是，西方战后动荡在 20 世纪 60 年代末达到顶峰，也就是第一批"婴儿潮一代"进入青年的时候。在民权运动、反战运动和校园骚乱的时代，美国人的平均年龄在 30 岁以下，如今的平均年龄就快接近 40 岁了。校园可能仍然是持不同政见者的温床，却很少再是暴力抗议的中心。事实上，"婴儿潮一代"的落幕预示着文化转变。英国的《新音乐快递》杂志在经营 66 年之后，于 2018 年停止发行纸质版。与此同时，关于邮轮养老或养老金理财的休闲类报纸副刊却出现了激增。[27]文化和政治的重心似乎已经转移。

中国的情况也是如此，"文化大革命"与法国巴黎和美国加州大学的青年学生运动几乎同时发生，彼时两国的青年人口正呈现快速增长。20 世纪 60 年代，由于婴儿死亡率大幅下降，中国人的平均年龄从 20 岁出头下降到十几岁。"文化大革命"期间教师、政府官员和普通市民遭受的迫害，对中老年人口来说是一次打击。今天的中国和美国一样，人口正在加速老龄化。

罪与罚

年龄和犯罪之间的联系如此明显，但我们却很少考虑到这一点。当老年人犯罪时——除了那些明显的"白领"以外——我们仍然会感到惊讶。2015 年，一群平均年龄 63 岁的男子在伦敦哈顿花园珠宝区实施了一次精心策划的抢劫。[28] 即使对这样一次需要经验和周密计划的犯罪来说，他们的年龄也是极不常见的，这群罪犯成了小有名气的人，有两部电影将他们作为故事原型。[29]当我们听到市中心发生持刀伤人事件时，我们总是假设行凶者是十几岁或二十岁出头的男性。在这个假设中，我们通常猜测正确。在伦敦，持刀行凶的罪犯有一半是青少年或儿童。[30]

就像战争或革命一样，并不是所有罪行都归因于年龄。如果认为年轻就意味着导致犯罪，那么大多数社会中的大多数年轻人都不会遵纪守法。然而，年轻人犯罪的倾向惊人地不成比例，原因我们已经讨论过：生理上的冲动以及得失相对平衡。

并非所有年轻化的社会都充满暴力，但几乎所有的暴力社会都是年轻的。看看孟加拉国和萨尔瓦多，我们会发现它们都是相对年轻的国家，但统计的谋杀率截然不同——萨尔瓦多的谋杀率大约是孟加拉国的 30 倍。[31] 虽然不是所有年轻化的社会都很暴力，但确实不存在高谋杀率和较高的年龄中位数并存的国家。大多数老年人口较多的国家普遍富裕，但孟加拉国、马拉维和越南等国家都证明，相对贫困不一定会导致暴力。事实上，就相对贫困而言，年轻似乎预示着更加暴力。

拉丁美洲的大部分地区仍然充满暴力，并且仍然年轻，但这个大陆正开始老龄化。在过去的四十年里，墨西哥的年龄中位数从17岁上升到28岁，然而暴力事件仍然居高不下。希望解决这一问题的当局得到了人口方面的支持，尽管他们的努力被无能和腐败阻碍。值得注意的是，在伦敦的33个区中，谋杀率最高的一个区年龄中位数是所有区中第二年轻的，而谋杀率最低的两个区却是年龄最高的。[32]这一现象在个人和国家层面真实存在，在市或地区层面也真实存在。

尽管持刀行凶在主要城市受到很多关注，但自20世纪90年代以来，许多发达国家的暴力犯罪已经有所下降。一部文学作品把20世纪80年代后期纽约犯罪率降低归因于堕胎自由化以及随之而来的堕胎日益流行，这帮助消除了未来可能成为罪犯的人。[33]不管这个备受争议的多诺霍-莱维特假设是否正确，一些人将犯罪率的下降归因于年轻人在社会中所占数量的减少，而另一些人则声称这更多是与他们较少倾向于实施暴力有关。[34]即使后一种声音是正确的，老年人比例上升所带来的抑制作用可能是这种变化的一种解释。此外，老龄化社会不仅更加和平、犯罪减少，也更有利于民主决策。[35]

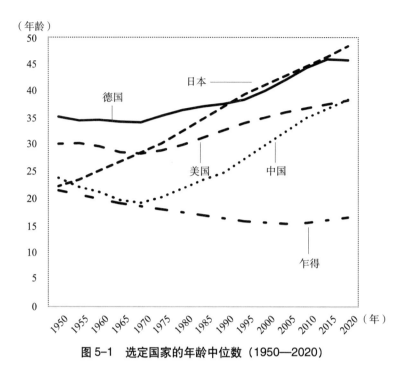

（年龄）

图 5-1　选定国家的年龄中位数（1950—2020）

资料来源：联合国人居署（中等水平变量）

随着生育率的下降和预期寿命的延长，社会变得更加老龄化，这可以很好地通过追踪人口的年龄中位数来观察。在许多欧洲国家（如德国）和一些亚洲国家（如日本），年龄中位数已经超过 40 岁。而在 20 世纪 70 年代初，中国的年龄中位数还不到 20 岁，现在正加速赶上来。

在乍得这样的欠发达国家，婴儿死亡率的快速下降与持续的高生育率意味着随着该国年轻人数量的增加，年龄中位数也在下降。但即使在这里，预期寿命逐渐增加、生育率开始下降等趋势也在发生变化。

在十月一个温和的日子里，我和波特博的退休老人们一起喝着咖啡，把这里的轻松气氛与我第一次在以色列感受到的紧张气氛进行了比较，这里似乎不像是一个即将陷入暴力的地方。随着老龄化的到来，我们应该走向一个更和平的世界，在人口力量的推动下，暴力活动普遍减少。然而，年龄中位数的增长在很大程度上与预期寿命的延长有关——老年人在人口中所占比例的持续上升将对世界产生更大的影响，而不仅仅是延续和平。

第六章

老年人

79 000：日本的百岁以上老人 [1]

在一个人口超过 1.2 亿的国家，79 000 名百岁老人听起来并不重要。尽管这一数据看似不大，仅略高于日本人口 1% 的二十分之一，大约为 2 000 人中有一人，但几乎可以肯定，这是历史上任何一个社会中所占比例最高的。[2] 它的规模告诉了我们一些关于日本的重要信息，也告诉了我们一些关于未来的重要信息：不仅年龄中位数会增长，老年人也会激增。

日本近 90% 的百岁老人是女性。上一位世界上最长寿老人宫古千代于 2018 年 7 月去世，享年 117 岁。她从纳比田岛手中继承的这个头衔，纳比田岛比她早 3 个月去世。宫古千代死后，这一头衔传给了田中力子，她 115 岁，相对年轻，在我写这本书的时候，她仍然保持着这个头衔。[3] 当你读到本书时，接力棒很可能已经传给了另一位日本女性。

虽然超龄长寿并不完全是女性的专利，但身为日本人，即使你是男性，也会有所帮助。野中正造出生于 1905 年 7 月，在 2019 年初去世，此前被公认为世界最长寿男性。日本偷袭珍珠港后挑起与美国的战争，当时他正值壮年，他出生于日俄战争期间，在德仁天皇即位前几个月去世。他把自己的长寿归因于喜欢泡温泉和吃甜食。[4]

世界上最长寿的女性和男性往往是日本人，这不足为奇，但在越来越多的国家，越来越多的人超龄长寿，其中包括越来越多的男性。就在我写这一章的时候，我的妻子告诉我本地教区周刊上的一则讣告，上面写着一位退休医生活到 105 岁去世了，他的玄孙辈和他的两个姐妹前来哀悼。虽然菲莉丝和米瑞没有透露年龄，但她们不可能比 100 岁的老人年轻多少。[5] 在我写这本书的时候，英国最年长的男性和最年长的女性都出生于 1908 年 3 月 29 日。[6]

长寿世界纪录的保持者不是日本人，而是法国人珍妮·卡尔芒，她于 1997 年去世，享年 122 岁。此后，她的年龄受到俄罗斯数学家尼古拉·扎克的质疑，他认为珍妮的女儿伊冯娜与母亲交换了身份，于 1997 年去世，比她的母亲实际去世的时间晚了 63 年。[7] 如果这是真的，那么世界上最长寿的人应该在日本。不过话说回来，卡尔芒来自法国南部普罗旺斯地区的阿尔勒市，这一点意义重大。比起野中正造喜欢吃糖果，地中海盆地地区的居民长寿的原因更有说服力，这受益于富含橄榄油和少量动物脂肪的饮食。事实上，5 个所谓的"蓝色地带"中有 2 个位于地中海：意大利的撒丁岛和希腊的伊卡里亚岛。另外 3 个分别是哥斯达黎加的尼科亚半岛、加利福尼亚的洛马林达和日本的冲绳岛。[8]

预期寿命和百岁老人骤增

正如年龄中位数可以告诉你很多社会信息一样，预期寿命也可以告诉你很多关于这个社会的老年的信息，特别是当婴儿死亡率和成年早期或中期的死亡人数在统计学上变得不那么重要的时候。

预期寿命的计算方法最初是由 17 世纪新兴的寿险行业设计的。[9]预期寿命本质上是死亡概率的反面，它是基于在世或未死亡人数统计的。正如前言中所解释的，它可以出现在任何年龄，但当我们谈到预期寿命时，我们通常指的是出生时。在婴儿死亡率高的社会里，一个活到 1 岁的新生儿预期寿命更长，因为他们度过了危险的第一年。在大多数国家，随着年龄的增长，人的预期寿命会减少。男性和女性的数据经常被分开引用，因为二者之间存在显著的差距，女性通常预期寿命更长。

从全球范围来看，自 1950 年以来，平均预期寿命从 40 多岁增加到 70 多岁，这是一个巨大变化，但增长得并不明显。20 世纪中期预期寿命最短的国家一般取得了最快的进展，而表现最好的国家预期寿命则从 40 岁中期增加到 80 岁中期。[10]自 1950 年以来，马尔代夫、阿曼和韩国的预期寿命延长了 40 多年，这意味着平均寿命延长了一倍多。与婴儿死亡率和人均收入一样，近年来平均寿命实现很大程度的稳定上升，表现最好的国家进展在放缓，而许多以前落后的国家则取得了明显进展。

这是我们已经观察到的丹麦人口趋势的一部分，丹麦的生育率中等偏下，婴儿死亡率超低，预期寿命一般较长。我们来比较一下加拿大和哥伦比亚。加拿大在 20 世纪 50 年代已经做得很好，现在做得更好，预期寿命从 60 岁中期延长到 80 岁中期。但是在相对落后的哥伦比亚，从一个更差的水平开始，却在同一时期取得了几乎 2 倍的进步，预期寿命从 50 岁持续增长到 70 岁中期。两国之间的差距已经从 18 岁缩小到只有 5 岁，原因是即使在仍然贫困的国家，也优先考虑延长寿命的资源和设施。正如我们在其他地方所看到的那样，发展中国家已经迅速实现了现代化，而发达世界却停留在目前能够达到的顶点，处于后现代化的边缘。

日本在战后已经做得很好了，从广岛和长崎的灾难以及第二次世界大战的失败中迅速恢复过来。20 世纪中期，它的预期寿命已经达到 60 岁出头，只比加拿大和西欧大部分国家略低。从那以后，日本成功进入世界前列。如今，它与中国香港共同超越了最接近的竞争对手。在日本，夭折人口的统计数据早就不再重要；近几十年来，预期寿命的延长都与老年人有关。

当老年人数量尤其多的时候，深刻地影响着一个社会的方方面面。日本有一个词叫"婆婆"，用来形容不招年轻人喜欢的老年人，他们会在东京地铁上堵车门，或者主动给越来越少的年轻妈妈们提供建议。[11] 正如一个居住在日本的外国人所观察到的那样，这个词反映了劳动人口在数量上处于少数的沮丧情绪，他们认为这个社会充斥着退休人员。[12] 这表明曾经是日本文化标志的对老年人的尊重正在改变。

随着总体预期寿命的增加，日本超高龄人群的数量增长令人吃惊。就在 1990 年，联合国估计日本只有 2 000 名百岁老人，与今天的 7.9 万相差甚远。50 年后，这一数据将增长 10 倍，而日本总人口将从 1.25 亿多减少到不到 1 亿，大约相当于 60 年代中期的水平。虽然百岁老人不会真正达到这一数量，但他们的数量将以惊人的速度增长。

和西班牙一样，日本的人口结构是后现代的，生育率远低于更替水平，但日本的进步更大，因为就在最近的 20 世纪 70 年代，西班牙妇女几乎比日本妇女平均多生一个孩子。低生育率是许多高度发达经济体的特征，作为发展典型，这个国家预示着世界大部分地区的未来。

极端高龄的增加不是发展的单一面，应该和前面几章强调的数据一起来看。首先，一个社会防止了年轻人的大量死亡，比如秘鲁，这会导致人口膨胀，就像非洲正在发生的那样。其次，乡村新增人口迁移到迅速发展的城市，比如中国，逐渐顺应新加坡的低生育率模式。紧接着，随着死亡人数和出生人数的减少，社会变得越来越老，就像我们在加泰罗尼亚看到的那样。最后，老年人的数量会急剧上升，就像日本那样。

同新加坡的生育率和加泰罗尼亚人的年龄中位数一样，千禧年的日本人口数量本身也很可观：日本是一个发达的经济大国，从建筑、室内设计到食品，它的全球影响力无处不在。但作为全球趋势的一个典型例子，它也具有重要意义。尽管日本在超高龄人口数量方面领先世界，但其他许多国家也紧随其后。

例如，在英国，百岁老人的数量从 1990 年的 4 000 人增加到 2015 年的 15 000 人，预计到 21 世纪末将达到 20 万人。1950 年，中国只有 150 万 80 岁以上的老人。到 1990 年，这一数据已经上升到 750 万。到 21 世纪中叶，这一数据将超过 1.15 亿，占国家总人口的 8%，届时人口将接近一个世纪内增长 75 倍。因此，中国将是一个不同的国家，与它漫长的历史上任何一个时期都大不相同。在未来几十年里，日本的"婆婆"可能会走向全球。

灰色经济

日本可以被视为未来的实验室，测试社会老龄化会发生什么。[13] 如今，日本总人口中有 28% 的人年龄在 65 岁以上，这一比例遥遥领先于全球。根据联合国的预测，意大利到 2030 年、德国到 2035 年、中国到 21 世纪中叶、美国到 2100 年将达到这一目标。世界上从未见过这样的社会，如果我们想知道它们会是什么样子，日本是最佳向导。

经济学提供了一个重要的起点。日本曾经是一颗经济明星，劳动年龄人口在 1990 年左右达到顶峰，但随后它几乎停止了发展。[14] 尽管日本经济突然暴跌可能是由劳动力开始下降引发的，但日本经济无法反弹肯定有人口因素的影响：日本一直遭受着人口逐渐下降的长期拖累。

30 年过去了，日本股市从未恢复到 20 世纪 80 年代末那种令人咋舌的高度。[15] 在过去 30 年里，日本的 GDP 增长率只有 5 次超过 2%，而在中国只有 2 次低于 2%。[16] 当经济学家提到"长期经济停滞"，即发达国家的长期经济增长放缓时，值得注意的是，日本长期以来一直是这个不幸进程的先行者，很不巧也是人口趋势的先行者。经济增长的缺乏伴随着持续的低通胀，日本的通货膨胀率在过去 30 年里只有一次超过了 2%。[17]

就像我们所知道的，在通胀率和失业率之间进行复杂权衡的经济学，似乎是建立在人口年轻化和不断增长的假设之上的。当这一假设不再成立时，其结果充其量是几乎没有增长，再加上持续的低通胀，几乎不会受到低利率和重大财政刺激的影响。事实上，如果没有这些刺激措施，很可能出现衰退和通缩。

在日益老龄化的英国，行业纠纷的规模仅为 20 世纪 70 年代至 80 年代初的一小部分。[18] 这是在许多经济体或多或少实现充分就业的情况下发生的，而充分就业一度被视为劳工斗争的保证。全球经济连同全球人口似乎都已经衰老。

老龄化社会难以实现经济增长的最重要原因是劳动力规模的下降。日本可能是一个最明显的例子，但美国等国家也是如此，这些国家的经济曾与人口的增长相匹配。

如果把经济产出看作是每个人的产出之和，更多的人可以生产更多的商品和服务，他们的技能和教育程度越高，每个人的产能就越高。因此，经济增长来自人口增长和生产力的增长，而生产力的增长与技能、知识和教育有关，两者结合起来代表着"人力资本"。对美国的分析表明，自21世纪初以来，劳动力增长放缓已经超过了教育和经验增加的影响，人力资本正在将增长由正转负。相比之下，在20世纪七八十年代，人力资本的增长对GDP的年增长率贡献超过1.5%。[19]

年长的员工确实会有优势。一个人的工作效率和赚钱能力会在职业生涯的较晚时候达到顶峰，这意味着年纪大的员工会更有经验，即使他们的精力不那么充沛。他们本质上也不要求那么多，从而避免了工资和物价的上涨压力。需求没有那么多的劳动力会很容易获得和保持就业。而且，尽管有经济理论表明，充分就业似乎不再变成车间里的自信，年长的工人也不太可能寻求对抗和承担风险。

法国的黄背心党也许是在延续走上街头抗议的民族传统，但后现代的无产阶级，就其存在的意义而言，是不会推翻国家的。随着人口品味和需求的变化，老龄化社会也给企业家和企业带来独特的机遇和挑战。一些简单的事情，比如在特定产品的标签上使用更大的字体可以增加竞争优势。

老龄化对经济的影响始于日本，并正在迅速蔓延。也许是由于人口的变化，西方国家的利率一直处于低水平。进入劳动力市场的年轻人数量正在减少。到 2050 年，意大利 25 岁以下的人口将仅为 1980 年的一半。韩国 20 多岁的年轻人在十年前达到顶峰，到 2050 年将减少一半。与此同时，我们的经济模式是建立在一个生命维持系统之上的，这几乎是免费的钱。我们本以为利率会因老年人出售债券为退休提供资金而被迫升高，但事实证明，其他压低利率的因素更为强大。[20]

我们已经越来越多地听到"后现代货币理论"[21]，根据该理论，政府的角色不再是仅在私营部门出现不确定性时进行投资，而是永久性地将需求提高到充分就业所需的水平。私营部门已经变得相当僵化，甚至在没有政府支持的情况下不再能够推动经济发展，原因至少部分是人口方面的。越来越多的年轻人加入劳动力大军，大批退休人员离开劳动力市场以及人口老龄化等因素都塑造了这样一种环境：投资者和员工指望的是国家提供的保障，而不是市场提供的机会。

长期零利率甚至负利率的后果是推高了住房、债券和股票的价格，并进一步增加了积累这些资产的老年人的财富。老年人倾向于寻求时间更短、更安全的投资回报。[22]老年人创业的可能性较小；他们不喜欢风险投资基金或股票市场，而是寻求公司或政府债券的安全性，推高它们的价格，压低它们的利率。

随时可得的资金使得政府能够以更低的成本承担巨额赤字。这种情况推高了政府巨额赤字的呼声，保守主义伴随着人口老龄化，导致在没有国家干预的情况下需求或投资不足，无法维持充分就业。新冠肺炎疫情危机进一步增加了这些压力。

随着老龄人口在低风险项目上投入更多的资金，经济发展则进一步放缓。我们在日本和德国看到了这种情况，这两个国家作为企业中心的声誉都在不断下降，经济增长也都很缓慢。

经济学家查尔斯·古德哈特和马诺吉·普拉丹最近提出了另一种观点：不断减少的劳动力可以要求得到更高的工资，这将引发新的通胀螺旋。他们说日本只是利用了1990年左右中国和东欧加入全球劳动力大军后劳动力供应的巨大增长，才避免了这种情况。两人断言，尽管印度和非洲的人口结构良好，但它们将努力成为世界的大工厂，数亿新工人的通缩效应将结束。相反，世界将经历劳动力短缺，工人将要求更高的工资，从而引发价格上涨。显然，人口下降将再次导致经济增长放缓。但根据古德哈特和普拉丹的说法，随之而来的是通货膨胀而不是通货紧缩。[23] 在撰写本书时，确实有迹象表明全球通胀正在上升。这些是新冠肺炎疫情的暂时影响，还是根深蒂固的影响，现在就下结论还为时过早。

"公共庞氏骗局"？

日本经济的另一个特点是不断增加的政府债务。在日本，政府债务与GDP之比现已超过250%，而紧随其后的两个国家也在加速老龄化。希腊和意大利都是蓝色的长寿区域，生育率也一直很低，政府债务反映了一个国家的财政在人口老龄化时面临的压力。新冠肺炎疫情导致政府债务以前所未有的速度增长，但在这场疫情到来之前，根本问题就存在了。

同样的影响在世界各地都可以看到，尽管没有日本、希腊和意大利那么极端。在英国，2019年大选时，所有政党普遍认为在经历了10年的紧缩政策后，公众无法忍受政府的进一步紧缩。然而，在2008年金融危机之后，政府的支出从未比收入少过。相反，所有的削减都只是减少了年度借款。政府债务的存量增长可能更慢，但它仍然在增长，这要归因于人口结构。

劳动力老龄化导致经济增长放缓，这限制了政府的税收收入。20世纪60年代初，英国有近500万新生儿，这一群体在差不多20年之后才进入劳动力市场；在21世纪的前5年，这个数字不到350万，这些人将在2020年之后开始工作。同样的模式在世界各地都可以看到；进入职场的工人越来越少，政府通过税收筹集资金的可能性也随之降低。

与此同时，随着人口老龄化，对公共财政的需求也在增加。发达国家的选民已经习惯了生活水平的提高和公共服务的改善，他们相信自2008年经济衰退以来，他们所经历的勒紧裤腰带的做法是不正常的，尽管公共财政状况表明并非如此。

因此，人口结构破坏了政府支出和收入之间的平衡。在大多数发达国家，政府已经以这样或那样的形式承担了医疗保健成本，而老年人口需要增加支出。与20世纪90年代初相比，在过去的25年里，英国在医疗保健方面的人均实际支出增加了2倍以上。[24] 这在一定程度上是由于昂贵的延长寿命和改善健康的治疗手段的出现，但这也是老年人口需求不断增长的结果。在全球范围内，医疗支出的增长速度快于经济增长速度，但在人口年龄最大的国家，两者之间的差距最大。[25]

人口老龄化给政府财政带来压力的另一个领域是养老金。很长一段时间以来，英国一直通过限制通胀来严格控制国家养老金支出。尽管英国的养老金领取者总体上很富裕，但这更多地与几十年来成功的资本积累有关，尤其是与不断上涨的房地产价值有关，而不是与政府的慷慨施舍有关。但未来，随着新工人数量的减少和退休人员数量的增加，欧洲各国政府将面临巨大的压力。[26] 1889年，当奥托·冯·俾斯麦为70岁的德国工人引入一项适度的老年养老金时，德国人的平均寿命还不到35岁。[27] 许多工人为此付出了代价，但很少有人能活着享受到好处。

如果越来越多的人进入国家养老金体系，它就会起作用，但当新加入的人越来越少时，这个体系就会崩溃，而剩下的人又没有多少钱来支付退出人的所需。一种应对措施是逐步提高退休年龄。[28] 随着时间的推移，英国的退休年龄将上升到68岁，但法国的抗议，尤其是那些甚至还没有开始支付养老金的学生的抗议，导致将退休年龄从62岁提高到64岁的尝试被放弃。[29] 退休年龄是少数几个连俄罗斯领导人都被迫让步的问题之一。[30]

在某种程度上，公司养老金计划和私人养老金是解决这个问题的办法，鼓励人们参加雇主的养老金计划或为自己的老年生活做准备。即使在今天，国家养老金也只能勉强满足退休人员的需要，更不用说提供大多数人向往的"黄金岁月"的生活水平了。许多国家都有税收计划来鼓励这种做法，但随着实际利率的下降和预期寿命的增加，必须建立的保证老年合理收入的资金池正变得越来越大。对许多人来说，答案很简单，就是延长工作时间；漫长而悠闲的退休生活是一个相当新的概念，但作用微弱。在欧盟，55 岁以上劳动力的比例从 2004 年的 12% 升至 2019 年的近 20%。[31] 在英国，70 岁以上的劳动人口数量在 10 年内增长了 135%。[32]

我认识到这一事实，是因为我遇到了一大堆一直工作到老年的人。2014 年，我遇到了播音员、哲学家、前议员布莱恩·麦基，那时麦基已经 80 多岁了。他在 2018 年出版了他的最后一本书，同年去世，享年 89 岁。几年后，在机场排队时，我和艺术家大卫·霍克尼进行了一次简短的交谈。82 岁的他正计划在伦敦皇家艺术学院举办一次展览（他有很多艺术家同行：米开朗琪罗在离 89 岁生日还差 3 周时去世，当时他仍在工作，毕加索也是这样，享年 91 岁）。2019 年夏天，我在伦敦皇家阿尔伯特音乐厅听了一场音乐会。钢琴独奏者是伊曼纽尔·艾克斯，70 岁时还在演奏。他和音乐厅的管弦乐团都听伯纳德·海丁克指挥，海丁克已经过了 90 岁生日，这是他最后一次在英国演出。

我们可以在政治领域看到同样的趋势。在 2020 年美国总统大选中，73 岁的唐纳德·特朗普与 3 名 70 多岁的民主党人同台竞选，他们分别是乔·拜登、伯尼·桑德斯和迈克尔·布隆伯格。最终拜登赢了。74 岁的特朗普和 78 岁的拜登参加终场对决，更老的那位最终获胜。

无论是在艺术、政治还是其他领域，老年人继续工作在很多方面都是一件积极的事情。首先，大多数 65 岁的人比上一代人更健康、更强壮。其次，继续工作通常比突然退休更健康，特别是在工作时间逐渐减少时。现年 79 岁的洛伊丝·克特纳住在威斯康星州，在当地超市的收银台工作，她认为自己是同龄人中的典型。她抱怨道："这是我们的黄金时代，但现在却有很多污点。"无论工作到老年是否健康，持续推迟退休年龄会引起那些一直期待放弃工作的人的不满。这仅仅是导致政治界限越来越多按代际划分的因素之一。

代际政治的兴起

政治曾经主要与阶级有关，现在却越来越与年龄有关。2017 年英国大选表明人口老龄化直接影响政治。竞选活动的主要议题是为"社会照顾"——对老年人的日常照顾——提供资金。保守党提出在一定限度内不应由国家支付抚恤金，而应推迟支付，并用个人去世时的遗产支付。这一大胆举措与其核心支持者相背。这项被称为"痴呆症税"的政策引发了强烈的反抗，随后英国前首相特蕾莎·梅在政治上做出了耻辱性的让步。

这一问题在英国大选中成为焦点是难以想象的事情，但随着老龄人群的增加，在大选中占据主导地位的不仅仅是年龄，它还可以决定结果。老年人拥有政治权力，因为他们比孙辈人数更多，更有可能影响投票。[33] 在英国，老年房主没有受到政府紧缩政策的影响，这应该不足为奇，这些政策的影响不成比例地落在年轻的工薪家庭身上。

新冠肺炎疫情防控期间出现了更多代际问题。在英国，75 岁以上的人死亡风险比 15 岁到 44 岁之间的人高出几百倍。对这轮疫情的总体应对措施突显了中老年人群的优先事项。[34]

正如我们所看到的，随着护理和社会照顾服务的需求急剧上升，发达国家迅速发展的老年政治给国家预算和劳动力造成了巨大的压力。满足这一需求越来越依赖不太发达国家的移民，而较富裕国家则利用贫困地区较年轻的人力资源。

推迟退休的前景可能会在中年人中引起不满，但为老年人提供医疗和养老金的成本不断上升，也在年轻人中引起越来越多的不满。然而，长期以来，年龄都是投票中一个越来越重要的决定因素。1974 年，保守党在上层和中产阶级选民中领先 37%，而工党在工人阶级选民中领先 35%；到 2017 年，尽管两党获得的总体选票份额非常相似，但这种差异的阶级构成几乎消失了，重要的变量是年龄。在 20 岁的选民中，保守党仅获得 20% 的选票，而工党获得了近 70% 的选票。但工党在 70 岁的选民中获得的选票不足 30%，保守党则获得约 60% 的选票。[35] 到 2019 年，投票的年龄基础变得更加明显。年龄也是预测人们在 2016 年脱欧公投中如何投票的一个重要因素。[36] 自 2010 年以来，脱欧公投和保守党的选举胜利，都受到了支持保守党的老年群体和相对较年轻群体的支持。老年人更有可能投票的事实也起到了一定作用。[37]

2016 年美国总统大选中这种表现也很明显。共和党曾经是富人的政党，现在已经变成了老年人的政党，而民主党曾经是城市工人阶级的政党，现在是年轻人的政党。一个住在曼哈顿的大学毕业生比中西部的退休男性工人阶级更有可能投票给民主党。2016 年，希拉里·克林顿在 29 岁及以下选民中获得的选票是唐纳德·特朗普的 2 倍，而唐纳德·特朗普在人数多得多的 65 岁及以上选民中完胜。[38] 2020 年，特朗普在年轻人中的支持率进一步下滑。[39]

但是，尽管选举的模式日益以代际差异为特征，我们不应认为年轻人总是支持进步事业。据信，在 2017 年法国总统大选的第二轮投票中，年龄在 18 岁至 24 岁的选民中近一半支持极右翼候选人玛丽娜·勒庞，而年龄在 65 岁以上的选民中只有 20% 支持她。[40] 年龄和种族等因素正变得越来越重要，而经济方面的考虑则不那么重要。

这是有充分理由的。在大型工作场所成立工会和组织员工是最容易的，但现在在大型工厂工作的人越来越少，而自我雇佣的人越来越多。其次，曾经种族同质的社会现在变得更加多样化，这往往会引起强烈的反弹，比如当地工人阶级对右翼政党的支持。这是我们稍后还将讨论的话题。

年龄在政治上的影响力越来越大，正是因为在一些国家，人们的期望提高了，而满足这些期望的能力却变得更加有限，老年人的增多给这些国家带来了前所未有的挑战。我们可以预期，在未来的几十年里，老年人口的持续增长和年轻人口的持续减少将使代际政治变得更加重要。

未富先老

尽管不断膨胀的国家养老金和医疗成本、僵化的经济增长以及代际脱节等问题无疑具有挑战性，但它们可能被视为"第一世界的问题"，困扰着那些可以在国内或国际市场轻易融资的国家。如果这些国家愿意，它们可以从世界上较贫困的地区引入工人，从事本国民众不愿做或人力不够的工作。

这些富裕的经济体能够提供尽可能高的工资和生活水平来吸引他们想要的劳动力，以解决与人口老龄化相关的问题。这往往意味着穷人和年轻人向老年人和富人的国家移民。但富裕的欧洲人和北美人也开始朝着相反的方向发展，无论是为了医疗保健还是享受美好的退休生活。例如，哥斯达黎加生活着大约 7 万美国人和加拿大人，包括许多退休人员，还有更多的人去那里过冬。[41]

一个迫在眉睫的问题是，那些未富先老的国家将如何应对。富裕的老龄化社会可以继续运转，只要在发展过程中有年轻和不断扩大的社会群体在后面，但反过来谁来照顾这些社会群体呢？我在伦敦有一个邻居，直到 107 岁去世之前，她一直由多名菲律宾护工照顾。可是谁又来照顾年老的菲律宾护工呢？

在可预见的未来，菲律宾在这方面不会有大的问题，这要归功于这个国家的生育文化带来了高于更替水平的生育率，并将在很长一段时间内保持人口年轻化，但它的一些邻国就没有这么幸运了。由于生育率低于更替水平和预期寿命急剧上升，泰国的老龄化速度非常快，其年龄中位数已经超过 40 岁，高于挪威或爱尔兰等富裕国家。到 21 世纪中叶，65 岁以上的老年人将占泰国人口的 1/3 左右，而现在这一比例约为 13%。在 20 世纪 90 年代中期，这一比例仅为 5%，泰国的老龄化速度是法国的 4 倍多。[42]

泰国是一个典型，其人口老龄化速度超过了经济发展，使人口和经济状况并不相关。根据传统的人口学模型，发展和人口变化是并进的。从这些角度来看，泰国的生育率不应该比法国低，年龄中位数不应该比卢森堡高，预期寿命不应该比美国低。

不管泰国存在什么问题，中国的人口老龄化问题比泰国大得多。尽管中国比泰国经济状况稍微好一些，但老龄化速度却相当快。即使欠发达国家的过剩人口愿意向日益老龄化的中国迁移也不足以解决根本问题。随着年龄的增长，泰国和中国的经济增长可能会放缓，这两个国家将会流失人口红利，不得不应对劳动力的收缩而不是扩大。中国自实施计划生育政策以来，至少一直在为这种可能发生的情况做准备。[43]

中国和泰国等国家长期以来一直尊敬老年人，但老年人远不是占主导地位的人口群体，他们一直代表着人口的一小部分。一项统计数据就能说明这个问题的严重程度。2000 年在泰国，每 7 个工人对应一个退休人员，到 2050 年这一比例仅为 1.7 个。[44] 在没有后代的情况下，人们将老无所依。正如一位退休人员所说："坦率地说，我们必须一切都依靠自己。如果幸运的话，可能会有一个家庭成员愿意开车送你去医院。"[45]

泰国人对政府应该提供的服务的期望低于西方国家，而泰国的老年人也受益于一个事实，即一个 65 岁的人可能比以往任何时候都更健康。但这两个事实都无法抵消像泰国这样的国家将面临的挑战。在泰国和其他类似的国家，技术进步有助于避免许多老年人在孤独和无人照看的情况下死去。

老龄化与长寿技术

由于日本既是老龄化社会又技术先进，因此它在社会福利方面的优先发展也就不足为奇了。超过 1/4 市值至少 10 亿英镑的日本初创企业与照顾老人有关。护理院的工作人员现在可以在失禁的居民需要注意时收到信号，预先警告他们需要紧急干预。还有一些设备可以检测生命体征，提示心跳或呼吸异常[46]，而能变成轮椅的机器人床也在制造中。日本的需求非常迫切，这不仅仅是因为快速增长的老年人口，与其他许多国家不同，日本不愿开放移民。虽然有开放给外国护工的签证制度，但在第一年的运营中，只有不到 20 名申请者符合资格。[47]

除照顾身体外，在越来越多的老年人没有亲戚或子女来看望他们的社会，科技正被用来保障老年人的心理健康。机器人和人工智能越来越多地用来给孤独的老人提供陪伴，这种错觉让他们的大脑保持兴奋。与物理导向的辅助设备一样，日本的这种创新正在寻找一个不断增长的出口市场。由日本设计和制造的宠物机器人已经投放到数百个丹麦养老院使用。[48]

几年前，我在一家为老年人提供个人报警服务的公司工作。如果佩戴者摔倒了，他们可以按下一个按钮，触发援助或通知亲属。这是一项成熟技术，但当时有人谈论过新版本，如果在早晨的某个时间前窗帘没有拉开，就会触发警报，从那时起，事情已经取得长足的进步。现在，摄像头可以在有动静时发送警报。你可以检查一下年迈的母亲是否试图在半夜离开家。这一领域正在发生巨大的变化，未来还会有更多的变化。

不平等和可逆：寿命增长的极限

生死一直是个人运气的问题，但在社会层面上有一些可验证的模式。最明显的就是时间和地点。今天出生在发达国家的人可能比两个世纪前出生在任何地方的人和现在出生在世界上最贫困国家的人活得更长，性别也有很大的不同。在全球范围内，女性的平均寿命比男性长 5 年，但差距有所不同。在俄罗斯，这一差距超过了 10 年，通常归因于男性酗酒和自杀的高比率。在北欧国家，酒精使用不那么性别化，进步的文化减少了男女生活方式的差异，男性和女性的预期寿命差距仅为 3 年。在相对落后的国家，这一差距还在缩小，也许是因为资源更多地用于男孩和男人，而不是女孩和女人。

近年来，人们对预期寿命不平等关注最多的不是性别之间或国家之间的比较，而是基于阶级的差异。在英国，1980 年至 2012 年间，出生时预期寿命方面的性别不平等几乎减半。这可能是由于吸烟人数减少（男性吸烟率较高）以及心血管疾病治疗的改善（对男性的影响尤为明显）。

大多数人过去从事危险的重工业，这也对他们的生命造成了损害。然而，尽管收入最高的 10% 的男性和女性预期寿命略低于或略高于 85 岁，但最贫困的女性活不到 80 岁，而最贫困的男性活不到 75 岁。随着时间的推移，英国人的预期寿命增长已经放缓，最贫困的人受到的影响尤其严重，这意味着社会阶层之间的差距已经扩大。[49] 根据 2011 年至 2014 年的数据，在英国居住的非洲人、加勒比人和亚洲人群体的预期寿命比白人更长（在"混合"的类别中，女性的预期寿命与白人相同，男性的预期寿命略低于白人）。[50]

近年来，英国老年人口的预期寿命略有下降。这对寿险公司和养老基金产生了重大影响，它们的负债取决于人们的预期寿命。2018 年，精算师协会证实这是一种趋势，而不是临时现象，当时有几家公司得以大幅改善自己的资产负债表。[51] 由于它们的成员很可能比之前预期的死亡时间早，养老金计划可以减少用于支付的资金。

美国也出现了类似的趋势，尽管出生时（而不仅仅是老年）的预期寿命一直在下降。与英国一样，对于这是不是一种趋势，人们进行了大量反思。所谓的绝望病，特别是与药物滥用有关的疾病，似乎是主要原因，肥胖的增加也是原因之一。心血管疾病和中风已经取得医学进展。[52]

在英国，许多人希望将其归因于国家医疗服务体系资金不足，或与紧缩相关的公共支出下降。毫无疑问，政府总是可以做得更多，但这些趋势的持续取决于个人的选择。很明显，健康的饮食加上适量的锻炼可以产生巨大的影响，但我们生活在一个国家要为所有结果负责的时代。

尽管预期寿命发生了变化，但我们的社会将继续老龄化。首先，这一趋势发生逆转的可能性太低，也太受局限，不可能出现长期且全面的逆转。此外，过去对预期寿命增长的预测过于保守，低估了人们的寿命。[53] 其次，发达国家生育率更替水平的下降和"婴儿潮一代"的老龄化是必然的。无论推迟多久，死亡都是不可避免的，这意味着一旦社会老龄化，要么经济开始衰退，要么需要从海外输入劳动力。我们接下来要讨论的就是这些问题。

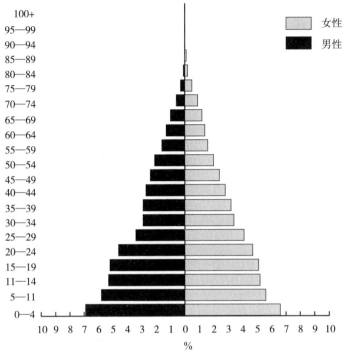

100+
95—99
90—94
85—89
80—84
75—79
70—74
65—69
60—64
55—59
50—54
45—49
40—44
35—39
30—34
25—29
20—24
15—19
11—14
5—11
0—4

10 9 8 7 6 5 4 3 2 1 0 1 2 3 4 5 6 7 8 9 10

%

女性
男性

图6-1　1950年日本的人口结构

资料来源：https://www.populationpyramid.net/japan/2019/

　　回溯到1950年，几乎日本每个年龄段都比随后的年龄群要小，这是长期人口扩张的迹象。例如，5岁以下儿童的数量几乎是60多岁年龄段的7倍。如今，在经历了几十年的低生育率和预期寿命的增长之后，60多岁的人比5岁以下的人更多，而最大的群体是40多岁的人。

　　人口金字塔之所以被称为金字塔，是因为它的底部更宽，越往上越窄。然而，到2050年，日本最大的群体将是70多岁的老年人，他们的数量将超过5岁以下的儿童，比例约为2∶1。日本年龄结构的变化是老龄化社会的生动写照。

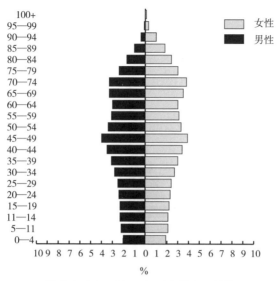

图 6-2（a） 2019 年日本的人口结构

资料来源：https://www.populationpyramid.net/japan/2019/

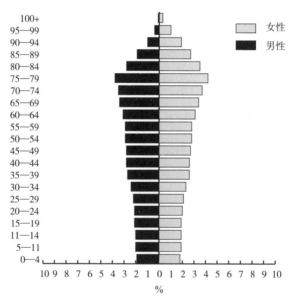

图 6-2（b） 2050 年日本的人口结构

资料来源：https://www.populationpyramid.net/japan/2019/

第七章

人口减少

55：一个世纪以来保加利亚的人口下降百分比

1989 年，随着东欧国家的社会制度发生根本性变化，欧洲即将经历"二战"以来最大的政治变革。与此同时，在欧洲大陆的东南部，有 30 多万保加利亚人居住在土耳其。

　　法蒂玛·萨默桑是一名 22 岁的物理学专业的学生，在保加利亚当局看来，她的罪行是抗议强制同化。几年前，50 多万保加利亚穆斯林被迫放弃他们的突厥语或伊斯兰教名字，改用当局认为合适的保加利亚或斯拉夫姓名。在一次针对强制改名的抗议之后，法蒂玛被叫到市长办公室，并被告知遣返土耳其。市长说："既然你参加了示威活动，就去看看土耳其的真实情况吧。"

　　法蒂玛和家人告别，被迫在一个小时内收拾出仅允许带走的唯一一包行李。保加利亚当局声称，他们是在允许而不是强迫保加利亚穆斯林离开这个国家，并将这项政策命名为"大远足"。

但是，这是一个再也回不来的假期，也从来没有得到过任何补偿。[1] 可悲的是，这种为维护保加利亚国际形象而塑造起来的友好形象完全没有必要。国际社会对这种公开的种族压迫行为仍然无动于衷。接下来的十年，类似的事件发生在当时的南斯拉夫，这是其分裂的前奏。

基督教徒和穆斯林在巴尔干和高加索地区的迁徙长达一个世纪，这次"大远足"是最近的事例。数百万的人被迫在俄国、希腊和东南欧新兴的基督教国家，以及奥斯曼帝国及其继承国土耳其之间流离。19 世纪自由主义政治家威廉·格莱斯顿对 19 世纪 70 年代保加利亚人的暴行感到愤慨，当时奥斯曼土耳其人面对新兴的民族主义和基督教势力，试图维持自己的统治。大约在同一时间，俄罗斯人在扩大统治的过程中，从车臣等地清除或驱逐了大部分穆斯林。几个世纪以来，巴尔干半岛西部的穆斯林和基督教徒一直以宗教的名义互相迫害，甚至在最近几十年里也是如此。在 20 世纪 20 年代，超过 150 万希腊人和土耳其人被"交换"。

现代土耳其和保加利亚都是建立在民族和宗教同化政策的基础上的。[2] 在各种民族和宗教混杂的地方，政府试图创建一个单一主导地位的民族群体，拥有共同的语言、宗教和祖先。在 20 世纪 40 年代末到 90 年代初的保加利亚，大多数情况下允许土耳其人自愿移民，甚至正如我们已经看到的，有时是强制的。以民族主义为内核，再加上社会主义和国际共产主义的外衣，保加利亚政府呈现出与尼古拉·齐奥塞斯库领导下的罗马尼亚相似的特点。

在这里，犹太人和德国人可以移民，避孕也是允许的，如果你是罗姆人或匈牙利人，那更鼓励。就像在保加利亚一样，这是一种增强多数人力量的尝试，同时要么减少少数人，要么彻底消灭他们。[3]

世界几乎没有注意到，当保加利亚政府正沉溺于种族清洗时，西方国家首都的街道上没有抗议活动，联合国也没有通过任何决议。整个世界都在关注东欧剧变，而且对巴尔干少数民族的命运不感兴趣。离开的保加利亚土耳其人融入了土耳其的生活，就像其他几代难民和在他们之前成千上万逃离的基督教徒一样。

保加利亚在驱逐数十万土耳其人的同时，人口结构也发生了重大变化。20世纪80年代末，保加利亚的人口从20世纪中期的700多万上升到接近900万的顶峰。在那之后，它开始衰落，不仅是因为像法蒂玛·萨默桑这样的人被迫逃离。

如今，保加利亚的人口约为700万，到2089年可能再减少300万。因此，到"大远足"100年的时候，保加利亚的人口可能会减少一半以上。早已被遗忘的土耳其人驱逐事件只是故事的一部分。保加利亚结合了日本的低生育率和高水平的移民率，这意味着它的人口命运趋于衰落。对保加利亚少数民族的驱逐可能是政府造成的一种自我伤害，它使这个国家的人口数量大幅减少，但保加利亚人不愿生育，当机会在其他地方召唤时，他们决定离开这个国家，这使情况变得更糟。

人口下降的长期趋势

想象一辆正在爬坡的汽车。如果驾驶员逐渐减弱踩油门的力度，汽车就会开始减速。随着时间的推移，它只会以蜗牛一般慢的速度前进，推动前进的力量越来越小，它最终开始滑向山下。这个类比粗略地说明了人口是如何下降的。在世界上越来越多的地方，人们已经不再踩油门，汽车开始向后退。

如果我们暂时忽略移民，可以认为一个国家的人口规模是由两个基本因素决定的：出生和死亡。尽管超高龄人群的数量在不断膨胀，但预期寿命延长（每年死亡人数减少）和高生育率（很多人出生）的推力正在消散。对世界大部分地区来说，生育率多年来一直低于更替水平，这意味着人口增长的动力已经耗尽，而预期寿命最多也只是略有增加。发动机的推力在逐渐减弱，为了不让汽车向后滑，车辆正在拼命挣扎。

总的来说，发达世界，特别是欧洲，处于长期力量的末端，这些力量正倾向于拉低其人口数量。目前，预期寿命的增长似乎是一种几乎耗尽的力量，充其量只是略微增加了总人口。长期的低生育率产生了复杂的影响，其结果就是人口下降。不仅育龄妇女选择少生孩子，而且由于前几代人的生育选择，她们自己的数量也越来越少。国家就是这样消失的。

在保加利亚，寿命的增长一直非常缓慢：在20世纪60年代末已经超过70岁，现在的预期寿命仍然低于75岁。至少从1980年起，生育率就一直低于更替水平，在这一时期的大部分时间里，每名女性生育一个孩子，低于维持人口稳定所需要的水平。

上一代人的孩子很少，而这些孩子现在已经到了他们自己的生育年龄，他们自己也几乎没有孩子。想想一个女人有一个大家庭，也许她有 6 个女儿。虽然家庭规模在扩大，但如果每个女儿都少生孩子，那么下一代的规模增长就会开始放缓。祖母的死亡在很多人出生的情况下只是失去了一个人。但当最初的女儿开始死亡，如果她们自己的孙女决定不生孩子或最多只生一个孩子，天平就开始向死亡倾斜，家庭规模就会缩小。

保加利亚的总和生育率现在是 1.5 个孩子，而 20 年前是 1.25 个孩子，这是我们所知的节奏效应的结果，我们在第四章谈到西班牙时讨论过这种模式。在推迟生育和母亲平均年龄增加时，生育率会下降。当这种情况停止时，生育率将有所回升。[4] 但撇开这些微小的逆转不提，保加利亚是欧洲长期低生育率的典型。现在保加利亚 20 岁出头的女性比 1980 年少了一半以上，所以即使每个人都有相同数量的孩子，20 岁至 25 岁女性每年的生育数量也会减少一半。

所有这一切都不仅仅是理论数字或人口学家的无用想象，它对日常生活产生真正的影响。在希腊边境，截至 2014 年，5 年里有 1 700 多所学校关闭，主要原因是学生不足。[5] 在邻国北马其顿，大约 1/4 的人口已经消失，总统称该国的人口挑战是最严重的威胁。[6] 如果加入欧盟，移民的机会增加，问题只会变得更糟。

德国是另一个人口状况不佳的欧洲国家。为了保持人口稳定，并保持劳动年龄人口的比例，需要大规模的人口流动。今天许多德国人在去世时都很少有子女，因此没有任何哀悼者。这一变化的一个迹象是，在汉堡，由国家组织并承担费用的葬礼的数量在 2007 年至 2017 年间翻了一番。[7] 这一趋势可能是整个德国的典型。

第三种力量：移民

在保加利亚和希腊这样的国家，长期的低生育率使人口数量减少的速度远远快于延长预期寿命所能维持的速度。第三个决定性因素，也是我们用汽车做类比时没有提到的一个因素，是人口迁移的平衡。我们可以把它想象成乐于助人的当地机械师，他准备拖着汽车前行，而不是让汽车向后滑下山坡。

在德国这样一个死亡率高于出生率的国家，如果没有移民，人口将会下降。作为一个位于欧洲中心的繁荣国家，如果它选择开放边境，它可以为数百万人提供就业前景并改善生活条件。我们将在下一章研究移民可能带来的反弹，但无论其政治影响如何，当德国像 2015 年叙利亚内战期间那样向危机中的人敞开大门时，将有 100 多万难民涌入德国。[8]

德国长期以来一直吸引着移民。在第二次世界大战后的几十年里，成千上万的人从南欧、土耳其和巴尔干半岛移民到这里。

加上来自苏联的移民，这一切都有助于避免人口下降。许多人以外来务工者的身份来到这里，并最终留下来。如果你走在德国的任何一个城市，你会发现烤肉店、土耳其理发店和清真寺，这些都是几代移民的醒目标志。无论优劣与否，移民都是应对人口下降的一种对策。像德国这样的富裕国家，其国民越来越不愿意生育，它们出台了有效的移民生育政策，激励贫困国家的移民生育或者养育子女，并向适龄人群提供有吸引力的工作。因此，当重力作用要把汽车拖下山时，移民就会发挥作用。成千上万的人将冒着生命危险逃离乍得、阿富汗、叙利亚等国家，前往德国等国家。

对于保加利亚这样的国家，移民会产生相反的效果。它非但没有抵消人口下降的影响，反而加剧了人口下降，增加了倒车的动力。事实上，移民造成保加利亚人口下降了2/3，由此成为比低生育率更主要的因素。[9]土耳其人不再是被压迫政权驱逐出境的人；相反，随着民主制度的建立，年轻和受过教育的保加利亚人被西欧国家提供的较高工资和生活水平吸引而自愿离开，保加利亚人可以自由地移民到西欧国家。

也有一些难民流入。在叙利亚难民危机期间，保加利亚是许多经由土耳其入境的移民目的地，在2014年和2015年，每年大约有5 000人获得难民身份。他们中的大多数人宁愿前往德国，但对于那些被允许留在保加利亚而无法继续西进的人来说，这比回到饱受战争蹂躏的家园要好。从那时起，边界变得更加坚固，移民流入比流出要少。2017年，生活在国外的保加利亚人几乎是生活在国内人的 9 倍。[10]

目前保加利亚正在努力减少本国人口外流，并吸引他们回国，但影响不大。正如一名留学归国人士在 2019 年哀叹的那样，整个保加利亚首都人口都生活在国外。[11] 劳动年龄人口一般不会从高收入国家移居到低收入国家，这些人在富裕的地方生活过之后，也很少想回到低收入国家，而且大多数保加利亚移民都生活在富裕国家。新冠肺炎疫情的暴发导致约 20 万保加利亚人返回本国[12]，但一旦生活恢复正常，这将很难继续保持。

农村清空

当人口爆炸发生在一个以农村为主的国家时，无论是 19 世纪的英国还是现在的尼日利亚，都会有大量的人口涌入城镇野蛮生长。但是，尽管从农村迁移到城镇，农村一开始并没有空出来，而是失去了不能被农业吸收的过剩人口。然而，在人口爆炸结束后很长一段时间，城市仍以其明亮的灯光、高薪的工作和令人兴奋的机会继续吸引着农村居民。由于留在农村地区的人不再生育更多孩子，人口总数下降。大村庄变成了一个个小村庄，又变成几座房子的聚集地。最终只剩下摇摇欲坠的废墟和一座孤零零的农舍，而农舍也终将被抛弃。

在欧洲，大规模的人口损失并不是什么新鲜事。14 世纪的黑死病是一场席卷整个欧洲大陆的大灾难，导致欧洲人口减少了近 1/3。[13] 两百年后，在三十年战争期间，欧洲部分地区的人口比例也出现了类似的下降趋势。[14] 在中国漫长的历史进程中，无论是洪水还是瘟疫，人口都有显著下降。当欧洲人到达美洲时，当地人口锐减。[15] 与目前世界各地农村地区人口下降不同的是，人口数量的下降不是由于战争或疾病等可怕的外部原因；相反，这纯粹是男人和女人决定要多少孩子和住在哪里的结果。

纵观历史，大多数时候人口都是脆弱的，取得的初步成果后来被侵蚀。这一点可以从伦纳德·伍尔夫 1913 年的小说《丛林中的村庄》中看到。这部小说的灵感来自伍尔夫在锡兰（现在的斯里兰卡）担任殖民地行政长官时的经历。小说中的村民们经历了长期的生存斗争。在故事的结尾，尽管他们尽了最大的努力，丛林还是开始蔓延，村庄也逐渐消失。这似乎在传递着这样的信息：无论人们在哪里退却，自然都会胜利。作物歉收或疾病暴发可能会使多年来的人口增长付之一炬，并导致人口下降，一个社区可能永远无法恢复。一个村庄可能是一个大型定居点衍生的，在仅仅几代人之后就湮没了。

如今，生育率长期处于低水平的世界各地都出现了这种倒退，但以保加利亚为例可以很好地说明正在发生的情况。一项调查显示，从 20 世纪中叶到 2012 年，保加利亚农村人口下降了约 60%，这一趋势在此后的 10 年左右一直持续。[16] 从第二次世界大战结束到 2007 年，足够大的居民点数量从 6 000 个左右下降到 5 000 个左右，从那以后情况变得更糟。不出所料，大迁徙的结果是曾经居住着土耳其人的村庄数量减少最多。[17] 保加利亚的村庄人口正在以惊人的速度减少，老人往往留守下来，回忆着山谷里回荡着的孩子们玩耍的声音。他们可能会疑惑在哪里可以找到一个牧师来为他们主持最后的仪式。和我一起在这里长大的朋友们很久以前就离开了，一个 30 多岁的人告诉 BBC 记者，这个村子离索非亚不远。他所在的村子里商店存货很少，店主不知道什么时候可能会因为顾客少而不得不关门。在更偏远的山谷里，商店已经关门了。[18]

在保加利亚偏远西北部的维丁省（位于罗马尼亚和塞尔维亚之间），情况更糟。该地区的劳动年龄人口自 20 世纪 80 年代以来减少了一半，进入了螺旋式下降。从首都到这里曾经有 30 分钟的国内航班，但现在，维丁只有坐 5 个小时的汽车才能到达。一名来自省会的当地人抱怨说："这就好像我回到了我的坟墓一样。我以前试图离开，但每次工作结束后又不得不回来。这是一座即将消失的城市。"[19]

农村人口减少的过程变得自我强化。一旦一个村庄的人口低于某个水平，它的学校很容易解散，这意味着年轻的家庭不会被吸引住在那里，也意味着已经在那里的人可能会选择住在其他地方。一旦人口达到临界数量，公共交通服务、面包店和杂货店等基础设施往往就会关闭；公共服务的成本不再合理，地方企业也无法生存。这个地区被不断衰落的村镇包围，吸引的投资越来越少，交通基础设施也不完善，这使该地区越来越偏僻，作为居住地的吸引力也越来越小。

许多正在经历人口急剧减少的中欧和东欧国家中，俄罗斯是一个特别显著的例子。就像保加利亚一样，历史上最低的生育率加剧了长期的城市化进程，这至少可以追溯到 20 世纪 70 年代，结果就是这个国家的死亡人数超过了出生人数。与保加利亚不同的是，俄罗斯经历了大量移民，尤其是来自以前苏联国家的移民，但由于俄罗斯不在欧盟，移民数量受到限制。然而，移民到了俄罗斯往往被大城市的明亮灯光吸引，而不是去即将消失的农村。俄罗斯有 20 000 个村庄已被完全废弃，另有 36 000 个村庄的居民不足 10 人。[20]

俄罗斯大部分地区的严酷气候和广袤且偏远的地理位置都是导致这个国家农村衰落的原因。俄罗斯人已经撤退到更大的城市中心，在那里，家庭供暖都是集中的，各种各样的杂货可以更容易、更实惠地购买。在保加利亚以及世界上越来越多的地方，曾经充满活力的村庄里仍有老人在死去，他们的悲惨故事与此如出一辙。维拉·塞利万诺娃是一名社会工作者，来自离哈萨克斯坦边境不远的谢列波沃，她对一位来访的记者说："现在上学的孩子不多了。这些老人又能活多久？这个村庄正在死亡，没有人关心。"[21]

空白地区的地缘政治

保加利亚农村人口的减少对国际关系没有什么影响，但俄罗斯放弃保加利亚的大片土地就不能这么说了。几个世纪以来，俄罗斯一直对其大部分领土人口稀少感到担忧，并一直在努力扭转这一趋势。

阿拉斯加在 1867 年卖给美国之前是俄国的一部分，而俄国移民在 19 世纪初沿着太平洋海岸迁徙，最远到达加利福尼亚北部。除了在北美定居的俄国人，从 19 世纪 90 年代起，西伯利亚铁路的延伸巩固了俄国对该地区的控制。20 世纪 30 年代，斯大林的乌拉尔地区工业化是苏联人口向外迁移的一个里程碑。当时，为了促进发展，男人和女人都被迁移到遥远的边疆。它还在战胜纳粹德国的战争中发挥了关键作用，保证了工业区不会被占领。20 世纪 50 年代，赫鲁晓夫鼓励少先队员在国家外围定居的"处女地运动"是最后一次努力。

然而，从那时起，这种倒退已经持续了半个多世纪。其中一些是政治原因，由苏联的解体引起，但也有人口下降的问题。随着人口老龄化，俄罗斯人正在从其领土的偏远角落退缩，他们无法再生育——当他们有了孩子，他们发现后代不像他们一样愿意生活在偏远的地方。[22] 俄罗斯领导人表达了对俄罗斯远东地区的担忧，该地区被称为"红区"，毗邻人口仍在增长的中国。俄罗斯人的数量在不断减少，而为想要定居东部的农民提供土地的努力收效甚微。这里的土壤过于贫瘠，不适合农业耕种，而官僚主义往往会把这一过程放慢到令人难以忍受的程度。[23]

俄罗斯远东地区缺乏基础设施的管理人员，这使该地区更不适宜居住。企业很难将相关专家迁移到该地区，而大多数拥有石油勘探等有经济效益资质的当地人，更愿意在俄罗斯西部的大城市工作。

虽然俄罗斯可能会焦虑地注视着中俄边境，担心中国东北地区的大量人口以及不断被吸引到那里的俄罗斯人，但是中国的许多村庄也因为人口流失面临衰落。这在一定程度上是由大规模城市化造成的，如果中国人仍然生有 4 个到 5 个孩子，甚至 2 个到 3 个孩子，就会有很多人留在农村。毕竟，尼日利亚的农村并没有人满为患，而它的城市正在人满为患。

位于甘肃省西北部的一个村庄，几乎看不见 40 岁以下的成年人，这是中国农村人口减少的一个典型例子。村里的小学校长对前来参观的人说："过去，冬天一暖和，孩子们就会跑来跑去，大喊大叫，玩得很开心。但是现在，即使是在学校放假的时候，你也很难看到孩子。暑假没有，寒假也没有。去城市读书的孩子们再也不回来了。"就在 10 年前，他的学校有 100 名学生；现在只有 3 个学生，是甘肃近 2 000 所学生不足 10 人的学校之一。[24]

中国的人口问题并不仅仅是局部问题。过去 40 年来，中国持续的低生育率加剧了这一现象，二孩政策的放开并没有扭转这一现象，这意味着中国人口即将萎缩。在过去 10 年里，中国人口的年增长率一直保持在 0.5% 左右。[25] 在 20 世纪末，中国的人口增长率有所下降，有些人认为中国至少正处于人口下降的边缘。[26] 未来几年，印度人口将不可避免地超过中国，成为世界上人口最多的国家。

城镇人口减少

正如我们已经看到的，日本是另一个经历了持续低生育率的社会。结果不仅会老化，而且会变空。日本的村庄就像保加利亚和俄罗斯的村庄一样，正在被遗弃。野生动物活跃在被农民遗弃的村庄，它们甚至开始侵占日益减少的人类居住地；在日本北部，看到熊的次数在一年内翻倍。[27]现在，即使是郊区也开始空了出来。在西方的很多地方，许多中年人都期待着从年长的亲戚那里继承房产，从而获得一笔财富。相比之下，在日本，为了避免第二套住房的高税率，许多人在继承房产时选择放弃所有权。近 1/7 的房屋被登记为无主房屋，而且这个问题将变得更加严重。[28]

越来越多的游客可能去参观东京繁华的市中心，但距离首都只有一小段火车车程的东京郊区既老化又空旷。虽然这个问题在地方城镇更为严重，但一位房地产专家预测，在 50 年的时间里，东京的郊区可能像小型底特律一样，出现大量受损、空置的房产。[29]

提到底特律让我们想起了欧洲和北美大部分地区正在发生的事情。虽然一个国家的人口可能由于移民和人口势头的剩余弱效应而保持稳定甚至适度增长，但从农村开始的人口不断外流现在已经影响到一些城镇。受影响最严重的是像底特律这样的城市，这些城市在工业上投入了大量资金，但随后却陷入衰退，因此成为城市的"铁锈"，就业前景日益黯淡，商业中心日益衰落，基础设施日益腐朽。

城镇的消亡是存在于许多发达国家的问题。我的一个朋友在曾经繁荣的英国陶艺小镇特伦特河畔的斯托克长大,最近一次回去拜访时他说这里和他童年时的地方完全不一样了。在他成长的20世纪三四十年代,尽管许多人生活贫困,但商店和街道却欣欣向荣。斯托克城现在的居民吃得更好,住得更好,受教育程度更高,至少在新冠肺炎疫情之前,失业率相当低。他们拥有智能手机,享受开销不大的海外度假,对我的朋友来说,年轻时这几乎是不可想象的。尽管如此,我的朋友还是对这个地方感到绝望。

上了年纪的人倾向于戴着有色眼镜看待事物,所以保持怀疑是有道理的。人口学不能完全解释城市人口的下降。事实上,它的部分影响和部分原因是一样的,但人口数据可以为我的朋友所感受到的下降提供一丝迹象。斯托克的人口在19世纪初到20世纪20年代之间增长了15倍,在20世纪中期达到顶峰,然后逐渐进入不稳定的衰退期。更引人注目的是其年龄结构的变化。第一次世界大战之前,5岁以下儿童的数量至少是65岁以上人口的4倍;现在,后者的人数大约是前者的2倍。[30] 此外,在过去的20年里,这个城镇40%的酒吧消失了。[31] 现在的斯托克城与我朋友70年前熟悉的那个年轻而繁忙的城市截然不同,这一点也不奇怪。

人口的缺乏,特别是年轻人的缺乏,是城市衰落的核心主题。如果英国的生育率保持不变,人口保持在19世纪和20世纪早期的增长,像斯托克这样的地方现在就不会感觉人口减少了。这样就会有足够的人口,以便更多的地方能够经历像曼彻斯特和利物浦这样成功的英国城市所实现的人口增长,这两个城市近年来都扭转了人口下降的趋势。然而应该注意到,这些北方城市的成功可以说是以牺牲周围城镇为代价的，这些城镇被吞并或掏空了。

当你走过城市中心时，你可以真切地感受到人口增长和人口下降之间的区别。例如参观英国的剑桥大学城，它显然是繁荣的。有一些迹象可以说明这一点：在大多数商业网点都已人满为患的情况下，市中心甚至还出现了剩余人流。餐馆和酒吧人满为患，街上也没有用木板封住的街道。看到这一点，剑桥的人口在很长一段时间内都在稳步增长也就不足为奇了。从20世纪20年代到2011年的人口普查，这里的人口大约翻了一番，而斯托克城的人口在同一时期下降了约6%。[32] 剑桥的情况与斯托克城截然不同，你可以在街上感受到，也可以从人口数量上看到。

另一个英国城市谢菲尔德，尽管制造业的就业岗位从20世纪70年代早期的12.5万个下降到2.5万个，但由于学生数量的增加，该市的人口保持了稳定，目前已超过6万人。[33] 做学生可能比钢铁工人更轻松，受过教育的人口确实会带来好处，但尽管钢铁厂至少在某一时期是自食其力的，学生的资金来源却是不断上升的债务。

我的朋友对斯托克城的看法适用于许多发达国家。美国有一片面积巨大的"铁锈地带"，那里的工业已经转移，留下了人口不断减少的城镇。曾经繁华的街道现在空无一人，被木板封住的店铺破烂不堪。同样的问题也出现在德国和法国的广大地区。的确，法国、英国和美国的人口绝对数量还没有下降，但我们的城市地理就像我们的经济一样，是建立在持续增长的假设之上的。一旦这种情况结束，城市似乎就失去了活力。

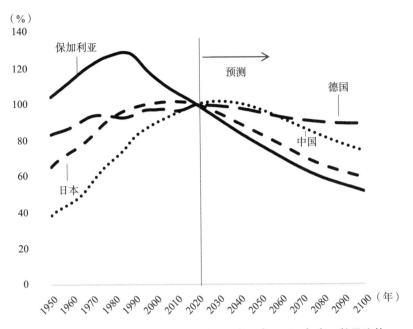

（%）

140

120

100

80

60

40

20

0

保加利亚

预测

德国

中国

日本

1950 1960 1970 1980 1990 2000 2010 2020 2030 2040 2050 2060 2070 2080 2090 2100 （年）

图 7-1　1950—2100 年选定国家的人口数量与 2020 年人口数量比值

资料来源：联合国人居署（中等水平变量）

　　历史上，人口通常只有在遭遇饥荒、瘟疫、战争或其他灾难时才会减少。然而，几十年的低生育率使这些国家面临着自我诱发的人口下降。保加利亚比其他国家更早经历了这一过程，移民又把它加速了，但日本现在处于这个过程中，而德国只能依靠移民来避免人口下降。中国的人口已经超过劳动年龄的高峰期，人口总数很快就会开始下降。

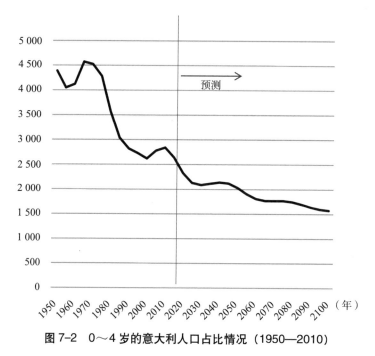

图7-2　0～4岁的意大利人口占比情况（1950—2010）

资料来源：联合国人居署（中等水平变量）

　　人口下降最明显的表现是年轻人数量的下降，意大利就是一个很好的例子。据预测，到 21 世纪末，意大利 5 岁以下儿童的数量仅为 60 年前高峰时期的 1/3。

　　经历人口下降的不再只是小城镇或"铁锈地带"的那些城镇。就连巴黎市中心也经历了十年的衰落。截至 2018 年的 3 年里，有 15 所学校关闭或合并。每年离开伦敦的英国人比抵达伦敦的英国人多 10 万人，这个数据只有大量移民才能抵消。纽约最近也开始出现人口萎缩，而这一切都发生在新冠肺炎疫情之前。

过去的人口增长是从农村开始的，然后才流入城镇，现在非洲的情况仍然如此。类似地，人口下降首先出现在偏远的小村庄，然后才开始向城内蔓延，直到它最终出现在东京郊区废弃的公寓和巴黎关闭的面包店。这就是人口长期下降的场景。[34]

未来人口还会有吗？

从上述描述可以看出人口减少是一种不可避免的现象，是一种从偏远的农村地区开始，从身体的四肢开始，逐渐蔓延到心脏的"疾病"。它就像一种病毒，从一个国家传播到另一个国家，从一个大陆传播到另一个大陆，突然出现在曾经熙熙攘攘的人群和大家庭中。废弃的小村庄、关闭的学校和空无一人的郊区公寓，这些曾经只局限于当地的故事，似乎正在走向全球。曾经看起来人类会毁灭地球，现在看来，我们可能最终会要求最后剩下的人类熄灯。

达雷尔·布里克和约翰·伊比特森在2019年出版的《空荡荡的地球：全球人口下降的冲击》一书中非常精到地总结了这一论点。整个地球都在城市化，同时也为妇女带来了更好的权利和更自由的环境。这些意味着已经很低的生育率将进一步下降，低生育率进一步扩大，最终导致人口下降。尽管大量数据都指向这一方向，但布里克和伊比特森认为这一数据普遍低估了情况。在印度，人口学家和政府官员一次又一次地告诫，他们怀疑生育率已经降到了 2.1 以下。[35] 最新数据显示他们是对的。同样对非洲数据持怀疑态度的作者认为，全球人口将在几十年后的 21 世纪中叶达到顶峰并开始下降，而不是在 21 世纪末。

几个世纪以来，这种恐慌似乎一直在翻涌。在 19 世纪早期，当英国人口开始起飞时，托马斯·马尔萨斯预言未来人口过多将压倒地球供养他们的能力。一百年后，当人们注意到英国的家庭规模开始下降时，《每日邮报》开始为"种族的衰落"而烦恼，美国总统西奥多·罗斯福也谈到了"种族自杀"[36]。到了 20 世纪 60 年代，全球人口增长达到顶峰，生物学家和人口专家保罗·埃尔利希用他的"人口爆炸"说辞吓唬道："坐在德里的出租车里向外看去，人们在吃饭、张望或者睡觉，有的人在游览观光，有的人在争吵叫嚷，有的人在随地大小便，有的人在挤公交，有的人在遛牲口，到处都是人，人，人。"[37] 然而，现在我们很快就会纳闷这些人都到哪里去了。

在这个跨越几个世纪的辩论中，双方都热衷于把当前的趋势看作是不可逆转的。为了得到一个更公正的答案，我们需要回到生育率的问题上，这最终将是决定因素。毕竟，低生育率是人口下降的根源，只有扭转低生育率的趋势，或者至少是低生育率不能再蔓延，才能避免地球变得空荡荡。城市人口不一定有低生育率。诚然，加尔各答的生育率仅为每位妇女生育 1 个孩子多一点。但在拉各斯这个世界上发展最快的大都市之一，妇女生育的孩子数量仍然是更替水平的 2 倍。[38] 当然，这可能会下跌，但也可能不会。决定这一点的不是某种非个人的社会力量，而是数百万男女的选择。

正如处于相似发展水平的城市在生育率方面可能存在巨大差异一样，国家也是如此。比如泰国，自 20 世纪 70 年代以来，生育率从 5 下降到 1.5，但也有像斯里兰卡这样的例子，在三十年的大部分时间里，生育率一直徘徊在 2 到 2.5 之间。

即使在发达国家，各国之间也存在着较大差异。日本、南欧和东欧国家可能不大热衷于生育，但北欧国家的生育率已经接近更替水平，因此任何自然人口下降都是非常缓慢的。丹麦和瑞典的这一比率一直保持在较高水平，而瑞典 1937 年的生育率比今天还要低。[39] 关键是生育率有可能在几代人的时间里保持在更替水平或接近更替水平，向低于更替水平转变并非不可避免。

虽然我们经常谈到各个大陆的趋势，但它们之间存在着显著的差异。西非的生育率往往高于东部和南部非洲，而在北非则要低得多；南欧和东欧的比率最低，但北欧和西欧至少还没有。

东亚比南亚的降幅更大，可以归因于中国和日本在物质条件上有更大进步，在经济上远远领先于印度和巴基斯坦。但这种发展与低生育率之间的直接关系在欧洲并不成立。在欧洲，富裕的丹麦、法国和英国比意大利、西班牙、希腊当然还有保加利亚都要落后。发展水平似乎也不能解释为什么尼日利亚妇女在减少家庭规模方面比肯尼亚妇女慢。关于现代化的传统解释只能让我们走到这里，我们需要更多关于文化、传统和信仰的有趣的故事来给我们一个更全面的图景。后现代人口学正在悄然兴起。

无论各大洲内部和彼此之间的生育率如何变化，全球人口在短期内都不会下降。如果联合国的数据可信的话，全球生育率仍远高于每位妇女生育 2 个孩子的水平。即使人口增长确实低于更替水平，人口增长势头也意味着人口将继续增长，由于前几代人的大家庭，将有很多年轻人生育孩子。此外，在许多国家，预期寿命将继续显著增长，汽车爬坡仍有很大的前进动力。出于类似的原因，尽管战争和西班牙大流感造成了破坏，但欧洲人口在 20 世纪的第二个十年里持续增长。

　　在新冠肺炎疫情之后，我们更加意识到一场大流行可能给全球人口带来的风险，黑死病让欧洲人口倒退了几个世纪。一些人推测，我们还没有在其他星球上发现智慧生命的原因是，无论是自我毁灭、长期的低生育率，还是某种病毒或细菌，总有这样或那样的东西会把它杀死。[40] 然而目前可以肯定的是，人类还会在地球上存在一段时间，而人类达到顶峰（更不用说清零了）还要几十年的时间。

　　在许多发达国家，特别是西欧，如果没有移民，人口将会下降。在德国，每年死亡的人比出生的人多 20 万人。在柏林和德累斯顿之间的一个小镇上，牧师曼弗雷德·格罗瑟每主持一次洗礼都会有五场葬礼，他谈到了即将出现的"人口乌云"。[41] 如果没有大量的移民，德国的人口将很快下降，到 21 世纪中叶，每年将失去 50 万人。到 21 世纪末，德国人口将比目前水平低 40%。事实上，如果移民德国的生育率没有相对较高的水平，情况会更加糟糕。

西欧和北美或许能够通过吸引来自拉丁美洲、非洲、中东和亚洲的移民来延缓人口下降。这正在改变美国和加拿大，也导致自罗马帝国崩溃以来欧洲民族构成最迅速的变化。我们接下来要讨论的话题是种族变迁。

第八章

种族变迁

22：加州学生中白人的比例[1]

"美国……我相信，这是上帝的旨意，是一个伟大种族的家园。说英语的白人有着伟大的理想和基督教信仰，同一个种族，同一个国家，同一个命运。这是来自欧洲北部的英国人、北欧人和撒克逊人定居下来的广袤之地。非洲人、东方人、蒙古人和欧亚非所有的黄色人种都不应该被允许居住在这片伟大的土地上。"

　　1924年，国会议员艾拉·赫西就一项限制移民进入美国的法案进行了立法辩论。在第一次世界大战之前的几年里，美国接收了来自南欧和东欧的大量移民。只有在冲突结束后，本着孤立的精神，才首次对来自欧洲的移民实施了严格的限制。这些限制措施旨在维护种族特性；无论是盎格鲁-撒克逊人还是北欧人，来自不列颠群岛的人都比来自俄罗斯、波兰或意大利的人更受欢迎。移民配额是根据1890年美国移民人口中的种族构成来定的。

20 世纪 20 年代的法案旨在限制"错误类型"的欧洲人，但也完全禁止来自亚洲的移民。该法案的发起人之一、国会议员阿尔伯特·约翰逊明确表示了他的目标："我们希望是一个同质的国家……这是自我保护的要求。"[2]

但是，与其支持者艾拉·赫西相比，阿尔伯特·约翰逊的直言不讳是谦虚的。艾拉·赫西的偏执让人想起了剧作家田纳西·威廉斯在《甜蜜的青春鸟》中刻画的人物"芬利老板"。尽管赫西的言论充满了种族和宗教色彩，但他并不是"圣经地带"或南部州的代表，而是北部缅因州的代表。缅因州是一个白人占绝大多数的州，在两次世界大战之间，这种偏见在美国是普遍存在的。赫西对上帝偏爱北欧血统的人很有信心，这表明了一种种族傲慢，这种傲慢只有在欧洲血统的人把世界踩在脚下，并希望世界永远踩在脚下的时候才可能出现。

美国的移民和种族

美国长期以来一直在解决移民和种族问题。它一直渴望更多的人和发展势头，同时也在为谁能成为一个合适的美国人而奋斗。长期以来，这里也居住着一些人，他们渴望拥抱人类，不管他们来自哪里，这些自由主义者不断地与其他更具种族主义观点的人发生摩擦。[3]

在 19 世纪，美国被一种扩张的冲动驱使，这意味着要用人口、城市、铁路、工厂和农场填满它的空白地带。这种使命感后来被称为"天定命运",是关于美国人注定要建立一个从东海岸到西海岸的伟大国家的理念。这是一种救世的、意识形态的和实际的冲动。许多美国人认为自己是受上帝的召唤才来到荒野的,但同时也有强烈的经济冲动。为了填满美国,需要引进大量的人才。美国人生育能力强,家庭规模大,生存率也相对较高,但由于人口的迅速增长,无法满足"天定命运"所要求的紧迫感。因此,美国接受甚至欢迎来自欧洲最偏远角落的穷人和贫民。他们甚至竖起了自由女神像以示召唤。

第一次世界大战前几十年来到埃利斯岛的人与早于他们到来的英格兰、苏格兰、威尔士、爱尔兰、荷兰和德国移民不同。到了 19 世纪晚期,由于欧洲内外部交通的改善,对于来自西西里岛和波兰等地的人来说,跨越大西洋的旅行已经成为可行,因为他们以前觉得美国是一个非常遥远的地方。但是,到了 20 世纪初,美国已经成为更多欧洲内陆人渴望移民的地方,这一进程获得了动力。就像我们在第二章中看到的非洲移民一样,一旦一个叔叔或表亲定居下来,他们就会成为迎接下一个移民的熟悉面孔,提供一两晚的床位,有一些有用的关系可以帮助后来者找到工作。

美国对发展和建设的渴望推迟了移民管制的实施,但在 20 世纪 20 年代之前,美国的移民管制方式远非完全自由的。1848 年,当加利福尼亚和美国西部的边界线推进至墨西哥时,居住在这些被征服的土地上的墨西哥人并不被认为是理想的联邦公民。只有在白人占多数时才被承认为联邦州，在此之前它们都是被管理的领土。加州有大量的墨西哥人口，但它对美国移民非常有吸引力，因此白人很快就占了多数，并在 1850 年被联邦接纳。新墨西哥州一开始就有更多的墨西哥人，对白人定居者的吸引力较小。因此，它直到 1912 年才成为联邦州。[4]

种族主义情绪不仅影响领土的占领，也影响领土的范围。1898 年，西班牙征服菲律宾之后，南卡罗来纳州的参议员本·蒂尔曼抗议："你们信誓旦旦要吞并这个居住着千万有色人种的岛屿并将其纳入政府管辖，但岛上一半以上都是底层的野蛮人。"他说，这样做的后果将是"向美国注入肮脏、低下和无知种族的血液"[5]。

加利福尼亚州的经济前景，尤其是它的黄金，在美国征服西部后的几十年里，不仅吸引了欧洲人，也吸引了亚洲移民，这引起了强烈反应。早在 1852 年，加利福尼亚州就对中国移民征税，目的是阻止他们定居。在 19 世纪后期，通过了各种法案来限制他们的存在，这些法案通常伴随着暴力。工会通常倾向于控制移民，因为不受限制的外国劳动力意味着竞争和更低的工资；出于同样的原因，商人们倾向于赞成移民。

加利福尼亚是美国的一部分，一大批欧洲血统的美国人迅速涌入这里。在 20 世纪的整个过程中，该州的人口从不到 150 万人增长到超过 3 000 万人。[6] 新移民被该州肥沃的金色农田吸引，也被迫逃离东部的贫困环境。这种过程在 20 世纪 30 年代仍在进行。在约翰·斯坦贝克 1939 年的小说《愤怒的葡萄》

中，由于沙尘暴的出现，不幸的乔德一家被赶出俄克拉何马州，像成千上万的人一样，来到太平洋海岸，那里仍然被视为乐土。

然而，到了 20 世纪末，新的加利福尼亚人从南部而不是东部涌入，形成了一股西班牙人的浪潮。非西班牙裔的"欧洲人"现在是少数，在学校里更是越来越少。两代人以前，在加利福尼亚州的学校里白人占绝大多数。一代人之前，加利福尼亚州40% 以上的在校学生是白人；如今，这一比例为 22%，而且还在下降。

西部变成了北部

对美国来说，在 19 世纪中期与墨西哥战争后是向西扩张的一个大好机会。自从首批移民者来到新英格兰和弗吉尼亚州以来，美国一直在朝着这个方向前进。但从墨西哥人的角度来看，这一地区不是西部，而是北部，是一块失去了的广阔领土。

正如上面列举的数据所说明的那样，近几十年来美国西南部人口变化的速度是惊人的，学校人口可以作为未来总体人口的一个指标。1970 年，超过 75% 的加利福尼亚州人口是白人，12%是拉美裔。到 2018 年，38% 的人口是拉美裔，37% 是白人。[7] 近年来，离开美国的墨西哥人比抵达美国的墨西哥人多，但来自洪都拉斯、危地马拉和萨尔瓦多的移民人数有所增加。未来的加利福尼亚州人口可以在学校里看到，拉美裔学生的数量超过白人学生的两倍多。[8]

这都是我们在前几章提到的人口转变的结果：发达国家长期以来的低生育率，南半球国家的高生育率，不断上升的儿童生存率。如今，墨西哥的生育率并不比美国高多少，但在 20 世纪 70 年代，墨西哥的生育率是美国的 3 倍。

人口学为大规模人口流动创造了条件，而经济学则提供了催化剂。在过去四五十年里，充满活力的美国经济需要廉价劳动力，就像第一次世界大战之前一样。但现在，与当时不同的是，欧洲富裕，人口不太多，这意味着它的人口既没有规模，也没有移民美国的经济动机。对于不那么富裕的东欧人来说，移民到西欧是一个更直接的选择。

因此，对于欧洲人来说，美国不再是一个世纪前人口过剩的目的地。相反，廉价劳动力现在正从里奥格兰德南部涌入美国。在 20 世纪的头十年，纽约下东区的"血汗工厂"充斥着俄罗斯、意大利和奥匈帝国偏远角落的过剩人口；到了 20 世纪末，来自墨西哥和中美洲的移民照料着富有的加州人的花园和游泳池。

欠发达的拉丁美洲人直到最近还处于人口过剩的状态，他们的反应就像曾经的欧洲人一样，而且不仅仅是在加利福尼亚州，美国的人口构成受到了影响。2019 年得克萨斯州的白人和拉美裔人口情况类似。[9] 就在 20 世纪 80 年代，得克萨斯州 2/3 的人口是白人，目前这一数据仅为 40%，预计 20 年后将不到 1/3。[10] 在国家层面上，拉美裔人口已经明显大于黑人人口。

2020年的人口普查显示，不到60%的美国人自认为是白人。据预测，到2060年，不到一半的美国人将是白人，拉美裔人口将是黑人人口的两倍多。[11]

这样的预测使种族问题显得老生常谈，而实际上它们是敏感且复杂的。首先，这些数据是基于人们如何自我认同的，这是主观的，可能会改变。当美国精英们担心爱尔兰天主教徒涌入东北部城市时，"白人"这个分类就不那么有意义了。

但无论你如何削减，美国人口的种族构成正在迅速变化，而且将继续如此。欧洲人来到这里，屠杀了原住民，几个世纪以来，他们的人口优势是无可匹敌的。但后来，随着意大利人、波兰人和犹太人的到来，美国白人的本质发生了变化，他们挑战了后来被称为WASPs（白人盎格鲁−撒克逊新教徒）的人口结构和文化主导地位。20世纪中后期美国的许多文化偶像和明星，从菲利普·罗斯到麦当娜，都是欧洲移民的后代。

然而，自20世纪60年代的移民改革推翻了20世纪20年代的限制以来，美国已经像是一个大熔炉，不只是欧洲种族，而是具有更广泛的世界性。它是来自亚洲、非洲和拉丁美洲不断增长的移民的定居地。未来的美国人将在文化、种族和宗教上与过去大不相同。

对许多人来说，移民美国提供了很多机会。但这段旅程并不容易，特别是对那些继续冒着生命危险非法入境的移民来说。在2019年的一个月里，有14.4万人在试图穿越边境时被拘留。数以百计的人从大瀑布中被救起，而其他许多人就没那么幸运了。[12] 2019 年 6 月，一张移民父亲和小女孩死在海滩上的照片登上头条新闻，足以令世人震惊。奥斯卡·拉米雷斯和他的家人从萨尔瓦多来到美国，希望在美国寻求庇护；他和孩子已经偷渡上岸，但当他回去接妻子时，小女儿跟在后面，两人被水流冲走了。[13] 这样的悲剧并不新鲜。数据显示，仅在 1993 年至 1997 年间，就有大约 1 600 名移民在试图穿越墨西哥边境时死亡。[14]

加利福尼亚州的经历在整个西方世界都能看到，这表明人口转变的扩张性阶段已经成为一种全球现象。一些美国白人曾认为墨西哥人会在他们面前消失，而非洲的英国冒险家则担心面对猖獗的人口增长，原住民可能会消失。正如我们所看到的，查尔斯·达尔文认为文明的种族（即欧洲人）最终会完全取代其他种族。[15] 从今天加州学校的数据中，我们可以看到这种情绪的狂妄。

人口变化为这种改变创造了基本条件，因为人口在南半球国家膨胀，而在发达世界下降。南半球国家迅速增长的人口被北方国家蓬勃发展的经济吸引。人们在一贫如洗的时候往往是原地不动的，只有在出现繁荣的苗头之后，他们才会考虑搬家。而现在，只要一部手机的价格，每个人都能被发达世界诱人的物质繁荣所吸引。这种人口和经济的结合吸引了移民并改变了人口结构，正在美国各地发生，甚至在欧洲也发生了。

欧洲的转向

2015 年夏天，土耳其海滩上出现了一具小男孩的尸体，照片在欧洲引起了轩然大波。就在四年后，随着奥斯卡·拉米雷斯和他的女儿在格兰德河身亡，个体的悲剧代表了一个更大的人类灾难。

艾伦·库尔迪来自叙利亚北部城镇科巴尼，这座城镇在伊斯兰和库尔德的武装战斗中饱受蹂躏。逃到土耳其后，他的家人试图前往希腊，但他们几乎没有越过土耳其海岸。艾伦的船是 9 月 2 日在博德鲁姆半岛倾覆的两艘船之一，12 人溺水，其中包括 5 名妇女和儿童。[16] 就像奥斯卡·拉米雷斯和他的女儿一样，3 岁的艾伦成为成千上万试图逃亡到发达国家并最终在这个过程中死去的人的代表。欧洲人和美国人一样，一方面要控制移民和种族变迁，另一方面又要在需要的时候提供安全的庇护，这是一项痛苦的挑战。

政策开放的话，即使在政治上可行，也会鼓励更多的雄心勃勃或绝望的人进行危险的旅行，并不可避免地导致更多的死亡。非政府组织有时会迫使欧洲当局帮助溺水的妇女和儿童，但求助的呼声往往被忽视。2021 年 8 月，数十名可能成为移民的人在前往加那利群岛时在非洲海岸溺亡，这样的故事如此普遍，以至于只会成为简短的新闻。[17] 即使像这样的故事被广泛报道，移民们仍然不断地涌来——他们在国内悲惨的前景与他们在欧洲看到的机遇形成了巨大的对比，以至于他们准备好了无视旅途中的任何危险和恐惧。

2015 年，在欧洲寻求庇护的移民人数超过 130 万，是前一年的两倍以上。[18] 许多像艾伦·库尔迪这样的人来自叙利亚，逃离持续了近五年的内战。还有一些人来自阿富汗等地，逃离长期冲突，到欧洲寻求经济机会。自 2015 年以来，这股浪潮已经消退，部分原因是边境管制的收紧。但对于欧洲南部和东南部的广大年轻人口来说，欧洲的繁荣仍像一块磁铁一样吸引着他们。塔利班最近接管阿富汗可能会引发另一波这样的浪潮。2021 年夏秋两季，大批抵达英国海岸的移民再次登上新闻头条，当时移民和寻求庇护者冒着生命危险，试图从一个安全的国家前往另一个他们更喜欢的国家，途中往往会失去生命。

西欧的种族构成已经被两大移民来源改变：第一，长期以来来自非洲、亚洲和英属加勒比地区的移民；第二，来自那些加入欧盟的国家的移民，这些人有资格自由入境。2018 年，英国约 6%的居民出生在欧盟的其他地区，这一比例很高，但低于出生在欧洲以外地区的 9%。[19]

这两种人口流动的结果使西欧的人口，特别是大城市的人口发生了显著的变化。20 世纪 60 年代中期，我出生在伦敦，那里绝大多数人的祖先都曾在不列颠群岛居住了好几代。作为一个移民家庭的孩子，我与众不同；如果是在几十年前，在"狂风"一代和南亚早期大规模移民到来之前，我的表现会更加突出。

到 2011 年，超过 1/3 的伦敦人是外籍人。2017 年，近 30%在英国出生的婴儿的母亲出生于外国，这一数据在伦敦升至近

60%。在我出生的伦敦布伦特区，这个数据超过了 3/4。[20] 巴黎、布鲁塞尔和柏林的数据也差不多。20 世纪 60 年代，布伦特区绝大多数是白人，但到 2001 年，该区居民中只有不到一半是白人，到 2011 年，白人仅占总人口的三分之一。[21] 我毫不怀疑 2021 年的人口普查将进一步下降。

这种变化可能导致包括卫生服务在内的保障问题。在柏林一家名为夏洛特的医院，许多产妇都不是德裔，这使交流变得困难。产科主任沃尔夫冈·亨利克医生对此表示担忧："今年的翻译费用高达数十万欧元，就因为一些外国女性前来就诊。我说的不仅仅是叙利亚妇女，还有那些来自伊拉克、伊朗、阿富汗或其他非洲国家的妇女。在这种情况下，我们需要在短时间内提供翻译。为这些服务筹措资金是一个尚未解决的问题。"[22] 学校和法院也面临着类似的挑战。多语言社会的问题过去曾困扰奥匈帝国和苏联的军队，现在需要由现代福利国家解决。

跨大陆迁徙曾经是一种罕见的现象——路途遥远，成本高昂，而交通工具又过于原始。在 19 世纪，当欧洲人因国内人口激增和其他地方的机遇而大批离开欧洲大陆时，新的交通方式使其成为可能。现在，随着欧洲人口的萎缩，全球移民的进程已经急剧逆转。欧洲不是在大量培养人才，而是在把他们引进来。

我们可能只是目睹了这一进程的开始。正如我们所看到的，非洲的人口正在迅速增长，因此人们想要移居欧洲的压力只会加剧。以埃及为例，1950 年埃及人口还不到德国人口的三分之一，如今埃及人口已超过 1 亿，超过德国人口。它高度依赖外国的财政支持和援助；如果这一切被打乱，寻求进入欧洲的难民潮将使我们迄今所见的一切都相形见绌。这在很大程度上取决于各国的移民政策，但一位专家估计，在 20 世纪 90 年代初占英国人口 90% 以上的白种英国人，到 21 世纪中叶将占到 60% 左右。[23]

在英吉利海峡的另一边，情况大致相同。虽然法国没有关于宗教信仰的官方普查数据，但确实存在的调查表明法国人口中大约 9% 是穆斯林。只有非常少的一部分人是当地穆斯林，绝大多数是来自北非的移民或他们的后代。[24] 来自摩洛哥、阿尔及利亚和突尼斯的熟悉法语和文化、生活在高出生率和经济表现不理想国家的人被吸引到法国，就像来自大英帝国的旧有地区的人被吸引到英国一样。

就在 60 年前，法国还没有大量的北非人口，但有超过 100 万的"移居者"，这些欧洲血统的人居住在阿尔及利亚，他们要么在阿尔及利亚独立后被疏散，要么在阿尔及利亚独立后不久就离开了。这一转变是在阿尔及利亚本土人口几十年增长之后发生的，这种增长从根本上改变了两国之间的人口平衡，决定了法属阿尔及利亚的命运，并为从北非大规模移民到法国指明了方向。法国政治家夏尔·戴高乐对此并不满意，他提出法国只接纳非欧洲人的少数民族，但条件是他们仍是少数民族，以免他的家乡科隆贝 "Colombey-les-deux-Eglises" 变成 "Colombey-les-deux-Mosquées"。[25]

根据上文提到的法国宗教和人口构成调查，到 2050 年，穆斯林人口比例将达到 13%。非洲也会有很多非穆斯林，这与欧洲其他地方的情况类似。巴黎、伦敦、鹿特丹、法兰克福、布鲁塞尔和马赛已经是大量欧洲以外移民或这些移民后代的家园。明天的欧洲人和明天的美国人一样，将是完全不同的人。

移民与生育：什么因素推动了种族变迁

在一个地区，不同的生育率或大规模移民可以推动种族的迅速变化，但不同的死亡率也可以改变种族平衡。这可能是种族灭绝造成的，当移民人口比当地人年轻时也会出现这种情况。无论移民群体的出生率是否高得不成比例，其年龄结构都可能使他们的死亡率低得不成比例。例如，20 世纪中叶塞尔维亚人在科索沃和波斯尼亚的人口比例下降，部分原因是他们从居住地迁移，以及科索沃人和波斯尼亚人比他们的塞尔维亚邻居有更多的孩子。

就美国而言，20 世纪 70 年代初以来的种族变迁更多的是移民的结果，而不是由于生育率差异。的确，墨西哥有一段时间的生育率比美国高得多，这是移民的一个主要原因，但当移民群体搬到生育率低的地方时，他们的生育率往往会迅速与新居住地的生育率趋同。正如我们在第四章中所看到的，美国拉美裔人口的生育率迅速与白人趋同。事实上，拉美裔人口出生率的下降是最近美国人口出生率下降的一个关键因素。

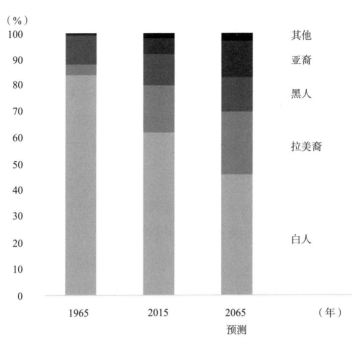

图 8-1 1965 年、2015 年和 2065 年按种族划分的美国人口

资料来源：Pew Center. Note, 'Asian' and 'Other' each below 1% in 1965

在过去，欧洲人迁徙到最遥远的大陆，改变了他们的人口结构。现在情况正好相反，欧洲和北美的富裕国家吸引了来自非洲、亚洲和拉丁美洲的移民。

第一次世界大战前，随着欧洲的大量移民以及随后的严格控制措施的引入，美国在 20 世纪 60 年代改变移民政策时，白人非常多。从那时起，拉美移民大量涌入。到 2065 年，白人占人口的比例将在一个世纪内减少近一半，白人将成为少数。

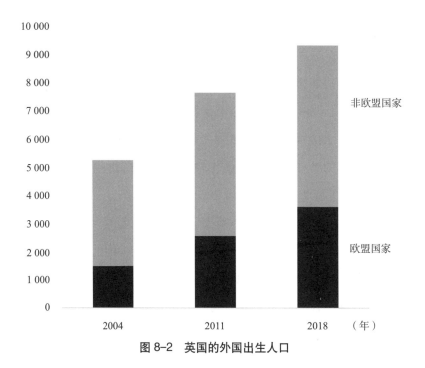

图 8-2 英国的外国出生人口

资料来源：牛津大学智库"移民观察"

由于对劳动力的巨大需求和长期的低生育率，英国一直吸引着来自欧盟内部和外部的移民。在 2004 年至 2018 年间，居住在英国的外国出生人口几乎翻了一番。

生育率趋同的直接原因是年轻一代采用了当地的生活方式。在墨西哥，生育模式也在向本国转移。如果墨西哥和其他中美洲国家的出生率直线下降，那么那些冒险北上生活在美国的人如果没有受到同样的现代化力量的影响，那将是令人惊讶的。

母亲和祖母们似乎在建议年轻一代做相反的事情，而不是敦促他们生育。据移民到美国的墨西哥人的女儿尤瑟琳·温塞思介绍，当时的心态是"不要像我们一样，不要早婚，不要早育。不要做那种年轻妈妈。我们做出这些牺牲是为了让你们能够接受教育并开始一份事业"。她是南卡罗来纳州的一名学生，她告诉《纽约时报》的记者，她在 35 岁之前不打算要孩子。[26]考虑到拉美裔生育率的整体下降，其他年轻女性似乎也得到了类似的建议，并采取了行动。

我的女儿就读于伦敦的一所女子学校，那里的大多数学生要么是移民，要么是移民的孩子，主要来自南亚。他们的理想是上大学，找份工作，而不是早婚和生一堆孩子。在这方面，他们不仅符合英国的社会规范，而且符合我们已经在南亚观察到的趋势。如果北美和西欧的种族变迁继续下去，移民及其子女的不同生育行为将很难解释这一变化。

数据支持这种假设。自 20 世纪 80 年代末以来，印度人在英国的生育率一直低于英国白人，这并不令人惊讶。孟加拉国和巴基斯坦血统的人曾经有较高的生育率，但在 20 世纪 90 年代明显趋同。[27]这些社区中有许多人相对年轻，因此他们的出生率高于全国平均水平，死亡率低于全国平均水平；即使没有更多的移民，人口增长势头也意味着他们的数量将在一段时间内继续增长。但如果没有更多的移民，这一效应只会给英国的种族构成带来进一步温和的变化。

我们已经注意到，美国偏远农村地区的生育率高于城市地区。曾经有一段时间，一些移民来到美国，例如来自斯堪的纳维亚半岛的农村人口，被吸引到这片土地上，但发达国家的移民长期以来绝大多数选择在城镇定居。来到城市后，无论他们来自城市还是农村，他们的行为总是开始像城里人一样。可以设想，在欧洲和北美，多数本地人口不成比例地居住在农村地区，其生育率可能高于城市移民社区的生育率；我们已经在美国看到了这一点，美国白人的生育率不再明显低于少数移民的生育率。例如，犹他州农村的摩门教徒比纽约市的拉美裔有更多的孩子。但是，发达世界农村和城市地区的生育率差别一般不大，不太可能导致任何实质的种族改变。

逆转、抗拒和重新定义

如果说人口学的历史教会了我们什么的话，那就是没有什么是完全不可避免的。在发生之前，人口学上的事件通常看起来极不可能发生，但一旦发生，它们就被视为不可避免的。在种族变迁方面也是如此，北美和欧洲的未来还远未确定。各种力量将决定结果，而个人和政治家做出的选择将发挥作用。在人口学中，自由意志而非决定论占据主导地位，即使这是数百万人的自由意志。

目前，经济和出生率、年龄结构的差异可能会鼓励更多的移民，但随着经济和人口的融合，这些趋势可能会减弱。例如，东欧正在变得更加富有和古老。在 2005 年到 2045 年之间，20 岁出头的波兰人数量（移民的高峰期）将减少近一半，从而减少潜在移民的数量。波兰水管工在英国无处不在的日子可能要结束了；随着进入劳动力市场的年轻人越来越少，波兰劳动力将会供不应求。

20 世纪 70 年代初，拉美裔移民美国的人数激增，墨西哥妇女每人生育近 7 个孩子，而美国妇女仅生 2 个多一点。如今，随着美国的生育率进一步下降，墨西哥的生育率也大幅下降到类似水平。这种迅速缩小的差异解释了为什么美洲的墨西哥移民潮即将结束，即使来自拉丁美洲其他地方的移民压力仍然存在。与此同时，正如我们已经看到的，移民人口的生育率通常会下降，与他们居住地区的人口生育率趋同。在某种程度上，由于移民主要生活在城市地区，他们的生育率可能低于全国整体水平。

在 20 世纪早期的美国，欧洲人似乎源源不断地到来，但事实证明并非如此。同样，如果目前大量移民正从这些国家迁往北美和西欧正经历人口萎缩和经济繁荣的国家，这种模式将重演。

无论长期因素如何，短期因素已经在降低移民水平。无论他们是原住民还是新移民，人们通常都不愿意接受移民和种族变迁。2019 年的一项调查显示，约 44% 的英国人口支持减少移民。[28] 几年前，大约在 2015 年欧洲难民危机期间，一项调查发现，超过 3/4 的英国人对移民持负面态度。[29]

这种态度可以存在多年，但对支持移民的政治共识几乎没有影响，到 2015 年，就连工党也呼吁对移民实施更多限制，并攻击保守党政府未能实施更严格的控制。[30] 在很大程度上，次年英国投票退出欧盟是对移民持负面态度的结果。[31] 多年来，英国政府一直承诺将每年净移民人数控制在 10 万以下，但从未实现这一目标。[32] 2018 年，入境人数比出境人数多出 25 万人，总入境人数超过 60 万人[33]，这远远超过了从诺曼征服到第二次世界大战之间的 9 个世纪移民到英国的人口。2019 年的数据与此类似。[34]

在大西洋的另一边，唐纳德·特朗普在 2016 年总统选举中最令人难忘的承诺是"在墨西哥边境建设隔离墙"。典型的特朗普选民似乎更关心移民和不断变化的美国人口结构，而不是经济不平等或金融体系的失败。但是，正如反移民情绪强烈的英国一样，遏制移民的政策也不仅仅是右翼政客的专利。1996 年通过的《非法移民改革和移民责任法案》使得驱逐非法移民在美国相对普遍，当时比尔·克林顿担任总统。

英语圈之外也是如此。在 2017 年的法国总统选举中，国民阵线的口号是"这是我们的家"，旨在向那些因被他们认为是异族文化的人的存在而感到不堪重负的部分法国人喊话。随着一个国家非原住民人口的增加，选民对极右翼的支持也在增加。2017 年，玛丽娜·勒庞在法国总统选举第 2 轮投票中获得的选票是 15 年前她父亲的 2 倍。[35] 在 2017 年的选举中，极左翼的主要候选人也强烈反对民众的自由流动。

2018 年至 2019 年意大利的民粹主义政府之所以能在选举中获胜，不仅是因为经济不景气，还因为担心来自地中海的移民。奥地利极右势力的增长也受到移民担忧的刺激，他们最近也参与了政府活动。在德国，右翼民粹主义政党新选择党的崛起迫使安格拉·默克尔领导的中右翼政府在移民问题上采取更不宽容的立场，2015 年的难民潮没有再次出现。

然而我们应该当心不要把这些反移民的民粹主义政党的崛起与 20 世纪二三十年代欧洲的法西斯主义联系得过于紧密。关键的区别再一次体现在人口学上。新的极右翼政党从年龄中位数 40 岁而不是 20 岁的社会中获益。意大利和奥地利的右派虽然保守，抵制迅速的种族变迁，但并没有形成街头帮派。事实上，这些民粹主义运动的一个显著特点就是没有暴力。即使欧洲民主在右翼民粹主义面前萎缩，也不会像两次世界大战期间那样被暴力扼杀。欧洲人可能太老了，不能上街游行，也不能支持那些有意在国外发动军事冒险的运动。

移民和随之而来的种族变迁远非必然，而是政府做出的选择，最终是对公众舆论的回应。虽然一个国家可能会发现控制边境是一项挑战，但这并不是一个无法克服的挑战。以新加坡为例，这是一个被印度尼西亚和马来西亚包围的繁荣岛屿，而印度尼西亚和马来西亚远没有新加坡富裕。尽管印度尼西亚和马来西亚都在经济上取得进步，但他们有数亿人，如果他们能够移民到新加坡，他们的生活将会大大改善。新加坡人口不足 600 万，可能会完全不堪重负，但它决心在边境巡逻。澳大利亚对那些试图从海上进入该国的人同样强硬，将那些被抓的人关在南太平洋的营地里。东南欧国家已经竖起了篱笆，阻止土耳其难民的涌入。

随着发展中国家生育率的下降和经济的增长，他们正在取得进步，这可能是阻止种族变迁的一种方式。首先，经济发展使向繁荣国家移民成为其他地方的人向往的目标，但国内创造的机会可能会说服许多人留在国内。战争是人们离开自己国家的原因之一，而且越来越少。此外，少数民族倾向于定居在城市，因此也倾向于低生育率；农村居民至少有提高出生率的潜力，但差别可能很小，而且农村人口通常只占总人口的一小部分。

　　另一个可能限制甚至逆转种族变迁的因素更为微妙。身份的转变可以被看作是一种后现代人们之间模糊的界限，这种界限被认为是绝对的，但实际上比人们通常的想法更加武断。这听起来可能有点神秘，所以我来举个例子。1983年，当斯里兰卡长期的种族紧张关系爆发为全面内战时，世界开始注意到占多数的僧伽罗人和泰米尔少数民族之间的冲突。然而，任何仔细观察的人很快就会意识到情况要复杂得多。僧伽罗人是高地康提人和低地沿海人的混合，他们有着不同的传统。直到最近，他们在人口普查中还被单独统计。与此同时，泰米尔人既包括长期定居在该岛北部的斯里兰卡泰米尔人，也包括殖民时期采茶移民的后裔印度泰米尔人。许多僧伽罗人和泰米尔人不是佛教徒或印度教教徒，而是基督教徒。还有穆斯林，他们主要说泰米尔语，但不属于任何组织。[36]

　　这些复杂、多变、可塑性强的斯里兰卡身份是建立在神话之上的，而这些神话在历史上往往是不准确的。例如，人们普遍认为僧伽罗人是北印度人的后裔，但一位著名的僧伽罗民族志学者认为，一小部分僧伽罗人为核心吸引了长期流入的南印度人，他们采用了后者的语言和宗教；事实上，大多数自认为是僧伽罗人的人在基因上与泰米尔人没有什么区别。他说："从生物学上讲，我们都是泰米尔人。"[37]

在这方面，斯里兰卡并没有什么特别之处，身份通常没有人们认为的那么简单。以爱尔兰为例。那里的许多人都有一种被英国人压迫的感觉。但从英格兰移民到爱尔兰的人在某些情况下是诺曼人而不是英国人，他们经常在不同的浪潮中与当地人融合，所以今天的爱尔兰人更有可能是这些人的后裔，而不是英格兰人的后裔。在阿尔斯特，17世纪爱尔兰西部的长老会教徒（通常来自苏格兰）倾向于同化并皈依天主教，而在移民人口密集的东部，当地的天主教徒往往成为新教徒。这就解释了为什么一些民族主义领导人起了亚当斯或威尔逊这样的名字，而一些极端恐怖分子起了墨菲这样的名字。

相反，当爱尔兰共和军（其中许多人无疑是移居爱尔兰的英格兰和苏格兰移民的后代）在英国大陆上对人们进行轰炸时，英国有一位名叫卡拉汉的首相和一位名叫希利的财政大臣，他们都不认为自己是爱尔兰人。卡拉汉的继任者玛格丽特·撒切尔强烈支持联合，她也认为自己有一部分爱尔兰血统[38]，而祖先包括北爱尔兰新教徒的托尼·布莱尔则改信天主教。我们可以看到，不列颠群岛人民之间的身份问题就像他们在斯里兰卡一样复杂。

在大西洋的另一边，同样的现象也存在。我们已经观察到在2016年的美国总统选举中，调动共和党选票的主要问题之一是唐纳德·特朗普的"建墙"承诺。但对拉美裔的怨恨并没有阻止他的竞争对手克鲁兹和卢比奥成为共和党总统候选人。拉美裔身份随着时间和异族通婚逐渐消失[39]，如今，每两个拉美裔天主教徒中就有一个是新教徒，还有一个是无宗教信仰的人，而且非天主教徒的比例还在上升。[40] 此外，无论宗教信仰如何，随着移民的到来，西班牙人的身份认同逐渐减弱，异族通婚越来越普遍。[41]

尽管北美和欧洲的种族未来无疑不再像过去那样欧洲化，但许多从更远的地方来到这里的人很可能会完全融入他们的新家园。这些身份的性质无疑会随着时间的推移而改变。13 世纪的英国人与 10 世纪的盎格鲁-撒克逊人不同。随着异族通婚诞生越来越多的混血儿，很有可能没有多少英国血统的人也开始认同英国或其组成的国家，同样的事情还会在其他西方国家发生。美国一直是创造更多美国人的强大机器；欧洲国家虽然不像美国那样认为自己是移民国家，但也可能取得同样的成功。这在很大程度上取决于移民的速度和融合的速度。

从 21 世纪 20 年代初的伦敦、巴黎或纽约的角度来看，种族融合社会的崛起似乎是一个自然的过程，但这种观点在历史上是不准确的。在历史上，当英国和法国的民族同质化时，中东地区的城市，如阿尔及尔、巴格达和亚历山大，则是各种宗教和民族的混合体。今天，与之形成鲜明对比的是，这些地区追求严格的同质化甚至是种族隔离。没有通向多民族未来的单行道，看到这样的单行道只是一种错觉，反照了历史和地理上的狭窄参照系。

第九章

教育

71：孟加拉国女性每百人识字率[1]

到目前为止，本书关注的都是人口数量问题：世界上有多少人，他们有多少孩子，他们的平均年龄以及他们能活多少岁。当然，所有这些都很重要，但现在是时候讨论质量问题了。因为人类正经历着最不寻常的转变，这种质的提升使任何技术进步都相形见绌。没有它，我们所看到的死亡率下降、预期寿命上升和生育率下降的巨大数据变化就不可能发生。[2]

简单地说，人类已经从文盲变成了受教育的人，教育从少数人的福利变成了数十亿人的权利。从人类几万年的历史来看，这一切都是一眨眼的事。在 1800 年，全世界将近有 90% 的人是文盲。今天，我们的识字率正迅速接近 90%。[3]

孟加拉国的教育奇迹

1947 年印度独立前夕，穆斯林领导层主张建立独立的伊斯兰教国家。他们得到了一片被划分的领土，包括现在的西巴基斯坦和东孟加拉地区，两地相距数千公里。几十年来，这两个分离的地区同属于一个国家，但是在地理和文化上存在差异。当东部的孟加拉人再也无法忍受旁遮普人和西巴基斯坦人的统治时，他们开始反抗，而西巴基斯坦人则以种族灭绝作为回应。大约 300 万孟加拉人被杀害[4]，印度教少数族裔也成为巴基斯坦军队的特别目标。邻国印度涌入大量难民。1971 年 3 月，东巴基斯坦从西巴基斯坦分离出来，成为独立的孟加拉国。

这个新国家是在不利的环境中诞生的。平坦而肥沃的恒河三角洲提供了优良的农业用地，但该国的人口在过去 25 年里增长了约 80%，达到其生产能力的极限。该国极其贫困，绝大多数人仅拥有基本生活条件。正如埃塞俄比亚在 20 世纪 80 年代是苦难的典型代表一样，孟加拉国在 20 世纪 80 年代也扮演了这一角色，当时它遭受了一系列飓风和洪水的袭击。该国大部分地区地势低洼，因此容易发生此类事件，而人口增长将越来越多的人推向边缘地区，使他们在灾难发生时变得脆弱。作为国际救灾的主要受援国，孟加拉国被认为是一个典型的"毫无希望的国家"，据称美国国家安全顾问亨利·基辛格曾用过这个词。[5]

虽然孟加拉国仍然是一个贫困的国家，大多数人的生活都很艰难，但人口统计数据清楚地表明，它正在走向一个大不相同的未来。自 20 世纪 70 年代初独立以来，预期寿命已从 40 多岁延长到 70 多岁，而婴儿死亡率已降至 70 年代初水平的 1/6 左右。生育率从每名女性生育 7 个孩子下降到 2 个，使人口稳定成为现实，而这一切都是由语言运动推动的。正如我们已经看到的，当基础教育得以普及，人们会更有能力照顾自己和孩子，他们寿命更长，开始组建规模更小的家庭。孟加拉人将命运掌握在自己手中，他们通过自我教育来实现这一目标。

孟加拉国识字率的提高标志着基础教育的进程。当地几乎 3/4 的人会读写，男性的读写能力高于女性。在 24 岁以下的人群中，识字率远远超过 90%，女性的识字率高于男性。就像加拿大和日本一样，孟加拉国很快就会开始扫盲。教育也许不是万能的，但没有它，社会进步有限，而大众扫盲是第一步。

与其他数据一样，孟加拉国识字率的变化需要放在历史的背景下考虑。当孟加拉国成为独立国家时，其识字率不超过 25%。[6] 在女性中，这一比例仅为 1/6，还不到男性的一半。但是到了 21 世纪的第二个十年，这个国家的识字率的性别差距几乎已经缩小，在年轻人中识字率接近普遍水平。[7]

扫盲可以通过小学教育实现，但下一个挑战是让孟加拉国更多的男孩和女孩进入中学，并在经济压力和社会力量向另一个方向推动的时候留住他们。尽管如此，该区域在中学及以上的水平入学上取得了惊人的进展。截至 2014 年的 20 年里，整个南亚的高等教育入学率从 5% 上升到 20%。[8]

留在学校的孟加拉国女孩的经历具有变革意义。有抱负的律师萨尔玛坚持说:"我的教育……将使我成为一个完整的人。我所受的教育将有助于这个社会的发展。"安迦娜对自我发展表达了类似的看法:"一想到不去上学,我就会很难过,因为那样我就不能过好生活。学习和自我发展很重要。"和萨尔玛一样,希望学医的鲁帕也想为社会做贡献,她说:"我想成为一名医生,与穷人和那些得不到帮助的人站在一起。"[9]

这些观点代表了我们所知道的帮助人类摆脱贫困和无知的最强大力量。很难想象文盲妇女被限制在农村,做着抚养孩子和农业劳动的苦差事,会有如此高的抱负。正如孟加拉国政府的一位顾问所说:"女性比她们的母亲受到更好的教育,更安全且更繁荣。今天,妇女不仅作为妻子和伴侣,而且作为农民、议员和企业家被接受和重视。整个国家都从中受益。"[10]

开拓者:教育如何改变东亚

在优先重视教育方面,孟加拉国当局是在跟随东亚的脚步。到孟加拉国独立时,韩国、中国台湾和新加坡正处于高速发展的道路上,教育是其核心。

20 世纪 40 年代末,韩国是世界上最贫困的国家之一,那是在 20 世纪 50 年代初被战争摧毁之前。然而,到 1988 年的 20 年里,它实现了 12 年内两位数的经济增长[11],到了 20 世纪末,它已成为世界上最具活力和最成功的经济体之一。所有这一切都不是通过开发自然资源实现的，而是通过对其人口进行普及教育实现的。包括普及免费教育、提高教师工资（近 1/3 的教师拥有硕士学位）等。结果，大学的入学率从 20 世纪 80 年代中期的 30% 上升到今天的 95% 以上。[12] 根据经济合作与发展组织国际学生评估项目的排名，韩国在阅读、科学和数学方面名列世界前十位，而美国和英国都没有这么靠前。[13] 韩国的成功体现在经济和人口数据上，无论是世界第十大经济体的地位，还是婴儿死亡率惊人下降以及预期寿命显著延长。[14]

一些人质疑教育是否真的是经济转型的引擎，认为它可能是繁荣的结果，而不是原因。答案当然是发展和教育齐头并进。很难想象像韩国这样一个繁荣的现代社会，充满了从事复杂工作的高生产力人士，而不是受过教育的人。也许 19 世纪的英国能够在大部分人没有受过教育的情况下推进工业化，但在现在这个高薪工作对智力要求高得多的时代，这几乎不可能。值得注意的是，英国人的生活水平在 19 世纪 80 年代，也就是小学义务教育实施后的十年，才明确开始提高。

从数据可以看出，受教育程度和经济成就之间有很强的关联性。例如，美国的一项研究表明，拥有高等学历的人收入是高中文凭以下的人的 5 倍多，财富是他们的 18 倍多。[15] 如果教育只是让人们获得顶层工作，而不是增加这类工作的数量，那么就无法解释整个社会是如何成功地从贫困走向繁荣的，就像我们在韩国看到的那样。

教育可能是经济发展的必要条件，但它不是唯一的条件。毕竟，即使有受过教育的人口，经济水平也有可能达不到要求。在北非和中东的许多国家，大学毕业生发现自己找不到工作。这些学位的质量通常很差。例如，到目前为止，人口最多的阿拉伯国家埃及的大学质量在137个国家中排名第130位。[16] 许多有足够技能的人试图离开。

如果一个国家不能融入全球经济，不能为受过良好教育的人提供高薪工作，教育投资就会萎缩，因为无论是个人还是国家都没有动力取得进一步的发展。在埃及，大学毕业生的失业率高于非大学毕业生，因为劳动力市场无法满足从不合格大学毕业的学生的期望。[17] 创造毫无价值的学位和不切实际的期望是造成不稳定的最大力量之一，特别是在青年占人口很大比例的国家。毕业生受挫感明显，他们中近一半人失业[18]，是2011年埃及起义的主要原因。邻近的黎巴嫩情况也类似：每年有3.5万名毕业生，但其中只有5 000人能找到工作。[19] 至少从1848年开始，西方国家的革命运动就被归因于受教育人口过多，与他们的经济需求和机会相对。[20] 尽管孟加拉国在低教育水平方面取得的进步明显帮助了经济的快速增长，但它在聘用高校毕业生方面也遇到了困难。[21]

妇女、教育与发展

性别平等仍有很长的路要走，但教育取得的进展最为显著。

在许多国家，大学里的女性人数高于男性，有时比男性多得多。冰岛每 7 名女性中就有 4 人上大学，而科威特接受高等教育的女性人数是男性的两倍多。[22] 冰岛这样的国家中女性得到充分解放，从工作场所和政治活动中可以看出。然而，像科威特这样的国家可能会产生受挫情绪，因为越来越多受过良好教育的妇女发现自己在商业和公共生活中的机会有限。按照目前的轨迹，女性的平等将不可避免地从教育过渡到公共生活。孟加拉国建立以来，有一半以上的时间都由一位女性总理治理。

无论女性在商界和政界的地位有多高，事实证明，女性识字率提高已经给较贫困的国家带来了变革。女性教育是降低生育率的最有效途径之一。受过教育的妇女更有可能照顾好自己和孩子，从而降低死亡率，尤其是婴儿死亡率。她们也很可能会确保孩子至少和她们一样受到良好的教育，这将创造一个良性的代际循环。通过教育提高地位的愿望，是生育率和死亡率下降的最有力的力量之一。当然，教育本身也是目的，它是通向更强大的能动性和更令人满意的生活的途径。

把重点放在妇女身上是使国家摆脱贫困的有效途径，这已成为国际发展中的主流观念。正如世界银行前首席经济学家拉里·萨默斯所说，"对女童教育的投资很可能是发展中国家现有的回报最高的投资"。这类投资不仅能带来直接的经济回报，还能给家庭带来红利，既能给下一代带来福利，也能减少下一代的数量。此外，在许多地方，妇女在教育上仍处于不利地位。由于她们通常是贫困社会中最边缘化的群体，但同时又承担了大部分的工作，又因为她们要对下一代负责，所以对她们的教育投资会得到最大的回报。[23] 在非洲，妇女估计拥有 30% 的土地，但生产 70% 的粮食。[24]

除教育本身的好处之外，教育还能带来经济回报。受过教育的人更有生产力，更有能力进入创造更高价值的职业，更有可能参与正规经济。教育使贫穷的农民能够采用新的农业技术来提高产量，或者在工厂找到一份工作。它既提供了获取信息的途径，又允许更有效地利用这些信息，同时也提高了人们采用新技术的能力。教育和农业生产率之间似乎存在全球相关性，一项研究表明，多受一年教育，产出将增加 3% 以上。[25]

教育能提高农民的生产力，让农民掌握操作机器或在工厂工作所需的基本文化水平。这是 20 世纪 80 年代以后中国经济崛起的主要动力。

所有发达国家的经济都依赖于女性身兼各职的能力和职权。没有妇女，我们的医院、董事会和议会就无法运作，但如果没有扩大教育机会，这一切都不可能实现。

教育和民主

如果说教育的经济效益是生产力和发展，那么教育的政治效益则是民主制度。然而，这种说法可能会受到质疑。印度作为一个民主国家存在了几十年，其间大多数人是文盲。现在情况已经改变了，当然，自 1947 年独立以来，识字率从不到 1/5 上升到超过 1/4。[26] 但即便是在大众文盲的年代，印度的民主制度还是幸存了下来。

另一方面，在受过良好教育的国家里，有一些实行的是不同于西方意义上的民主。苏联和东欧社会主义国家有一些受过最好教育的人。中国在没有采用西方政治体制的情况下，在教育方面取得了巨大的进步，这表明即使没有西方民主制度，也可以实现高水平的教育。

然而，长期以来有一种观点认为，无论这种因果关系以何种方式起作用，教育和民主都是联系在一起的。19 世纪，当英国扩大投票权时，上层阶级意识到权力正在向大众转移，他们渴望能够负责任地行使权力。在 1867 年城市男性工人获得选举权后仅仅三年，小学义务教育就在"我们必须教育我们的主人"的口号下开始实施，这并非巧合。

统计数据的研究调查证明，民主和教育之间似乎确实有联系，尽管考虑到这些术语多么有争议，没有明确的证据也就不足为奇了。[27] 这似乎是一个晦涩的学术论点，但事实并非如此。问题在于，现代、繁荣和受过教育的社会是否需要具有民主特征，或者国家能否与那些有能力参与全球经济但接受被排除在政治决策之外的人共存。对于人类的政治前途来说，没有什么比这更重要了。

对教育的不满

教育显然是一件好事,既扩大了个人的视野,又作为经济发展和人口进步的工具。更好的教育和更长的预期寿命之间的联系在发展中国家是成立的,在那里识字的人能够更好地照顾自己和他们的家庭。在发达国家也是如此,没有本科学位的人死亡率明显更高。[28] 这些情况甚至创造了有利于民主的条件。

这肯定比一个人口众多但贫困、大多数人不参与政治进程的政权更可取。从某种意义上说,教育的进一步发展才是发展。与人均 GDP 和预期寿命一样,它是联合国用来计算人类发展指数的三个指标之一,人类发展指数则是衡量人类福祉的指标。

一些持怀疑态度的人认为,富裕和教育之间存在因果关系,而不是相反,是富人负担得起教育,而不是教育让人们富有。这可能是错误的,但很明显,不是所有的教育都是好的或物有所值的,无论是由国家还是私人市场付费。

即使是优秀的教育,也不能满足市场的需求。我们已经看到,在中东受教育并不一定会提高收入潜力,在中国农村个别地区也能看到相似的例子。少数民族的适龄儿童必须上学,但研究人员发现,一些家长让孩子离开教室去卖蔬菜,称即使是大学毕业生也很难在偏远的山村找到工作。还有一位家长声称:"在最好的情况下,受过教育的孩子最终将在工厂工作。这可能会使他们太懒而不愿干农活。"[29] 这位父亲可能没有做出准确的判断,但如果环境不对,随之而来的机会也不存在,那么无论从个人还是国家的角度来看，教育都是没有价值的。

另一方面，尽管需要做出牺牲，但对教育的渴望推动着许多人前进。美国的前几代移民为了给孩子提供从未享受过的机会而长时间工作。他们认为教育是一种阶梯，虽然他们无法攀登，但要确保后代能够拾级而上。这不是美国独有的现象，也不是移民独有的现象——在世界各地，年轻人为了获得尽可能好的教育而去上学，往往没有鞋穿，还饿着肚子。马拉维的一名学生尼伦达说："我不担心早上没饭吃，因为我相信将来当我成为一名商人时，我会有更多的食物。"[30]

另一种对教育的攻击声称，教育的目的是把人类变成现代工业资本主义的生产单位。科幻小说作家和未来学家阿尔文·托夫勒曾写道，大众教育是一架精巧的机器，能够培养出它所需要的那种成年人……他们严阵以待，缺乏个性。[31] 这种批评伴随着教育从工业社会进入后工业时代。现在，人们抱怨说，在技术进步使他们的工作变得多余之前，人们被剥夺了技能，被训练得像机器人一样工作。[32]

实现和顺应的需要是造成心理压力的原因，不是所有人都能承受，韩国就是一个很好的例子。尽管教育让这个国家达到了以前难以想象的繁荣高度，但这种以成绩为中心的教育体系给这个国家的年轻人带来了很大的焦虑，因为他们正努力通过竞争激烈的入学考试进入精英大学。超过86%的学生表示他们感到有压力，近75%的学生承认如果他们休息一下会感到内疚，而学生学习到晚上11点是常见现象。"我观察我的其他朋友在做什么。然后我感到内疚，所以我觉得需要再多学一些。"[33] 韩国的自杀率在经济合作与发展组织国家中最高，10 岁到 19 岁的青少年自杀率也居世界首位。[34]

在许多发展中国家，西式教育是由殖民当局引入的，因此一些人谴责西式教育是欧洲白人的发明，取代了本土教育模式。但许多发展中国家的领导人更为务实，认为教育是摆脱对西方依赖的最可靠途径。[35] 现代学习如何与当地文化和传统相结合，这取决于每个国家。在这方面，日本堪称典范：它非常成功地采纳了西方科学和教育，并保留了自己的古老传统和特色。随着世界上越来越多的人受教育程度越来越高，我们有充分的理由相信知识将不再被视为西方的领地，而将更多地被视为人类共同的事业。

有人断言，在最坏的情况下，教育不仅炮制出没有头脑的机器，还会滋生民族主义，甚至种族灭绝情绪。我们经常会想起两次世界大战期间的德国人是世界上受教育程度最高的民族之一，但他们却支持纳粹，抛弃了自己的民主制度，轻率地投入战争和大屠杀。1994 年的卢旺达种族灭绝常常被归咎于在学校灌输反图西人思想。[36] 如果民族主义成为问题，那么教育在宣传民族主义方面的作用从一开始就很重要[37]，如今，宗教在学校的传播和在家庭传播一样普遍。

然而，这些批评类似于指责汽车制造污染、造成事故、甚至被用来抢劫银行。答案是，虽然教育可能被用于不好的用途，但它通常更多地被用于做好事。如果没有语言和观念的标准化，以及公民的算术和读写能力，现代民族国家和工业经济就不可能出现。正如传统民族国家的发展离不开教育一样，全球化也需要教育，以便人们不仅将自己视为特定国家的公民，还将自己视为世界公民。对于反教育的争论最有效的回击是，如果每个人都保持无知，我们是否会过得更好？

大卫·古德哈特和迪特里奇·沃尔拉特提出了更耐人寻味的批评，他们分别指出，最发达的经济体可能已经达到了教育的顶峰。从经济角度来看，当我们把一半的人口送进大学时，在人力方面的投资回报很低。[38] 最发达国家的毕业生价值已经下降。[39] 古德哈特认为，我们应该考虑在工作中看重和奖励什么，而在沃尔拉特看来，这是近年来经济增长放缓的一种解释。

发达国家应该考虑以上问题，但人类作为一个整体仍然面临着一个矛盾。只要像乍得这样的国家的大多数人，甚至大多数年轻人都是文盲，过度教育仍将是第一世界的问题。[40] 尽管像孟加拉国这样的国家已经取得了惊人的进展，但这些国家还有很长的路要走，而其他国家才刚刚开始。

事实上，虽然我们应该注意到韩国和孟加拉国等国的成功，但令人担忧的是，许多国家未能在教育方面取得进展。我们已经提到了乍得，但它远不是撒哈拉以南非洲地区的唯一国家；尽管识字率正在下降，但该地区在识字率方面的性别差距比世界其他任何地方都要大。[41] 尽管如此，已经取得的进展是显而易见的，3/4 的年轻人识字，而该地区的老年人只有 1/3。尽管总体情况有所改善，但由于人口爆炸的发生，巨大的挑战正变得更加严峻。例如，在西非小国赤道几内亚，尽管文盲人口在总人口中所占比例下降，但文盲人数却在增加，因为人口增长如此之快，自 20 世纪 90 年代中期以来几乎增加了两倍。[42] 当年轻人的数量呈指数级增长时，普及教育是困难的。

大知识工程

普及教育的理念在世界许多地方是如此普遍，以至于我们认为这是理所当然的。然而，这一事件发生的时间很短，历史上也很不寻常，其后果将是巨大的。

当西方大学的学生抱怨课程中均是白人男性先辈的故事时，他们说得有道理。如果有一个 18 世纪或 20 世纪的非洲妇女能与艾萨克·牛顿或阿尔伯特·爱因斯坦相媲美，我们应该了解她。但是，大学物理系的阅读清单上没有这些数字，这并不是一些极右翼人士所声称的男性或欧洲人优越的证据，但这也不是来自大学课程设置者的偏见。

相反，在我们的文化中，白人男性祖先占主导地位，反映了过去有多少人接受过教育和知识，又有多少人没有。牛顿和爱因斯坦是杰出的个体，他们必须努力发展自己的思想，但至少他们能够做到这一点。直到最近，享有这种地位的人只有白人男性。在浩瀚的历史长河中，对于绝大多数人来说，甚至连最基本的教育都是无法获得的。对他们来说，除基本的识字之外，任何东西都是他们根本负担不起的奢侈品。

然而，一个巨大的变化正在发生。就像亚美尼亚总统说的："如果你能在一千人里找到牛顿，在一万人里找到爱因斯坦，想象一下你能在数亿人中多找到多少有才华的人。"[43] 更重要的是，现代通信技术极大地加强了人们在不同领域内和不同领域之间的合作。航空旅行的普及为国际会议提供了便利，至少在新冠肺炎疫情之前是这样。从电子邮件到 Zoom 视频会议，各种共享信息的方法意味着更强大和密集的网络。许多受过教育的人越来越频繁地交流，结果就是知识积累得更快。

两个事例证明了这一观点。我和一位种族研究权威听了一场音乐会后，我建议他写一本关于音乐和民族的书。他抗议说，尽管他热爱音乐，但他缺乏必要的、深入的学术知识。我联系了一位音乐学家，我们都很喜欢他关于埃尔加的研究，结果是我的朋友和这位音乐教授合写了一本书，尽管他们只见过一两次面。在任何更早的时代，他们都会发现交流思想是一项缓慢而费力的活动。这本书让我的朋友在他生命的最后几年里有了目标，也让世界对一个被忽视的话题进行了有趣的研究。[44]

一个更突出的例子是，在我写这本书的过程中，人们正在研发针对新冠病毒的治疗方法和疫苗。在写这篇文章的时候，这个故事还远远没有结束。但是科学家们在破解病毒序列、对抗病毒传播等方面已经取得了进展，如果没有在该领域工作的大量人员以及他们相互沟通和分享结果，就无法取得这一成就。一百年前，剑桥大学的一位科学家可能会独自在实验室里工作，偶尔给德国的一位同事写信，然后等待数周之后的回复。今天，世界各地成千上万的人可以在几秒钟内相互交流，与之相比，科学交流的进展就像蜗牛一样缓慢。与此同时，由于信息和电信技术的发展，许多人无须旅行或见面就可以工作和交流，使新冠肺炎大流行的致命性和破坏性减小。

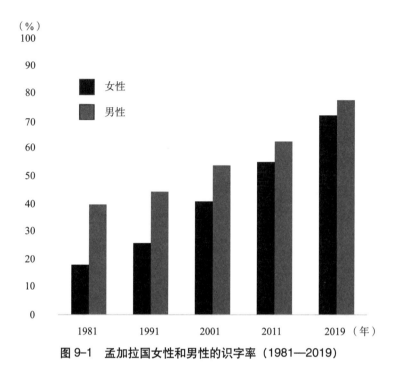

图 9-1 孟加拉国女性和男性的识字率（1981—2019）

资料来源：世界银行

　　自 20 世纪 80 年代初以来，孟加拉国的基础教育已近乎普及。结果是这个国家现在 3/4 的人识字，而 40 年前只有 30%。另一个伟大成就是教育上的性别差距缩小了。1980 年，受过教育的男性是女性的 2 倍，但在此后的几十年里，这一差距一直在缩小。

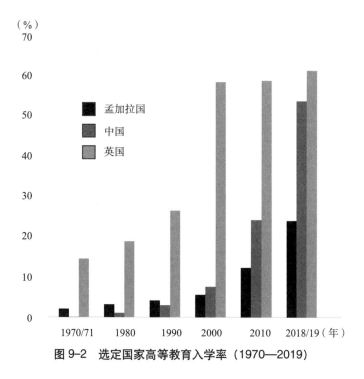

图 9-2　选定国家高等教育入学率（1970—2019）

资料来源：世界银行

高等教育的崛起是一个全球现象，中国在这一领域也取得了非凡的进步。在"文化大革命"时期，几乎没有人上大学；现在大约有一半的人就读大学。

未来的受教育人口

在 20 世纪六七十年代，许多学者担心世界人口最终会超过可用资源。在全球人口以每年 2% 的速度增长的情况下，这种对人类食物和水资源的担忧是可以理解的。然而，随着现在人口增长只有当时水平的一半，而且还在继续下降，一些地方的人口急剧回落，一些人开始担心人口最终会变得太少。正如我们所看到的，劳动力的规模和年龄对经济有显著的影响，尤其是对消费者数量的影响，如果劳动力在减少，那么经济也可能会萎缩。但也有平衡的力量，尽管全球范围内的新工人数量可能会下降——在许多地方已经如此——但他们的生产力却会上升。中国最近的经济奇迹是由低生产力的农民从农场转移到工厂所推动的，在那里他们的经济产出增加。随着越来越多的人接受教育，将释放更大的潜力来提高生产力。

面对日益减少的劳动力数量，全球经济增长将越来越依赖于提高劳动力质量。未来的经济增长和发展与低技能工人的数量关系不大，更多的是与脑力劳动者取代体力劳动者有关。与此同时，人工智能将为取代大量现有工作提供机会。人工智能最有可能取代许多白领的工作，而不是那些需要手工熟练操作或移情能力的工作；与清洁工或老人护理员相比，簿记员更担心机器人的崛起，因为清理垃圾箱、换床单和提供同陪伴是机器极其难以复制的技能。

在一些较为发达的国家，人口老龄化已经推动了对护理专业人员的巨大需求，人口的教育水平可能已经达到了最高点。世界各地仍有数以亿计的人远未发挥他们的全部潜能，但这种情况正在迅速改变。

第十章

食物

375：过去 25 年埃塞俄比亚粮食产量的增长百分比[1]

想象一下，从公元前开始，所有女性都活到了生育年龄，平均每人生育 4 个孩子。再设想一下女性的平均生育年龄是 25 岁。这些假设已经相当宽松，一个在育龄期内性活跃的女性通常会怀孕超过 4 次，后代中存活 4 个的数量也并不多，在前现代社会，25 岁作为平均生育年龄并不是特别年轻。然而，这些假设将使每一代的规模是上一代的 2 倍，这意味着每个世纪将有 4 次翻倍。[2]

如果我们遵循这些假设，从公元元年开始，当时世界上大约有 2.5 亿人，到公元 500 年，世界人口将增长到 250 万亿以上，是现在人口的 3 万多倍。到现在，即 21 世纪早期，应该是 33 位数，而不是 10 位数。这些数据通常是由物理学家或数学家推算得出的，而不是人口学家或社会科学家。在某一时刻，正如一位人口学家所指出的那样，人类的增长速度将超过光速——最终，宇宙中的人口将超过原子的数量。

这种人口增长的想法本身就是荒谬的。一个以光速扩张的族群几乎无法繁衍后代，而且由于我们每个人都是由原子组成的，我们的总数不可能比它们更多。但在什么程度上人类会达到极限还不是很明显。有 4 个幸存的孩子并不是什么大事，正如我们已经看到的，一个群体从一代到下一代翻倍是经常发生的事情。然而，关键是这种情况已经持续了几个世纪。

与这种指数增长相距甚远的是，历史上人口的增长一直被战争和流行病减缓。但最大的限制是食物的缺乏，这个星球永远无法为如此多的人提供食物。早在空间耗尽之前，人们就会耗尽食物。因此，正如现代人口学之父托马斯·马尔萨斯所解释的那样，饥饿、战争或灾难会阻止人口激增，或者需要禁欲和杀婴来控制它。

尽管上述关于我们生育能力的假设可能已经出现，但人类始终大大低于这些假设。人口增长了，却被灾难或苦难击退，包括饥荒和屠杀。为了维持稳定的人口数量，需要大量生育。赛珍珠的《大地》是一部小说，书中的一个角色对他的儿子感叹道："啊，想想看，我和你母亲生了那么多孩子，一个接一个，我都忘了只有你活着！你明白为什么女人必须忍受。"[3]

但在马尔萨斯之后的两个世纪里，他的两个基本假设被推翻了。正如我们已经看到的，人类繁衍后代的趋势已经受到遏制。与此同时，我们生产食物的能力并没有像马尔萨斯预期的那样以线性方式增长，而是指数级骤增。粮食生产是最大的

人口限制，而消除这一限制是现代人口变化的基本驱动因素
之一。

摆脱马尔萨斯陷阱

在埃塞俄比亚首都亚的斯亚贝巴以南 100 多千米的一家医院里，一位微笑着的卫生工作者在给一个名叫邦图的婴儿称重，他看起来很健壮，卫生工作者观察到他正在成长为一个营养良好的孩子，男婴的母亲对此一脸自豪。这种情况在大多数发达国家都很常见，但在很长一段时间里，这种情况在撒哈拉以南非洲地区非常罕见。[4]

20 世纪 80 年代中期，埃塞俄比亚遭受饥荒。这类灾难通常都是由自然原因（这次是干旱）、政府无能（农业政策）和恶意政策（试图压迫反叛的少数民族）共同造成的。结果，大约 100 万人死亡，出生时的预期寿命下降到惊人的 6 岁。[5] 西方国家注意到了这场灾难；我们这些经历过那个时代的人还记得那些瘦弱的孩子的照片，他们营养不良，疲惫不堪，连赶走脸上苍蝇的力气都没有。结果，一代欧洲人和北美人将埃塞俄比亚视为经济失败和人类需求的终极例证。

然而今天，埃塞俄比亚已经发生了变化，像邦图这样的婴儿是受益者。自 1984 年以来，该国人口增加了一倍多，但活不到1 岁的婴儿比例已经跌至不到5%，大约是 21 世纪初水平的一半，

是饥荒时期水平的四分之一。从1984年到2011年，埃塞俄比亚人平均每日的卡路里摄入量从1 500上升到更健康的2 100。[6]自20世纪80年代初以来，预期寿命已从44岁延长到惊人的64岁，而同期孕产妇死亡率下降了2/3。此外，成人识字率自20世纪90年代中期以来翻了一番，从人口的1/4左右上升到1/2左右。[7]

实现这一目标的主要途径是消除一些思想对农业组织的有害影响。国际社会的支持也很重要，如给邦图称重的设施是由加拿大资助的。然而，同样重要的是埃塞俄比亚人自己学会的技术，以及适应当地条件的方法。最直接的影响是农业产量的增长。

虽然在埃塞俄比亚，许多人的生活仍然非常不稳定，由于最近三十年来内战再次爆发，生活变得更加困难，但人们的福利已经有了显著的改善。如果没有农业产量的提高，这一切都不可能实现。这与马尔萨斯的预期相反，埃塞俄比亚在显著降低人口增长率的同时，实现了粮食产量的指数级增长。在一些地方，仅仅3年内，产量就翻了一番。尽管如此，埃塞俄比亚每公顷小麦的总产量仍然不到美国的1/3，[8]数百万人仍然容易遭受饥荒，一些埃塞俄比亚人继续饱受营养不良的痛苦。2016年，约38%的儿童发育迟缓，而在16年前，这一数据为58%。[9]尽管埃塞俄比亚人口激增，但自21世纪初以来，营养不良人口的比例已从50%以上下降到20%左右。[10]

如果粮食产量在一代人的时间内增长了4倍，而人口仅仅翻了一番，那么每一个群体每人将拥有2倍的粮食。虽然从长远来看，这种水平的粮食增长显然是不可持续的，但其他国家在近几十年已经取得了这种规模的增长。在截至2005年的45年里，印度旁遮普邦的小麦和油籽产量每年增长约5%，增长了9倍。[11] 在全球范围内，粮食产量在20世纪下半叶增加了2倍，在21世纪头二十年又增加了近50%。[12]

当然，环境是制约粮食产量增长的因素之一。在人口迅速增长的贫困国家，环境破坏往往最为严重。埃塞俄比亚曾一度被茂密的森林覆盖，到20世纪90年代初，森林覆盖率下降到国土面积的3%。[13]2019年，政府声称在一天内种了3.5亿棵树。有人怀疑这是否属实[14]，但很明显，大量的重新造林正在发生，埃塞俄比亚开始修复一些被破坏的环境。

在人口持续增长的情况下，埃塞俄比亚的环境很难得到改善，但有两个因素对埃塞俄比亚有利。首先，从使用木材作为燃料到替代能源的转变，包括来自青尼罗河的水力发电。第二个因素是人口增长速度的下降。该比例在20世纪90年代初达到每年3.7%的峰值，目前仅略高于2.5%，在21世纪30年代的某个时候应该会降至2%以下。尽管这仍意味着需要养活更多的人口，但人口指数级增长的终结即将到来。到21世纪末，联合国的年龄中位数估计表明，埃塞俄比亚的人口将稳定在2.5亿人左右，但仍远高于目前的1亿多人。20世纪80年代初，该国的生育率接近7.5，如今已降至4.5以下。在亚的斯亚贝巴，生育率似乎早在1994年就下降到更替水平以下。[15]

在世界上许多地方，特别是在干旱和人口日益增多的中东地区，缺水是农业的一个限制因素。但这里也有技术解决方案。近几十年来，海水淡化成本大幅下降，沙特阿拉伯的饮用水供应已经达到一半。[16] 和其他国家一样，它也会产生环境问题，但这些问题正在得到解决。[17]

喂饱世界：伟大的创新

尽管人们对环境、资源枯竭和气候变化普遍感到担忧，但我们应该考虑这个星球如何能够容纳这么多人口，并仍能养活他们所有人，即使不是在实践中。[18] 有些人可能对存在这么多人感到遗憾，但无论人口增长是否受欢迎，人口下降在一些区域已经开始，而且正在蔓延。随着压力开始下降，现在是我们欣赏创新的时候了，这些创新使人类生活的规模达到了难以想象的程度。

正如托马斯·马尔萨斯在 19 世纪初所说的那样，在 19 世纪末，人们有充分的理由相信大规模饥荒即将来临。的确，现代农业生产已经扩展到新大陆，运输方式也已经发展。从 19 世纪 50 年代初到 90 年代末，美国牛肉和猪肉的产量增加了 14 倍。从 19 世纪 40 年代开始，美国小麦出口迅速增长，而英国的面包价格在 1840 年至 1880 年间下降了一半。[19] 自从一个世纪前马尔萨斯的《人口原理》出版以来，英国的人口增长了两倍多，数百万的英国人也在国外定居。来自欧洲大陆以外的农业技术和食品的改进渗透到整个欧洲，因此其他国家的人口，而不仅仅是英国，开始增长。[20]

随着19世纪的结束和20世纪的到来，欧洲的人口似乎已经在新的生产领域所允许的范围内增长了。食品大量从欧洲以外的国家进口到英国。从1850年到1909年，英国的小麦从基本自给自足到生产面包所需小麦的80%需要进口。[21]似乎粮食产量的增长已经结束，没有更多的闲置土地可以用于生产。[22]从一个有更多食物和人的情况看，马尔萨斯理论仍然适用。没有新的美洲大陆被发现，也没有新的大平原被开垦，这些收获已经是囊中之物了。天然肥料只能提高到这个程度。事实上，在拉丁美洲，硝石矿是如此珍贵，以至于在1879年至1883年间，智利、秘鲁和玻利维亚为了争夺硝石矿的控制权而爆发激烈的战争，超过55 000人在战争中丧生或受伤。[23]而那些控制并从天然肥料中获利的人，据估计只能维持三十年左右的供应。

正是在这种背景下，英国科学促进会主席威廉·克鲁克提出希望科学能够找到一种方法摆脱这些限制。这样的突破确实会在北海对岸的德国实现。

在第一次世界大战之前的几年，德国化学家弗里茨·哈伯开发了一种固氮法，随后卡尔·博施将其放大。这使人造肥料得以产生，从而结束了对硝石矿和其他自然沉积物的依赖。1934年，一位追悼者在他去世时这样写道："哈伯从空气中赢得面包，并在为他的国家和全人类服务的过程中取得了胜利。"[24]最近，有人指出，如果没有被他称为"人口爆炸的引爆器"的哈伯-博施过程，世界人口不可能从1900年的16亿增长到今天的60亿。[25]据目前的估计，全世界40%的人口依靠哈伯和博施养活。[26]尽管亚洲和非洲过去几十年的人口爆炸都依赖这两个男人，但我们大多数人甚至不知道他们的名字。

哈伯的方法被二战期间需要养活本国人口的纳粹采用，尽管利用创新而不是从他人手中夺取土地来解决粮食短缺的想法削弱了他们的动力。[27]除哈伯的犹太血统和使纳粹怀疑其成就的意义之外，他们更喜欢有机的农业方式。[28]在纳粹掌权后，哈伯首先逃到英国，在那里他得到了庇护，哪怕他发明的有毒气体曾在一战期间为德国做出了贡献。1934年，他死于自然原因，当时他正前往英属巴勒斯坦托管地。

哈伯的成就并不是提高农业生产的唯一创新，但它对养活70亿人口至关重要。在防治杂草、昆虫和真菌方面也取得了很大进展，这些都有助于提高产量。另一个非常重要的发展是20世纪30年代到60年代之间所谓的绿色革命，它涉及矮秆小麦和IR8水稻等作物的适应性，这使得一些作物的产量在几十年的时间里翻了一番。与绿色革命联系最紧密的是美国农学家诺曼·博洛格，他开发了新的抗病作物品种。

和哈伯一样，博洛格也获得了诺贝尔奖，但对他来说，这是对他和平贡献的认可——他的创新证明了人类的合作和创造力可以克服生产力的瓶颈，历史不需要个人、种族之间无休止的斗争。作为从挪威移民到美国的后裔，博洛格的大部分成果都是在墨西哥完成的，但它对印度的影响最大。对于美国人来说，对于世界饥饿问题的科学解决方案，尤其是由美国或至少由美国公民提出的解决方案，发挥了有用的政治作用，缓解了第三世界潜在的愤怒和农民暴动者的大规模饥荒与贫困。

有人指出，博洛格的创新导致了遗传多样性的减少和土壤的流失，他本人也意识到自己的研究局限性。[29] 但即使是他的批评者也不能否认，他的思想就像前辈哈伯的思想一样，在拯救数十亿人的生命方面发挥了重要作用。[30] 正如博洛格所指出的，批评他的人可能从未体验过身体上的饥饿感。他们在华盛顿或布鲁塞尔舒适的办公室里进行游说。如果他们 50 年前在发展中国家艰苦生活一个月，他们就会哭喊着需要拖拉机、化肥和灌溉水渠，并对富裕国家的时髦精英们试图剥夺他们这些东西感到愤怒。[31]

这一次不同

在过去的两百年里，粮食生产得到了极大的发展。饥荒在 19 世纪的欧洲比比皆是，直到 20 世纪，饥荒在世界上很多地方仍然很常见，例如也门、苏丹和索马里。在印度，毁灭性的饥荒早在 20 世纪 40 年代就发生过，1943 年发生的孟加拉大饥荒导致 300 多万人死亡。[32]

越来越多的人认为，饥饿不是缺乏食物的结果，而是战争、政治无能或计划的结果。在 20 世纪 30 年代早期，乌克兰数百万人死于饥饿并不是农业方面的原因，而是教条主义的必然结果。[33] 20 世纪 80 年代的埃塞俄比亚饥荒在很大程度上是发展模式和种族冲突的结果。[34]

自 20 世纪 60 年代以来，饥荒造成的死亡已变得不那么常见了。一项估计是，20 世纪 70 年代每 10 万人中这类年死亡率不到 60 年代的五分之一，而 2010 年至 2016 年，饥荒造成的年死亡率仅为 60 年代的 1%。从更长时段来看，目前的失业率仅为 19 世纪 70 年代 1% 的三分之一。在不断增长的世界人口背景下，即使我们不考虑这些比例，看看死亡的绝对数据，我们会发现在 19 世纪 70 年代超过 2 000 万人死于饥荒，在 20 世纪 40 年代超过 1 800 万人死亡，2010 年至 2016 年的数据仅为 25 万。[35]

然而，在全球人口增长的每一个阶段，马尔萨斯主义者都在担心我们即将撞上一个导致大规模饥荒的新障碍。事实上，自公元 2 世纪以来，这种担忧就一直存在。当时神学家德尔图良警告说："人类繁殖力的最终证据是，我们已经成为世界的负担。各种因素几乎不能满足我们的需要，我们的需要变得更加尖锐，我们的抱怨更加普遍，因为大自然不再为我们提供食物。事实上，必须把瘟疫、饥荒和战争看作是各国的一种解决办法，一种消除人类过度增长的手段。"[36]

正如我们所看到的，在哈伯取得重大突破之前的 20 世纪早期，以及在全球人口增长高峰的 20 世纪 60 年代，人们表达了类似的担忧。1968 年保罗·埃尔利希的成名作《人口炸弹》开篇引人注目："养活人类的战争结束了。在 20 世纪 70 年代，世界将经历饥荒——数亿人将饿死。"[37] 为埃尔利希辩护的是，他的危机感促使了计划的实施，导致了人口增长的下降，但他低估了人类的创新能力和生产更多食物的能力，这并没有使他在当代受到惩罚。在 2018 年纪念他的经典著作出版 50 周年的一次采访中，埃尔利希断言，"人口增长和人均过度消费正在推动文明走向毁灭"。[38]

这一次可能会有所不同，但恰当的类比可以是这样一个笑话：一个人从十楼跳下去，过了二楼后说，"到目前为止，一切都很好"。这一论点在于两个方面。第一种关注包括全球变暖在内的环境问题，而第二种关注的是我们是否能够继续以养活世界所需的速度增加粮食产量，即使我们过去已经做到了这一点。我将在本章后面的结语中回到这些问题中的第一个，但现在我想问的是，随着全球人口向 100 亿人或 110 亿人的方向发展，我们是否最终耗尽了养活世界的想法。

有一些理由令人担忧。2008 年，世界银行发布的《世界发展报告》指出，自 20 世纪 80 年代以来，发展中国家的小麦、玉米和水稻产量增长一直在放缓。正如美国环保主义者莱斯特·布朗在 2005 年警告的那样，"收益递减正在各个方面显现"。[39] 然而，衡量全球粮食生产率是一项极其困难的任务，最近的研究表明，相对于我们投入的土地、劳动力和化肥，农业全要素生产率的上升实际上正在加速。一种估计是，全要素生产率的增长率在 20 世纪八九十年代翻了一番[40]，并继续上升。造成这一现象的部分原因是，生产食物所需的人力越来越少。以中国为例，在过去三十年里，农业部门就业的劳动力从全国人口的一半以上下降到不到五分之一。[41]

总产量的数据比生产率、产量或收益的数据更确定，因为计算只需要产出数据，而不是产出与投入的比例。这方面的消息也令人放心：21世纪的产出增长略有加快。与此同时，我们必须提醒自己，人口增长正在放缓，这解释了为什么遭受营养不良和饥荒的人数正在下降。在粮食充足的工业化国家，产量增长已经有所放缓，但在更需要粮食的地方，产量增长更快，抵消了这一点。[42] 看来，全球粮食供应不仅在增加，而且发展中国家对发达国家剩余粮食的依赖也在减少；此外，在贸易协定允许的情况下，贫困国家的出口机会越来越多。随着在运输和制冷方面的投资增加，农业浪费也应该减少．这将导致更多的食品供应给消费者。

尽管气候变化可能会降低一些地区的生产率，但它也会提高其他地区的生产率，而技术已经开发出来，使作物更耐高温。[43]

农业发达国家和落后国家之间的差距仍然很大。印度谷物产量远低于美国的一半。约旦的人口还不到以色列的一半。而在古巴，这一数据仅略高于巴西的一半。毫无疑问，在美国玉米带、英格兰东盎格鲁地区或巴黎盆地，并非所有地区都能实现农业生产率的提高，这是有具体原因的，不过弥合差距的空间肯定是存在的。

喂饱 80 亿人的生活方式

大米是全世界近一半人口的主食。[44] 大约 90% 的水稻在亚洲种植，中国的产量最高，而印度的种植面积最大。绿色革命将新品种与更多施肥结合起来，使水稻产量在 20 世纪最后 40 年翻了一番。考虑到 1960 年的技术水平是数千年积累的知识和经验的产物，这是对现代科学的致敬。[45]

正如哈伯-博施不是提高产量的终点一样，绿色革命也不是。2000—2019 年，全球水稻产量增长了 1/4 以上 [46]，而同期亚洲人口增速放缓至每年 1% 左右。不足为奇的是，自 21 世纪初以来，中国的饥饿人口比例已减半，从 16% 左右降至 8% 左右，而在整个东亚地区，这一比例已从 15% 降至 5%。[47] 这对于一个自农业存在以来，绝大多数人口就一直处于粮食不足状态的地区来说，是一个不错的进步。

在前一章中，我们注意到随着受教育程度的提高，人们的素质得到了提高。但是，如果说教育可以被看作是软件的升级，那么拥有一个饱腹的身体就是对硬件的改进。正如这类发展经常出现的情况一样，它们在一个良性循环中相互依存。吃得好的孩子大脑会比半饥半饿的孩子发育得更好，他们在学校能更好地集中注意力。同样，正如我们将看到的，一个受过良好教育的农民更有可能有生产力，更有能力养活他们的家庭。

和以往一样，一个快乐的故事通常也会有一些阴影。首先，在食物方面，并不是所有地方都像东亚进步得那么快，有些地方甚至倒退了。例如在津巴布韦，由于其灾难性的管理，自 2000 年以来，该国人口中营养不良的比例从 40% 上升到 50%，这在一个拥有良好农业条件和巨大潜力的国家是可耻的。在饱受战争蹂躏的也门，饥饿人口的比例急剧上升。最近的趋势表明，世界上饥饿人口的总数已开始增加，而新冠肺炎大流行造成的经济危机和贫困加剧可能在一段时间内使这一情况变得更糟。[48] 随着人口的增长，即使他们在人口中所占的比例下降，营养不良的人口也会增加。

如果食品价格上涨，贫民将受到最大的打击。因此，2007 年墨西哥的"玉米饼骚乱"、2013 年印度的"洋葱危机"、2017 年埃及政府削减面包补贴引发的示威等，都有可能成为社会动荡的导火线。对消费者来说，幸运的是，粮农组织食品价格指数自 2014 年以来大幅下降，表明总体负担能力有所提高。然而，按实际价格计算，食品价格或多或少与 20 世纪 60 年代初持平，当时世界人口还不到现在的一半。[49]

故事的另一个不太愉快的部分是关于暴饮暴食。到 2007 年，世界上超重的人数超过了饥饿的人数。[50] 在世界上的一些地方，暴饮暴食是一种流行病，对健康和长寿产生严重的影响。人类已经进化到可以忍受食物匮乏，有食物时就狼吞虎咽。很多人发现很难控制自己的食欲，而美国在这方面的问题就比较典型。超过三分之一的成年人肥胖，正如我们之前看到的，这导致预期寿命趋于平稳。沙特阿拉伯的肥胖问题相似，而且这两个国家都有大量的超重人口。在约旦河西岸和加沙地带的巴勒斯坦领土上，超重或肥胖儿童与体重不足儿童的比例超过 4∶1。尽管超重的男女比例都超过体重过轻的比例，但肥胖的男孩比女孩多，体重过轻的女孩是男孩的 2 倍多。这反映了许多社会在分配资源时优先考虑男性。[51]

随着人口的城市化，他们的饮食有时会向好的方向变化。在现代城市，食品安全标准往往比农村高，包装、储存和冷藏都更好。但城市居民也吃更多的加工食品，这意味着更多的糖和盐，并导致肥胖、糖尿病和血压升高。

全球化是世界农业产量上升的一个重要因素。自 19 世纪以来，美国一直是主要的粮食出口国，它的盈余仍然养活世界上的许多地方，但全球粮食贸易不仅仅是关于美国出口。例如，巴西 3/4 的大豆出口到中国，这些大豆被用来饲养牲畜，并支撑了近几十年来中国肉类消费的大幅增长。全球化进程中自给自足的国家减少。有些人认为这是一个基本趋势，但朝鲜在粮食生产的自给自足，很难说是拒绝全球化的广告：那里的学龄前儿童比韩国同龄人矮 13 厘米，轻 7 千克。[52]

一个农民的故事

六十年来，印度的粮食产量增长了 5 倍，而人口却不到原来的 3 倍。这就是为什么当我 2014 年第一次去印度时，那里的人看起来健康多了，吃得更好了。事实上，印度过去六十年的经验可以用三个简单倍数来概括：不到 3 倍的人口、4 倍的产率和 5 倍的产量。尽管在既定数量的土地上可以养活越来越多的人，但印度的表现不如许多其他国家，农场规模相对较小，产量也相对较低。[53] 这意味着它仍有进一步改善的空间，同时它的人口增长继续稳步下降。下次我去印度的时候，我希望看到更少的饥饿的人。

虽然总体统计数据都很好，但有必要了解它们是如何实现的。不出所料，这个故事涉及方方面面：更好的灌溉、更好的作物品种、升级的农业设备和更多的肥料。重要的是，进步意味着有能力更节约、更有效地利用这些资源，从而实现更大的可持续性，但事实证明，教育是提高农业生产率的最有力途径之一。[54] 一项对印度稻农的研究发现，无论是否采用现代技术，受教育年限与生产率之间存在着很强的相关性。[55]

在印度南部卡纳塔克邦，一位名叫钱德拉纳的农民接管了父母的小农场。虽然他没有上过大学，但除基础教育外，他还接受过一些农业培训。这促使他试验养殖蚯蚓来堆肥，从而使农田的花生产量最高，一袋产量比邻居重 50% 以上。这对他的收入和家庭的日常生活产生了真正的影响。据一位游客报道，"一座简陋的泥屋现在正在扩建成水泥墙的房子"。[56] 钱德拉纳的邻居都以他为榜样，像他这样的当地人正在帮助摆脱自古以来就存在的贫困。

在某些情况下，我们现在认为理所当然的技术可以真正改变人们的生活。例如，移动电话提高了农业生产率，提供了一种教育工具，以及传递市场信息和获得微保险的途径。到 2016 年，非洲的手机显然比牙刷还多。[57] 美国一家通过短信教育肯尼亚西部农民的非营利组织的运营总监告诉《金融时报》的记者，这项技术"可以为农民提供适合当地土壤的信息和建议，天气和市场状况可能会显著提高产量和净收入"[58]。

创新仍在继续，但它的采用并不总是很快。长期以来，缺乏教育或对变革的抵制一直阻碍着粮食生产的快速发展。[59] 有时，农场太小，不值得投资，这个问题在印度越来越严重，因为农场的规模正在缩小。[60]

转基因作物可以提供更高的产量和使用更少的土地，这将同时减少饥饿和帮助野生动物。每年贫困国家有 25 万到 50 万儿童因缺乏维生素 A 而失明，其中一半人在 12 个月内死亡。由于生物技术公司放弃了专利权，一种转基因品种的黄金大米可以防止这种情况的发生。[61] 盖茨基金会相信，通过改良化肥和使用转基因作物，非洲农民可以将产量提高一倍。[62] 其他形式的生物强化，即对农作物进行工程改造以提高其营养价值，已经在发挥作用。[63]

由于担心转基因作物对健康的影响、超级杂草的产生或跨国公司对转基因作物的控制，人们对转基因作物的接受比预期的要慢。然而，这些担忧应该与人们对食物的迫切需求相权衡，而研究普遍不支持这些担忧。[64] 一种既可持续又能养活世界的方法并非遥不可及。[65]

如果我们要结束世界饥荒，粮食生产的进步是必要的，但饥荒虽然一般与粮食短缺有关，却不一定涉及绝对短缺。[66] 经常发生的情况是，虽然生产了足够的食物，但却没有送到最需要的人手中，因此饥荒仍然存在。在 19 世纪 40 年代以来分别发生在爱尔兰、乌克兰和孟加拉国的饥荒期间，粮食仍在出口。粮食援助仍在继续，尽管有人担心它会扭曲市场，抑制当地生产者的积极性，而且它可能更多地帮助富裕国家的农民，而不是贫困国家的消费者。这些问题超出了马尔萨斯的观点，即世界需要为所有人生产足够的食物，无论食物如何分配。

未来的粮食

除目前的模式外，粮食生产中正在进行的一些发展可能是完全变革性的。水培是一种可以在室内而不是在土壤中种植某些作物的系统，有一个规范的环境和完美的测量输入，包括 LED 灯。其中一个自称是农场的水培设施位于伦敦南部克拉彭公园下方 33 米处，每年种植 2 万千克蔬菜。将生产转移到地下可以腾出别处的空间。所有的农产品都在伦敦地区销售，无须长途运输，这意味着当食品到达消费者手中时是非常新鲜的。该公司联合创始人史蒂文·德林对记者说："我们将在下午 4 点摘番茄，人们将在下次午餐时间吃到番茄。"[67] 一位有名气的厨师热情地说："能在英国最大城市的中心找到如此新鲜的农产品真是太棒了。"[68] 从中国的广州到英国的蒙特利尔，使用水培法的屋顶露台随处可见，甚至宜家也在销售这种技术的配套工具。[69]

还有很多其他技术可以改变生产食物的方式、种植的数量和种植食物的效率，这些技术仍然处于起步阶段；这可能意味着更少的人工化肥和杀虫剂、更少的径流、更少的土地使用和更大的可持续性。在未来，放任作物生长、不加控制地种植，以期克服自然的变幻莫测可能会被视为过时的做法。

同样，繁殖、饲养和屠宰动物似乎是一种荒谬的获取肉类的方式，这一天已经不远了。商业化的实验室培育或"体外培育"的肉类似乎还有很长的路要走，但成本正在迅速下降。[70] 在 2013 年，实验室培育的汉堡成本高达 28 万美元，而在未来几年内，这种汉堡可能只需 10 美元就可以生产。[71] 肉类的吸引力是广泛的，但鉴于其作为一种获取食物的方式的低效率，一些人认为普遍的素食主义在环境和道德上是可取的。尽管如此，我们很有可能不需要完全放弃肉食，而是可以生产与之非常相似的东西，对地球的破坏更少，对动物的伤害更少，潜在的成本更低。潜在的环境好处是巨大的。目前，生产肉类和其他动物产品的牲畜放牧系统占据了全球 1/4 以上的无冰陆地表面，需要大量的资源。[72] 实验室制造的鱼也在计划之中。

如果无休止的人口指数级增长是不可避免的，我们可能有充分的理由担心人类是否能够应对创新。如果全球人口每世纪翻四番，并持续数个世纪，无论创新水平如何，我们肯定会来到某种马尔萨斯前沿。然而，如果我们减少浪费，已经可以养活 100 亿或 110 亿人口——这是世界预期的峰值——并且正在进行大量的创新，我们有充分的理由相信，随着 21 世纪的科技进展，挨饿的人应该会更少。一些人可能会抵制转基因作物等创新，但穷人将没有这样做的资格。无论如何，食品生产方面的创新并不是什么新鲜事；从狩猎采集到农业基因工程的转变是一个渐进的过程。正如 19 世纪美国激进经济学家亨利·乔治所言：

> 这是动物和人之间的区别。苍鹰和人都吃鸡，但是苍鹰越多，鸡就越少；而人越多，鸡就越多。海豹和人都吃鲑鱼，海豹吃掉一条鲑鱼，鲑鱼就少一条，而当海豹增加到一定程度时，鲑鱼就会减少；通过将鲑鱼产卵置于有利的条件下，人类就可以增加鲑鱼的数量，以弥补他所能获取的全部数量。因此，无论人类增加多少，都不会超过鲑鱼的供应。[73]

无论是工厂化养殖鸡，还是养殖鲑鱼，都不可能没有环境成本，但这些是可以管理的。着眼于未来的发展，温斯顿·丘吉尔说过："我们将在适当的培养基下分别养殖鸡胸肉或者鸡翅，从而避免为了吃到这些部位而养殖整只鸡的荒谬做法。"[74]

人口增长的最终障碍不是食物短缺或任何其他外部因素，而是人类自己做出的选择。

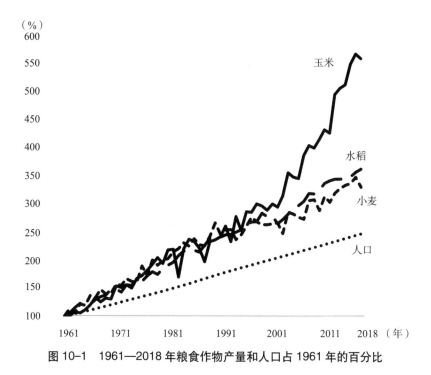

（%）

600

550 　　　　　　　　　　　　　　　　　玉米

500

450

400 　　　　　　　　　　　　　　　　　　　　水稻

350 　　　　　　　　　　　　　　　　　　　　　小麦

300

250 　　　　　　　　　　　　　　　　　　　　　人口

200

150

100

　　1961　　1971　　1981　　1991　　2001　　2011　　2018（年）

图 10-1　1961—2018 年粮食作物产量和人口占 1961 年的百分比

资料来源：联合国粮农组织，联合国人居署

　　虽然当前人口增长稳定，但粮食生产继续快速增长。自 20 世纪 60 年代初以来，小麦和水稻的产量增长了 2 倍多，而人口增长了 2.5 倍。近几十年来表现最突出的是玉米，其产量增长了 5 倍多。这种谷物主要用于饲养农场动物以获取肉类，这就解释了为什么人均消费量在过去五十年里翻了一番。

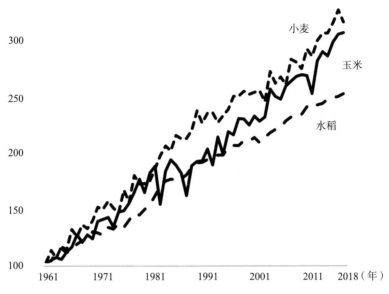

图 10-2　1961—2018 年粮食作物产量占 1961 年的百分比

资料来源：联合国粮农组织

集约化农业存在争议，但用更少的土地生产更多的食物将允许把更多的空间还给大自然。最近农作物产量的大幅增加意味着我们不需要为了养活世界而在农业上投入更多的空间。

随着人口增长放缓，世界大部分地区都在关注少吃而不是多吃，粮食产量的持续增长将为环境恢复提供一个真正的机会。

明日人口

未来的人类正出现在我们眼前。随着生命的延长和死亡的推迟，特别是在年轻人中，人口总数还在增加，但增长速度开始放缓，因为生育的孩子越来越少。他们越来越城市化，越来越长寿，受教育程度越来越高，营养也越来越好。

但是正如我们所看到的，情况远非一致，因为世界上有些地区仍处于人口现代化的转变阶段。虽然撒哈拉以南非洲地区的许多国家已经大大降低婴儿死亡率并提高了预期寿命，但我们可以确信婴儿死亡率将进一步下降，预期寿命将继续上升。与此同时，整个非洲的生育率也将下降。

因此，对于非洲国家或者阿富汗和东帝汶这样的国家来说，随着人口的增长和老龄化，未来的发展方向是赶上世界其他国家。我们可以预期，处于全球金字塔最底层的人们饮食将会更加健康，未来能够受到更好的教育。尽管他们离丹麦这种稳定、繁荣和人口均衡的模式还有很长的路要走，但世界上最不繁荣的地区正以最快的速度朝着丹麦模式前进。这种进步很有可能会继续下去，但也面临四种灾难的阻挠：环境灾难、战争、大流行和经济崩溃。现在让我们简要地看一下每一种灾难。

这不是一本关于全球变暖的书，但不可避免的是，全球变暖的阴影将笼罩在关于未来的任何讨论上。不断增加的温室气体排放量、气温和海平面上升等导致农作物歉收和气候难民涌入，这将推翻书中的假设。即使没有发生这样的灾难场景，我们也会看到更多的污染、更少的野生动物，以及地球上的生命普遍受到破坏。没有人能肯定这些事一定会发生，一些科学家相信，情况并不像那些人说的那么糟糕。[1] 与过去相比，我们的很多活动都需要排放更少的污染物：与所爱的人或同事进行音频或视频通话可以节省旅程，消耗的能源也少得多，LED 灯耗电量只占白炽灯的一小部分。最终，经济发展可以与环境保护并进，甚至相辅相成。

随着全球人口的增加和教育程度的提高，各个领域的创新正在涌现，这些创新将帮助保护地球。太阳能、风能或碳捕集技术可以解决污染排放问题，新的粮食生产方式可以避免气候变化对农业造成的影响。可以肯定的一点是，环保斗士们所警告的人类大灭绝一定不会发生，至少不会因为全球变暖发生。事实上，几十年来，死于自然灾害的人数一直在下降，目前占比仅为千分之一。[2] 且不说别的，随着人们越来越富有，他们能够更好地保护自己免受灾难。人口增长将继续对环境造成压力，但这种增长速度每年都在放缓，我们对自然的侵犯已经得到了扭转。

与环境灾难一样，战争似乎不太可能对未来人口造成重大影响。第三次世界大战在明天爆发并毁灭人类的可能性始终存在，但历史记录也相当清楚地显示，在战斗中死亡的人数占比总体呈下降趋势，与20世纪60年代末的情况相比只占一个零头。[3] 在叙利亚冲突的十年中，至少有35万人死亡，这当然是一个悲剧，但这个数据还不到战争爆发前该国一年的人口增长数量。[4] 更具有人口学意义的是，有10倍于此的人口离开了这个国家。[5] 这是叙利亚的人口损失，数百万叙利亚人现在居住在约旦、土耳其、黎巴嫩或更远的地方。此外，与在朝鲜战争中死亡的人数相比，过去十年叙利亚死亡的人数并不算多。[6] 随着全球人口老龄化，我们有理由期待战争不再频繁爆发。

　　本书的大部分内容都是在新冠肺炎疫情导致的封闭和隔离期间写的。新冠肺炎疫情严重扰乱了经济，并可能加速人们离开发达国家城市的步伐。在撰写本书时，预估因这一流行病而死亡的人数已经超过1 600万。[7] 一个世纪前，近4 000万人死于西班牙流感，当时世界人口还不到现在的1/3。[8] 目前，全球每年因各种问题死亡的人数超过5 000万；由于新型冠状病毒对老年人的影响相较于年轻人更严重，所以这次大流行对预期寿命的影响有限。如果像大流行这样规模的事件每一个世纪发生一次，对世界人口的总体影响将是微不足道的。就像我们已经考虑过的其他灾难一样，它最终可能会变得更糟，在下一百年之前还会出现。但根据经验，没有理由担心一种传染病会对地球上的人口数量产生实质性影响。

　　新冠肺炎疫情对出生人数的影响可能比对死亡人数的影响更

大。在封闭期间，情侣们困在家里，大多时候他们几乎没什么事可做，在此情节下可能会增加性生活。正常生活被打乱限制了人们获得避孕药具，联合国担心这将导致意外怀孕激增。[9]另一方面，有些因素可能会降低出生率，比如拒绝就医或医疗预约、晚婚、缺乏新的接触机会，以及严重的经济不确定性。人们很可能会选择推迟生育，直到他们能够做到节育。总的来说，目前认为，这一流行病将抑制发达世界的生育率，而欠发达国家无法获得避孕药具将增加出生率。[10]无论大流行对生育起到促进作用还是抑制作用，这都可能是一个短期效应，尽管它将在未来给学校和大学招生带来"困难"。

一场严重的经济崩溃，无论是否由其他灾难引发，都可能对目前正在完成人口转变的较贫困国家造成沉重打击。在2008年9月的经济危机中，受损最严重的经济体往往是最贫困的经济体。尽管在2008—2009年经济危机之后，许多发展中国家遭受了经济损失，但婴儿死亡率仍继续下降，预期寿命继续上升。要扭转这些强大的力量，还需要一场更具震撼力的经济衰退。

未来的人口问题

到目前为止，我们一直专注于有形的东西，没有什么东西比实验室培育的肉更具未来感。生育率、死亡率、移民和种族方面的变化趋势是显而易见的，因为这些趋势已经显现。然而，现在是考虑一些长期可能性的时候了。

在世界上一些最发达的国家，我们已经看到了预期寿命下降的趋势。虽然任何逆转都是暂时的，但预期寿命的延长已经开始放缓，甚至在表现最好的人群中也是如此。在日本，目前的预期寿命每 10 年增长 1 年半或 2 年，而在 20 世纪 60 年代每 10 年增长 5 年或 6 年。人类的预期寿命可能达到了某种自然极限。绝望病症和肥胖症可能会在全世界蔓延，盎格鲁文化圈已经出现了这两个重要问题。[11] 酗酒、自杀和肥胖一直是俄罗斯的主要问题。[12]

然而，一项重大的科学进步也会影响我们对衰老的理解，并创造一个全新的前景。我们不需要考虑永生；"仅仅"200 岁的预期寿命将从根本上改变一切社会形态。我们的学习场景、工作模式和家庭关系将会与今天大不相同，即使我们无法准确地说出如何不同。当我们的寿命两倍长于现在时，我们许多人认为理所当然的生活方式可能会被视为过时。[13]

就生育能力而言，怀孕与性的关系已经不那么密切了。随着避孕技术的进步，我们用选择取代了机会。并不是所有的性行为都会导致怀孕，但怀孕总是由性行为产生的，至少在试管授精技术发展之前是这样。在未来，怀孕与性之间的联系可能会被完全切断。父母甚至不会成双成对；个体可以选择补充遗传资源，不仅仅是一个人的，甚至可以是几个人的。事实上，携带两人以上遗传基因的三亲婴儿已经出生了。[14] 未来人类将普遍聪明、美丽、没有遗传疾病的想法引发了巨大的伦理问题，然而一旦基因选择在技术上可行，允许基因选择的压力将是巨大的。事实上，胚胎基因检测避免了新生儿因遗传基因缺陷而被遗弃，一旦发现就会终止妊娠，这为我们指明了方向。

随着三亲婴儿具备技术可能性，人口统计学的基本模式开始彻底放弃。将每一个孩子的出生归结为单亲母亲和单亲父亲将变得困难，正如人口学明确划分了男女两种性别，但随着"性别流动性"的出现而变得模糊。目前，变性人在世界人口中所占比例很小，最多占 0.7%。[15] 这可能只是少数人的现象，但它也可能扩大到大多数人选择他们的性别，并周期性地加以改变。在这样一个世界里，考虑每名女性的总和生育率或男性相对女性的预期寿命是没有意义的。

最终，意识可能会被下载并重新上传到全新的躯体中，或者我们可以选择生活在一个虚拟的世界中。人工智能可能会奴役、放弃或征服人类生命，我们可能会在地球之外建立定居点。这似乎是科幻小说的情节，但许多我们今天认为理所当然的东西，对几百年前的人来说，也可能是科幻小说或魔法。一旦我们考虑这些可能性，我们就超出了本书的范围。[16] 但是，在我们达到 200 岁的寿命、定制婴儿、变性或下载意识之前，人类历程上还有几个更具体的事项。

后现代的三元悖论："三个 E"

随着发达国家走向后现代人口结构，有一种选择可以被形容为"三元悖论"，即不是在两种选择中选一种，而是对三种选择中的两种进行取舍。这些选择可以被称为"三个 E"：经济（Economics），我指的是我们认为正常的强劲经济增长；种族（Ethnicity），一个特定的种族群体在其视为家园的领土内继续占主导地位；还有利己主义（Egoism），尤其是把个人计划放在家庭组建之上。

我在这里用"利己主义"来概括更复杂的问题。除孩子数量很少或没有孩子的情况外，人们推迟生孩子的原因常常与工作、财务状况、照顾年迈的父母和等各种各样的社会压力和生育意愿有关。[17] 没有任何选择是毫无根据做出的。女性往往面临着最艰难的负担，既要承担带薪工作，又要照顾家庭、做家务，而且她们在抚养下一代方面也面临着最大的压力。经济或其他方面的限制阻碍了人们生孩子，在大多数发达国家，人们想要更多的孩子。[18] "利己主义"这个词应该等同于导致人们选择小家庭或不组建家庭的压力与偏好。

这种三元悖论可以用三个国家来说明，这三个国家为了享受另外两种选择，各自放弃了其中一种选择。让我们从以牺牲经济为代价来维护民族和利己主义的日本开始。正如我们所看到的，日本人还没有准备好向大规模移民开放国门。大多数日本人并不欢迎多元文化主义[19]，但他们也不会选择要孩子。这种文化不鼓励女性兼顾工作和养育子女，但又期望她们承担绝大多数的家务和家庭照顾。在这种情况下，很多女性更喜欢独立也就不足为奇了。日本牺牲了强劲的经济增长，以"世界一流"的速度累积公共债务。劳动适龄人口的减少以及随之而来的人口总量的下降正对经济增长造成巨大拖累，任何经济干预都不太可能修复这种局面。

关于移民是否对经济有益，无论是从短期还是从人均收入的角度来看，都存在很多争议。[20] 它可能不会帮助已经在这个国家工作的工人的收入，但如果没有人口增长，经济将难以增长。在一个国家内，移民可能是赢家，也可能是输家。以英国为例，由于其900万外国出生人口（约占总人口的13%），即使它的人均经济规模不一定更大，但总体经济规模肯定更大。工人数量的减少会拖累经济增长，而更多的工人则会推动经济增长。如果没有移民提供额外的劳动力，在经历了多年的低生育率之后，那些本地出生的劳动力相对较少的国家最终将出现劳动力短缺。

个人可能最关心的是自己的收入，但如果所在学校的教师不足，或照顾老人的护工不足，他们就会感受到劳动力短缺的影响。另一方面，政府最关心的是经济总体规模、年度国内生产总值和税收收入，以及保持经济平稳运行和维持服务可用性所需的工人。

英国与日本走的是一条不同的道路。英国公民对生育的热情也相对较低。将近50年来，英国的生育率一直低于更替水平，更不用说在生产率没有高速增长的情况下，创造稳定增长的所需劳动力水平了。相反，英国选择大规模移民来填补这一缺口。

英国至少保留了一些经济活力，在医院、学校和办公室的人员配备方面比日本更有能力，尽管该国的种族构成发生了变化。就在 20 世纪 90 年代，英国血统的白人还远远超过总人口的 90%，但到 2011 年，这一比例降为 80%。未来几十年，这一比例还将进一步下降。有些人认为，快速的种族变化并非妥协让步，而是值得欢迎的好事。然而，在大多数社会中，在故土家园中历来占多数的人变为少数的想法都会遭到抵制。当少数民族可能被同化为多数群体时，他们的生育率就会下降到整个社会的生育率，从而使长期的人口问题无法得到解决。

一个国家或种族的存续是得不到保证的。正如不再有米底人或西哥特人一样，也不能保证将来会有意大利人或日本人。联合国预计这两个国家在未来的 80 年里将失去超过 1/3 的人口。

还有一些像日本这样的发达国家，选择牺牲经济增长来换取种族延续性和不鼓励生育的社会利己主义。更有很多像英国这样的国家，为了保持经济增长，正在经历快速的种族变化，组建家庭不是优先考虑的问题。但是，以色列是唯一一个生育文化导致生育率上升到平均每位妇女生育 3 个孩子的国家。事实上，没有其他发达国家能做到这一点。以色列建立在犹太移民的基础上，但现在是高生育率确保了犹太人占多数。以色列的犹太妇女目前的生育率略高于以色列的阿拉伯公民。[21]（但请注意，加沙地带的巴勒斯坦人的生育率虽然大大降低，但仍略高一些。）他们保持了经济活力和种族的延续，同时也抛弃了不生育子女的利己主义思想。

在这里，"利己主义"也包括低生育意愿面临的社会压力。在以色列的例子中，人们不仅准备为了生孩子而做出妥协，而且他们也在对社会压力做出反应，从政府的政策和服务，到一种无形但明显的环境，都强烈鼓励大家庭，那些没有孩子的人感到不被认可的冷漠。

以色列可能是一个特例，自建立国家以来被敌对的邻国包围，还有着数量众多的宗教人口。但是没有理由认为，在冰岛和意大利的人不应该有同样多的孩子。毕竟，这是关于文化而不是经济，关于优先权而不是生物学。这就是后现代人口学的本质。以色列已经表明，一个现代国家可以拥有高水平的教育和较长的预期寿命，同时保留以儿童为导向的生育文化。上述观点可以被解读为提倡生育。诚然，为人父母是我做过的最令人满意的事情，但我在这里的目标不是说教，而是指出个人和国家所面临的人口选择及其后果。当人们处于经济发展的早期阶段时，政府有能力帮助他们计划生育，因此很可能想要降低他们的生育率，这是得到充分证明的。但政府要想提高出生率却困难得多。税收和福利激励可能略有帮助，帮助妇女兼顾工作和母亲身份的法律和育儿补贴也会有所帮助。然而，在后现代世界，最重要的是个人和家庭的偏好和行为。

一些人拒绝任何形式的亲自然主义和任何阻碍人们追求个人目标的压力。然而他们必须扪心自问，面对持续的低生育率，个人主义的世俗社会能否维持下去。富裕国家可以暂时吸引移民，但这些移民要么会保留自己的传统价值观，破坏自由派所坚持的价值观，要么会被同化，甘愿接受低生育率，无法保持长期的人口规模稳定。那些哀叹自己的种族或族群在国内的主导地位正在减弱的人必须扪心自问，如果其不能促进自己种族的繁衍，那抱怨自己被"取代"也不甚合理。因此，归根结底，未来人口的命运将取决于今天人们的选择。

致谢

埃里克·考夫曼教授多年来一直鼓励我写作，并对我的手稿提出了许多有价值的意见。丹尼·道灵教授慷慨地花时间分享观点。我也要感谢大卫·古德哈特对文本的点评，以及老朋友罗伯特·马歇尔、伊恩·普赖斯和迈克尔·维吉尔。马丁·范·德·韦耶很热心地就一些经济学相关的话题发表了评论。我与理查德·埃尔曼就人口学进行了许多富有启发性的讨论。我对其中几个主题的看法是与尼克·洛科克多年讨论后形成的。我很欣赏牛津大学圣安东尼学院罗杰·古德曼教授和他的同事们提供的独特环境。

米歇尔·罗森和尼古拉斯·汉弗莱在书稿上帮了大忙。这本书在很大程度上受益于尼古拉斯·布莱克精细的修改。我还需大力赞扬托比·芒迪，他的智慧、好奇心和专业精神在我撰写书稿的每一个阶段都提供了无价的帮助。

我所做的一切都离不开我的妻子克莱尔的爱和支持，离不开我的孩子们，我的儿媳索尼娅、乔尔、朱丽叶、塞缪尔和亚当，还有我的母亲英格丽德·莫兰，这本书就是献给她的。

前言

1　See Morland, Paul, *The Human Tide: How Population Shaped the Modern World*, London, John Murray, 2019.

2　Livi-Bacci, Massimo, *The Population of Europe*, Oxford, Blackwell, 2000, p. 120.

3　Livi-Bacci, Massimo, *A Concise History of World Population*, Chichester, Wiley-Blackwell, 2012, pp. 41–3.

4　For a discussion of how uneconomic and impractical it was to transport food as late as the eighteenth and early nineteenth centuries, see Blanning, Tim, *The Pursuit of Glory: Europe 1648–1815*, New York, Viking, 2007, pp. 3–34.

5　Wilson, Peter H., *Europe's Tragedy: A New History of the Thirty Years War*, London, Penguin, 2010, p. 787; Lee, Harry F. and Zhang, David D., 'A Tale of Two Population Crises in Recent Chinese History', *Climatic Change*, 116, 2013, pp. 285–308.

6　This overlooks the Renaissance, which can be seen as spanning the medieval and modern. These periodizations are inherently imperfect and open to challenge.

7　Later editions of Malthus's *Essay* allowed for a greater tendency of people in some places and at some times to hold back their numbers below the maximum which resources could allow and thereby to improve their standard of living beyond subsistence.

8　For a masterly historiography of demographic transition theory, see Kirk, Dudley, 'Demographic Transition Theory', *Population Studies*, 50 (3), 1996, pp. 361–87.

9　For a discussion of the relative impact of economics, culture, institutions and other factors in driving the demographic transition see Kirk, op. cit., passim.

10 These demographic data, like all those in this book which are not end-noted, come from the United Nations Population Division. The income data are from the World Bank – GNI Atlas Method: https://data. worldbank.org/indicator/NY.GNP.PCAP.CD?view=chart (impression: 30 September 2020). The literacy data are also from the World Bank: https://data.worldbank.org/indicator/SE.ADT.LITR.FE.ZS? locations=MA (impression: 30 September 2020).

11 I have quantified this by correlating GPD per capita with fertility, life expectancy and infant mortality in 1970 and 2019 for more than one hundred countries for which the relevant data is available. I have found that the correlation between income and each of these demographic measures (a positive correlation for the first two, a negative one for the third) weakened between these two dates. The correlation between GDP per capita and fertility has weakened significantly more than that between life expectancy or (negatively) infant mortality. And the correlation in 2019 is much weaker for richer countries than for poor ones.

12 Most notably Gordon, Robert, *The Rise and Fall of American Growth: The U.S. Standard of Living Since the Civil War*, Princeton, New Jersey, Princeton University Press, 2016.

13 Kaa, D. J., van de, *Europe's Second Demographic Transition*, Washington DC, Population Reference Bureau, 1987; Lesthaeghe, R., *The Second Demographic Transition in Western Countries: An Interpretation*, Brussels, Interuniversity Programme in Demography, 1991; Lesthaeghe, R., 'The Unfolding Story of the Second Demographic Transition', *Population and Development Review*, 36 (2), 2010, pp. 211–51; see also Ariès, Philippe, 'Two Successive Motivations for the Declining Birth Rate in the West', *Population and Development Review*, 6 (4), 1980, pp. 645–50.

14 Kaa, Dirk J. van de, 'Europe's Second Demographic Transition', *Population Reference Bureau*, 42 (1), 1987, p. 46.

15 Lesthaeghe, R., 'The Second Demographic Transition: A Concise Overview of its Development', *PNAS*, 111 (51), 2014

16 For a fuller discussion of this, see Morland, op. cit., pp. 29–33, 283–90.

17 Drixler, Fay, *Infanticide and Population Growth in Eastern Japan 1660–1950*, Berkeley, University of California Press, 2013, pp. 18–19, 33, 124.

18 United Nations Population Division: https://population.un.org/wpp/ Download/Standard/Population/ (impression: 2 October 2020).

第一章

1 World Bank: https://data.worldbank.org/indicator/SP.DYN.IMRT. IN?locations=PE (impression: 19 July 2021).

2 *Anglican Journal*, 6 November 2019: https://www.anglicanjournal.com/ indigenous-midwives-exchange-knowledge-pwrdf-program-shares-best-practices-from-canada-mexico-and-peru (impression: 21 November 2019).

3 World Bank: https://data.worldbank.org/indicator/SP.DYN.IMRT. IN?locations=PE (impression: 27 July 2020).

4 World Bank: https://data.worldbank.org/indicator/SE.SEC.ENRR. FE?locations=PE (impression: 6 March 2019).

5 Kiross, Girmay Tsegay et al., 'The Effect of Maternal Education on Infant Mortality in Ethiopia: A Systematic Review and Meta-analysis', *PLoS One*, 14 (7) 2019.

6 Case, Anne and Deaton, Angus, *Deaths of Despair and the Future of Capitalism*, Princeton and Oxford, Princeton University Press, 2020, pp. 57, 59, 66, 75–7.

7 *Peruvian Times*, 30 December 2013: https://www.peruviantimes.com/30/ perus-maternal-mortality-rate-down-50-in-last-10-years/21077/50-in-last-10-years/21077/ (impression: 18 December 2018).

8 Minello, Alessandra, Dalla-Zuanna, Gianpiero and Alfani, Guido, 'First Signs of Transition: The Parallel Decline of Early Baptism and Early Mortality in the Province of Padua (north-eastern Italy), 1816–1870', *Demographic Research*, 36 (1), 2017, p. 761. Note that while the matching trends are clear, the authors are open to different interpretations of the data.

9 Henry's last wife, Catherine Parr, had one child by her fourth husband after Henry VIII's death. This child died around the age of two.

10 It is true that there is a counter-tendency to embrace death. Bach's exceptionally beautiful Cantata BWV 82 commences with a lament, 'Ich habe genug' (I have had enough), and ends with 'Ich freue mich auf meinen Tod' (I rejoice in my death). And apart from artists, mystical pietists and the odd psychopath, there have always been individuals who for one reason or other have embraced or even precipitated their own death such as those seeking glory, martyrdom and the possibility of eternity. A fervent belief in a better afterlife or in reincarnation may reduce the desire to stay alive. But had such cases not been exceptional, the human race could hardly have survived and thrived. The will to life is generally the stronger emotion.

11 I thought the use of this analogy was original. I then read it in Case and Deaton, op. cit., p. 22.

12 Alberts, Susan C., 'Social Influences on Survival and Reproduction: Insights from a Long-Term Study of Wild Baboons', *Journal of Animal Ecology*, 23 July 2018, p. 50: https://besjournals.onlinelibrary.wiley.com/doi/10.1111/1365-2656.12887 (impression: 15th November 2019)

13 *Independent*, 28 July 2013: https://www.independent.co.uk/news/world/politics/220-million-children-who-dont-exist-a-birth-certificate-is-a-passport-to-a-better-life-so-why-cant-8735046.html (impression: 22 November 2019).

14 Bricker, Darrell and Ibbitson, John, *Empty Planet: The Shock of Population Decline*, New York, Crown, 2019, p. 68.

15 UPI, 16 July 2020: https://www.upi.com/Health_News/2020/07/16/US-infant-mortality-rate-hits-all-time-low-CDC-reports/8081594905861/ (impression: 27 July 2020).

16 Center for Disease and Control and Prevention: https://www.cdc.gov/reproductivehealth/maternalinfanthealth/infantmortality.htm (impression: 27 July 2020).

17 Department of Health and Human Services: https://minorityhealth.hhs.gov/omh/browse.aspx?lvl=4&lvlid=68 (impression: 27 July 2020).

18 WCPO Cincinatti: https://www.wcpo.com/news/transportation-development/move-up-cincinnati/cradle-cincinnati-2018-infant-mortality-rate-improves-but-remains-far-higher-for-black-babies (impression: 27 July 2020).

19 Center for Diseases Control and Prevention: https://www.cdc.gov/nchs/pressroom/sosmap/infant_mortality_rates/infant_mortality.htm (impression: 27 July 2020).

20 http://www.newindianexpress.com/world/2019/feb/04/maldives-indian-coast-guard-successfully-evacuates-critically-ill-infant-1934136 (impression: 21 August 2019).

21 ONS: https://www.ons.gov.uk/peoplepopulationandcommunity/birthsdeathsandmarriages/deaths/bulletins/childhoodinfantandperinatalmortalityinenglandandwales/2018 (impression: 27 July 2020).

22 *Guardian*, 19 April 2019: https://www.theguardian.com/society/2019/apr/19/newborn-baby-deaths-may-be-on-rise-among-poorest-in-england (impression: 24 January 2020).

23 ONS: https://www.ons.gov.uk/peoplepopulationandcommunity/birthsdeathsandmarriages/deaths/bulletins/childhoodinfantandperinatalmortalityinenglandandwales/2019 (impression: 19 July 2021).

24 *Guardian*, 6 December 2019: https://www.theguardian.com/lifeandstyle/2019/dec/06/record-number-of-over-45s-giving-birth-in-england (impression: 23 November 2020).

25 UNICEF: https://data.unicef.org/resources/levels-and-trends-in-child-mortality/ (impression: 27 July 2020).

26 Cato Institute, 3 April 2019: https://www.cato.org/publications/commentary/human-progress-saved-baby-will-save-many-more (impression: 27 July 2020).

27 Ibid.

28 Agence France Press, 10 February 2014: https://www.pri.org/stories/2014–02–10/pakistan-where-conspiracy-theories-can-cost-childs-life (impression: 7 July 2020).

29 *Daily Telegraph*, 29 April 2019: https://www.telegraph.co.uk/global-health/science-and-disease/pakistan-polio-vaccinations-halted-killings-amid-panic-sterilization/ (impression: 27 July 2020).

30 Ntedna, Peter Austin Morten and Tiruneh, Fentanesh Nibret, 'Factors Associated with Infant Mortality in Malawi', *Journal of Experimental and Clinical Medicine*, 6 (4), August 2014, pp. 125–9: https://www.researchgate.net/publication/263812940_Factors_Associated_with_Infant_Mortality_in_Malawi (impression: 13 December 2019).

31 Full Fact: https://fullfact.org/health/how-many-people-die-fires/ (impression: 13 December 2020).

32 Interview with Michael Rosato, CEO of Women and Children First, 12 December 2019, London.

33 Ibid.

34 *Guardian*, 19 September 2019: https://www.theguardian.com/global-development/2019/sep/19/number-women-dying-childbirth-off-track (impression: 22 January 2019).

35 Al Jazeera, 14 March 2016: https://www.aljazeera.com/indepth/features/2016/03/sri-lanka-beats-india-maternal-mortality-ratios-160308105127735.html (impression 4 February 2019).

36 World Bank: https://data.worldbank.org/indicator/SH.STA.MMRT?locations=LK (impression: 27 July 2020).

37 Data 1990–2013. Regions halving or more in this period include Northern Africa and East Asia. Trends in Maternal Mortality 1990-2013 WHO et al, p. 25: http://apps.who.int/iris/bitstream/handle/10665/112682/9789241507226_eng.pdf;jsessionid=C8C8E09C1B10F77323BE5B0C992A4250?sequence=2 (impression: 21 October 2021).

38 Prost, Audrey et al., 'Women's Groups Practicing Participatory Learning and Action to Improve Maternal and New Born Health in Maternal Settings: A Systematic Review and Meta-Analysis', *The Lancet*, 2013, 381, 1736–46.

39 UNICEF: https://data.unicef.org/topic/maternal-health/maternal-mortality/ (impression: 27 June 2020); *Guardian*, 30 January 2017: https://www.theguardian.com/global-development/2017/jan/30/maternal-death-rates-in-afghanistan-may-be-worse-than-previously-thought#img-1 (impression: 12 October 2019). Note, however, that other sources put it lower e.g. the World Bank: https://data.worldbank.org/indicator/SH.STA.MMRT?locations=AF (impression: 19 July 2021).

40 *Journal of the Royal Society of Medicine*, November 1999: https://www.ncbi.nlm.nih.gov/pmc/articles/PMC1633559/ (impression: 4 February 2019); World Bank, op. cit.

41 Other data puts the rate higher, at more than twenty-six deaths per hundred thousand pregnant women, but this is taking account of deaths in pregnancy rather than after birthing: https://www.health.harvard.edu/blog/a-soaring-maternal-mortality-rate-what-does-it-mean-for-you-2018101614914 (impression: 9 September 2020).

42 CNN, 20 February 2018: https://edition.cnn.com/2018/02/20/opinions/protect-mother-pregnancy-williams-opinion/index.html (impression: 17 August 2020); Independent, 9 December 2019, https://www.independent.co.uk/life-style/women/beyonce-miscarriage-pregnancy-loss-life-lessons-blue-ivy-jay-z-elle-uk-a9239121.html (impression: 21 October 2021).

43 *New York Times*, 7 May 2019: https://www.nytimes.com/2019/05/07/health/pregnancy-deaths-.html (impression: 13 December 2019).

44 Centers for Disease and Control Prevention: https://www.cdc.gov/vitalsigns/maternal-deaths/index.html (impression: 13 December 2019).

第二章

1 The UN median forecast for Africa as a whole is somewhat higher, for sub-Saharan Africa somewhat lower. In general, unless otherwise stated, the data mentioned in this chapter for Africa is for sub-Saharan Africa only.

2 *Financial Times*, 17 November 29016: https://www.ft.com/content/8411d970-7b44-11e6-ae24-f193b105145e (impression: 21 August 2019).

3 Ibid.

4 *Africa Times*, 27 November 2019: https://africatimes.com/2019/11/27/
iom-climate-change-a-clear-driver-of-african-migration/ (impression: 29
November 2019).

5 *Climate Home News*, 16 May 2019: https://www.climatechangenews.
com/2019/05/16/lake-chad-not-shrinking-climate-fuelling-terror-groups-
report/ (impression: 29 November 2019); BBC 27 September 2018:
https://www.bbc.co.uk/news/world-africa-45599262 (impression: 29
November). *Guardian*, 22 October 2019: https://www.theguardian.com/
global-development/2019/oct/22/lake-chad-shrinking-story-masks-serious-
failures-of-governance (impression: 24 January 2019).

6 The accuracy of this statement will depend on how soon after its being
written it is read, as is the case with all fast-changing phenomena. By
mid-century, the UN's median forecast is that Niger's population will be
as large as the UK's is today.

7 Euronews, 31 October 2019: https://www.euronews.com/2019/10/31/
being-a-malnourished-child-in-niger-two-stories (impression: 29
November 2019).

8 Segal, Ronald, *Islam's Black Slaves: The History of Africa's Other Diaspora*,
London, Atlantic Books, 2001, pp. 56–7.

9 Elton, J. Frederic, *Travels and Researches among the Lakes and Mountains of
Eastern and Central Africa*, London, John Murray, 1879, p. 23.

10 Deutscher, Guy, *Through the Language Glass: How Words Colour Your
World*, London, William Heinemann, 2010, p. 164.

11 Darwin, Charles, *The Descent of Man and Selection in Relation to Sex*, New
York, D. Appleton and Company, 1871, p. 193.

12 Horsman, Reginald, *Race and Manifest Destiny: The Origins of American
Racial Anglo-Saxonism*, Cambridge MA and London, Harvard University
Press, 1981, pp. 243–4.

13 *Washington Spectator*, 2 November 2019: https://washingtonspectator.org/
italy-and-beyond/ (impression: 1 December 2019).

14 BBC News, 14 November 2019: https://www.bbc.co.uk/news/stories-
50391297 (impression: 1 December 2019).

15 Smith, Stephen, *The Scramble for Europe: Young Africa on its Way to the Old
Continent*, Polity, Cambridge, 2019, p. 159.

16 Collier, Paul, *Exodus: Immigration and Multiculturalism in the 21ˢᵗ Century*,
Penguin, London, 2014, pp. 41–3.

17 Reuters, 15 August 2020, https://www.reuters.com/article/us-italy-
migrants-minister-idUSKCN25B0SO (impression: 22 October 2021).

18 *Mail & Guardian*, http://atavist.mg.co.za/ghana-must-go-the-ugly-history-of-africas-most-famous-bag (impression: 24 January 2019).

19 All Africa, 28 February 2018: https://allafrica.com/stories/201803010011.html (impression: 24 January 2018).

20 Migration Data Portal https://www.migrationdataportal.org/regional-data-overview/southern-africa (impression: 21 October 2021).

21 Brookings, 7 June 2018: https://www.brookings.edu/blog/africa-in-focus/2018/06/07/figures-of-the-week-internal-migration-in-africa/ (impression: 24 January 2019).

22 Quartz, 28 March 2019: https://qz.com/africa/1582771/african-migrants-more-likely-to-move-in-africa-not-us-europe/ (impression: 24 January 2019).

23 Fukuyama, Francis, *Political Order and Political Decay*, Profile, London, 2014, pp. 25–7.

24 Vollset, Stein Emil et al., 'Fertility, Mortality, Migration and Population Scenarios for 195 Countries and Territories: A Forecasting Analysis for the Global Burden of Disease Study', *The Lancet*, 14 July 2014.

25 Kaufman, Carol E., 'Contraceptive Use in South Africa Under Apartheid', *Demography*, 35 (4), 1998, pp. 421–34.

26 All Africa, 21 November 2019: https://allafrica.com/stories/201911270852.html (impression: 6 December 2019).

27 New Security Beat, 11 May 2015: https://www.newsecuritybeat.org/2015/05/whats-west-central-africas-youthful-demographics-high-desired-family-size/ (impression: 6 December 2019).

28 Devex, 21 November 2019: https://www.devex.com/news/innovative-approaches-to-improving-contraceptive-access-in-kenya-96048 (impression: 16 December 2019).

29 Knoema: https://knoema.com/atlas/Nigeria/topics/Education/Literacy/Adult-femaleilliteracy (impression: 26 January 2020).

30 Livi-Bacci, Massimo, *The Population of Europe*, Oxford, Blackwell, 1999, p. 165.

31 One, 28 November 2018: https://www.one.org/international/blog/aids-facts-epidemic/?gclid=EAIaIQobChMI_7Orgt2c5wIVQrTtCh2-DA9yEAAYASAAEgLC7_D_BwE (impression: 24 January 2020).

32 Avert: https://www.avert.org/professionals/hiv-around-world/sub-saharan-africa/swaziland (impression: 21 October 2021).

33 AAAS Science Magazine, 24 July 2017: https://www.sciencemag.org/news/2017/07/swaziland-makes-major-strides-against-its-aids-epidemic (impression: 8 December 2019).

34　Center for Disease Control and Prevention: 2014–2016 Ebola Outbreak in West Africa: https://www.cdc.gov/vhf/ebola/history/2014-2016-outbreak/index.html (impression: 15 December 2019).

35　World Bank: https://data.worldbank.org/indicator/NY.GDP.PCAP.PP.CD (impression: 20 March 2020).

36　*Financial Times*, 22 November 2019: https://www.ft.com/content/69f907ce-e127-11e9-b8e0-026e07cbe5b4 (impression: 15 December 2019).

37　Whether Europe's wars really have been about resources is of course highly debatable. The Lenin / Imperialism view of World War One is that they were – but that view has largely been discredited. Nevertheless, the desire for territory, whether Britain versus Germany in the colonies or Austrian ambitions against Russian clients in the Balkans, was often not just about glory or self-aggrandisement or power but also about taxable and extractable resources. The Franco-German bitterness over Alsace-Lorraine for example was intensified because of the significant iron deposits to be found there.

第三章

1　United Nations, The World's Cities in 2018: https://www.un.org/en/events/citiesday/assets/pdf/the_worlds_cities_in_2018_data_booklet.pdf (impression: 23 October 2020). This includes Hong Kong but not the cities of Taiwan.

2　Researchgate: https://www.researchgate.net/figure/Worlds-largest-cities-megacities-in-the-world-1900-2015_tbl1_226618338 (impression: 21 August 2019).

3　*Guardian*, 20 March 2017: https://www.theguardian.com/cities/2017/mar/20/china-100-cities-populations-bigger-liverpool (impression: 21 August 2019).

4　World Population Review: https://worldpopulationreview.com/countries/cities/india (impression: 19 August 2020).

5　Luxembourg – A Small but Open Society: https://luxembourg.public.lu/en/society-and-culture/population/demographics.html (impression: 19 August 2020).

6　Childe, V. Gordon, 'The Urban Revolution', *Town Planning Review*, 21 (1) 1950, pp. 3–17.

7　China Today, 2 November 2018 http://www.chinatoday.com.cn/ctenglish/2018/tourism/201811/t20181102_800146032.html (impression: 21 October 2021).

8 Slate, 31 October 2013: https://slate.com/news-and-politics/2013/10/
    nanchang-china-a-city-the-size-of-chicago-that-youve-never-heard-of.
    html (impression: 21 August 2019); MarcoTrends: https://www.
    macrotrends.net/cities/20622/nanchang/population (impression: 21
    August 2019).

9 UN Population Division: https://population.un.org/wup/Archive/Files/
    studies/United%20Nations%20(1977)%20-%20Orders%20of%20
    magnitude%20of%20the%20world%27s%20urban%20population%20
    in%20history.PDF; World Bank: https://data.worldbank.org/indicator/
    sp.urb.totl.in.zs; UN: https://www.un.org/development/desa/en/news/
    population/2018-revision-of-world-urbanization-prospects.html
    (impressions: 21 August 2019).

10 World Population Review: http://worldpopulationreview.com/world-
    cities/chongqing-population/ (impression: 2 February 2020).

11 Knoema: https://knoema.com/atlas/China/Urban-population (impression:
    19 August 2020).

12 Statistica.com: https://www.statista.com/statistics/289158/telephone-
    presence-in-households-in-the-uk/ (impression: 14 February 2020).

13 Crosby, Alfred W., *The Measure of Reality: Quantification and Western
    Society, 1250–1600*, Cambridge, Cambridge University Press, 1997, p. 129.

14 Evans, Richard J., *The Pursuit of Power: Europe 1815–1914*, London, Allen
    Lane, 2016, p. 8.

15 Shan, Weijian, *Out of the Gobi: My Story of China and America*, Hoboken,
    New Jersey, Wiley, 2019, p. 135.

16 Twine, Kevin, 'The City in Decline: Rome in Late Antiquity', *Middle
    States Geographer*, 25, 1992, p. 136.

17 Marsden, Peter and West, Barbara, 'Population Change in Roman
    London', *Britannia*, 23, 1992, pp. 133–40.

18 Davis, Kingsley, 'The Urbanization of the Human Population', in LeGates,
    Richard T. and Stout, Frederic, eds., *The City Reader*, London and New
    York, Routledge, 2016, p. 481.

19 Morland, Paul, *The Human Tide: How Population Shaped the Modern
    World*, London, John Murray, 2020.

20 Again, a lot depends on precisely how you define urban, which requires
    both a determination of the minimum the size of a qualifying conurbation
    and the conurbation's boundaries.

21 *Financial Times*, 24 March 2020: https://www.ft.com/content/1df725c0-
    6adb-11ea-800d-da70cff6e4d3 (impression: 24 March 2020).

22 *Guardian*, 23 March 2009: https://www.theguardian.com/ environment/2009/mar/23/city-dwellers-smaller-carbon-footprints (impression: 16 February 2020).

23 Live Science, 19 April 2011: https://www.livescience.com/13772-city-slicker-country-bumpkin-smaller-carbon-footprint.html (impression: 16 February 2020).

24 US Energy Information Administration https://www.eia.gov/ environment/emissions/state/analysis/ (impression: 21 October 2021).

25 Peter Calthorpe cited in Brand, Stewart, *Whole Earth Discipline: An Ecopragmatist Manifesto*, London, Atlantic Books, 2010, p. 67.

26 Ibid., p. 68.

27 Smil, Vaclav, *Growth: From Microorganisms to Megacities*, Cambridge, Mass. and London, MIT, 2019, p. 343.

28 Pyrenean Way: http://www.pyreneanway.com/2014/06/rewilding-and-the-pyrenees/?lang=en; The Connexion: https://www.connexionfrance.com/ French-news/Camera-captures-rare-brown-Pyrenees-bear (impressions: 14 February 2020).

29 Flyn, Cal, *Islands of Abandonment*, London, William Collins, 2021, pp. 53, 59.

30 Wired, 14 February 2018: https://www.wired.co.uk/article/tfl-finances-transport-for-london-deficit-passenger-numbers (impression: 14 February 2020).

31 Carter, Mike, 'Stranded in Paradise: A Spring Awakening amid the Welsh Hills', *Financial Times*, 5 May 2020: https://www.ft.com/content/f095f452-8309-11ea-b6e9-a94cffd1d9bf (impression: 18 August 2020).

32 GLA Intelligence 2015: https://data.london.gov.uk/dataset/population-change-1939-2015 (impression: 2 February 2020).

33 Bloomberg, 26 January 2020: https://www.bloomberg.com/opinion/ articles/2020-01-26/superstar-cities-london-new-york-amsterdam-are-losing-locals (impression: 14 February 2020).

34 Smith, P. D., *City: A Guidebook for the Urban Age*, London, Berlin, Sydney and New York, 2012, p. 312.

35 World Bank: https://data.worldbank.org/indicator/SP.RUR.TOTL. ZS?locations=ZG (impression: 2 February 2020).

36 World Population Review, 17 February 2020: https://worldpopulation review.com/world-cities/lagos-population/ (impression: 22 March 2020).

37 McDougall, Robert and Kristiansen, Paul and Rader, Romina, 'Small scale agriculture results in high yields but requires judicious management of inputs to achieve sustainability', PNAS, 116 (1), 2019, pp. 129–34.

38 City Monitor, 18 June 2015: https://citymonitor.ai/government/granting-planning-permission-massively-increases-land-values-shouldnt-state-get-share-1154 (impression: 20 July 2021).

39 i24, 27 July 2019: https://www.i24news.tv/en/news/international/europe/1564227612-uk-s-johnson-vote-to-leave-eu-not-just-against-brussels-but-against-london-too (impression: 10 September 2020).

40 Davis, op. cit., p. 5.

41 Smith, op. cit., p. 312.

42 *Financial Times*, 23 March 2020: https://www.ft.com/content/1df725c0-6adb-11ea-800d-da70cff6e4d3 (impression: 23 March 2020).

43 Davis, op. cit., p. 5.

44 ONS: https://www.ons.gov.uk/peoplepopulationandcommunity/birthsdeathsandmarriages/lifeexpectancies/bulletins/lifeexpectancyatbirthandatage65bylocalareasinenglandandwales/2015-11-04#regional-life-expectancy-at-birth (impression: 14 February 2020).

45 TTN, 22 February 2017: https://timesofindia.indiatimes.com/city/kolkata/bengal-fertility-rate-lowest-in-country/articleshow/57283418.cms (impression: 21 August 2019).

第四章

1 Five Stars and a Moon, 8 January 2016 http://www.fivestarsandamoon.com/2016/01/why-you-shouldnt-have-kids-in-singapore/ (impression: 29 January 2019).

2 Bricker, Darrell and Ibbitson, John, *Empty Planet: The Shock of Global Population Decline*, London, Robinson, 2019.

3 Levin, Hagai et al., 'Temporal Trends in Sperm Count: A Systematic Review and Meta-Regression Analysis', *Human Reproduction Update*, 23 (6), 2017, pp. 646–59.

4 NHS: https://www.nhs.uk/conditions/infertility/#:~:text=Infertility%20is%20when%20a%20couple,couples%20may%20have%20difficulty%20conceiving. (impression: 2 October 2020).

5 Government of Singapore https://www.singstat.gov.sg/modules/infographics/total-fertility-rate (impression: 22 October 2021); Mothership: https://mothership.sg/2018/04/singapore-total-fertility-rate-official/ (impression: 13 December 2018).

6 Morland, Paul, *The Human Tide: How Population Shaped the Modern World*, London, John Murray, 2019, pp. 90, 93.

7 Yap, Mui Teng, 'Fertility and Population Policy: the Singaporean Experience', *Journal of Population and Social Security Population*, (1) Suppl., 2003, p. 646.
8 Ibid., p. 651.
9 Ibid., p. 652.
10 *Straits Times*, 28 September 2018: https://www.straitstimes.com/singapore/spores-fertility-rate-down-as-number-of-singles-goes-up (impression: 29 March 2019).
11 *Straits Times*, 26 September 2016: https://www.straitstimes.com/singapore/fewer-sporean-babies-born-out-of-wedlock (impression: 29 March 2019), Yale Global Online: https://yaleglobal.yale.edu/content/out-wedlock-births-rise-worldwide (impression: 29 March 2019).
12 French, Marilyn, *The Women's Room*, London, André Deutsch, 1978, p. 47.
13 Bongaarts, John and Sobatka, Tomáš, 'A Demographic Explanation for the Recent Rise in European Fertility', *Population and Development Review*, 30 (1), 2012, pp. 83–120; The Austrian Academy of Sciences 2008: https://www.oeaw.ac.at/en/vid/data/demographic-data-sheets/european-demographic-data-sheet-2008/tempo-effect-and-adjusted-tfr/ (impression: 10 April 2019).
14 Morland, Paul, UnHerd, 17 October 2019: https://unherd.com/2019/10/has-hungary-conceived-a-baby-boom/ (impression: 16 October 2019).
15 Morland, Paul, *The Human Tide: How Population Shaped the Modern World*, London, John Murray, 2019, pp. 166–73.
16 Lieven, Dominic, *Towards the Flame: Empire, War and the End of Tsarist Russia*, London, Allen Lane, 2015, p. 60.
17 *Financial Times*, 12 March 2019: https://www.ft.com/content/f34bb0b0-2f8b-11e9-8744-e7016697f225 (impression: 3 April 2019).
18 UN Population Division: Data is for 2010–2015 period.
19 *Financial Times*, 24 August 2020: https://www.ft.com/content/c1bd20d6-f019-40ba-9ee7-b23e6150bf6c (impression: 24 August 2020).
20 Population Reference Bureau: https://interactives.prb.org/2021-wpds/asia/#east-asia (impression: 3 September 2021).
21 Statistics derived from the following sources: Fertility – US Government: https://www.cdc.gov/nchs/data/nvsr/nvsr68/nvsr68_01-508.pdf, Religiosity – Pew Research: https://www.pewresearch.org/fact-tank/2016/02/29/how-religious-is-your-state/?state=alabama, Voting – *New York Times*:https://www.nytimes.com/elections/2016/results/president,Income–Statista: https://www.statista.com/statistics/248063/per-capita-us-real-gross-domestic-product-gdp-by-state/ (all impressions: 5 April 2019).

22　Next Door Mom, 20 April 2011: http://www.nextdoormormon. com/2011/04/20/why-do-all-the-mormons-i-know-have-so-many-kids/ (impression: 5 April 2019).

23　Medium, 8 February 2018: https://medium.com/migration-issues/ how-long-until-were-all-amish-268e3d0de87#:~:text., (impression: 2 October 2020).

24　Deseret News, 26 December 2019: https://www.deseret.com/ indepth/2019/12/26/21020015/demographic-transition-fertility-rate-slowing-births-us-motherhood (impression: 21 August 2020).

25　Medium, op. cit.

26　Kaufmann, Eric, *Shall the Religious Inherit the Earth? Demography and Politics in the Twenty-First Century*, Profile Books, London, 2010, p. 35; Evans, Simon N. and Peller, Peter, 'A Brief History of Hutterite Demography', *Great Plains Quarterly*, 35, 1, 2015, pp. 79–101.

27　*Times of Israel*, 21 June 2018: https://www.timesofisrael.com/ultra-orthodox-reverse-uk-jewish-population-decline-study-finds/ (impression: 12 March 2019).

28　World Population Review https://worldpopulationreview.com/us-cities/ kiryas-joel-ny-population (impression: 22 October 2021).

29　*Financial Times*, 7 April 2019: https://www.ft.com/content/dae642aa-5601-11e9-a3db-1fe89bedc16e (impression: 9 April 2019).

30　Schellekens, Jona and Anson, Jon, eds, *Israel's Destiny: Fertility and Mortality in a Divided Society*, New Brunswick and London, Transaction Publishers, 2007.

31　Mercatornet, 19 February 2019: https://mercatornet.com/israel-is-having-far-more-babies-than-any-other-developed-country/24064/ (impression: 21 August 2020), Smith, Tom, *Jewish Distinctiveness in America, a Statistical Portrait*, 2005, p. 73: https://www.jewishdatabank.org/databank/search-results/study/617 (impression: 31 January 2020).

32　Kaa, D. J. van de, *Europe's Second Demographic Transition*, Washington DC, Population Reference Bureau, 1987.

33　Kaufmann, op. cit., p. 130.

34　Ibid., passim.

35　*New York Jewish Week*, 17 August 2016: https://jewishweek.timesofisrael. com/orthodox-dropouts-still-tethered-to-faith/ (impression: 23 March 2020).

36　*Guardian*, 27 February 2019: https://www.theguardian.com/environment/ shortcuts/2019/feb/27/is-alexandria-ocasio-cortez-right-to-ask-if-the-climate-means-we-should-have-fewer-children (impression: 6 March 2020).

37 *Forbes*, 7 April 2019, https://www.forbes.com/sites/ericmack/2019/04/07/
a-quarter-of-japanese-adults-under-40-are-virgins-and-the-number-is-
increasing/?sh=56099a6b7e4d (impression22 October 2022).

38 *Italy Magazine*, 12 April 2008: https://www.italymagazine.com/italy/
science/less-sex-italian-couples-drop-male-sex-drive-blamed (impression: 9
April 2019).

39 *Time*, 26 October 2018: http://time.com/5297145/is-sex-dead/ (impression:
9 April 2019).

40 Kornich, Sabion, Brines, Julie and Leupp, Katrina, 'Egalitarianism,
Housework and Sexual Frequency in Marriage', *American Sociological
Review*, 78 (1), 2012, pp. 26–50.

41 Ibid.

42 Martine, George: 'Brazil's Fertility Decline 1965–1995: A Fresh Look at
Key Factors', pp. 169–207 in Martine, George, Das Gupta, Monica and
Chen, Lincoln C., eds, *Reproductive Change in India and Brazil*, Delhi and
Oxford, Oxford University Press, 1998.

43 Birley, Daniel A., Tropf, Felix C. and Mills, Melinda C., 'What Explains
the Heritability of Completed Fertility? Evidence from Two Large Twin
Studies', *Behaviour Genetics*, 47, 2017, pp. 36–51; *Guardian*, 3 June 2015:
https://www.theguardian.com/science/2015/jun/03/genetics-plays-role-in-
deciding-at-what-age-women-have-first-child-says-study (impression: 2
October 2020).

44 Rosling, Hans, TED Talks: https://www.ted.com/talks/hans_rosling_
religions_and_babies/transcript (impression: 21 December 2018).

45 United Nations Population Division 2017 Revisions (median fertility
estimate).

46 Statistics Times, 12 September 2015: http://statisticstimes.com/economy/
china-vs-india-gdp.php (impression: 10 April 2019).

47 Nippon.com, 25 July 2019, https://www.nippon.com/en/japan-data/
h00438/japan-judged-low-on-happiness-despite-longevity.html
(impression: 22 October 2021).

48 Bricker and Ibbitson, op. cit., passim.

第五章

1 Statistical Institute of Catalonia: https://www.idescat.cat/pub/?id=aec&n=
285&lang=en (impression: 27 October 2020). For an explanation of the
median age, see Chapter 1 above.

2 Statistical Institute of Catalonia: https://www.idescat.cat/pub/?id=aec& n=285&lang=en (impression: 23 August 2019).

3 Statista: https://www.statista.com/statistics/275398/median-age-of-the-population-in-spain/ (impression: 23 August 2019). Note that this source gives 27.5 as the median age in Spain in 1950; given the trend, it is highly likely that it was below 25 in the 1930s.

4 According to the UN data, the only country where the median age was lower in 2020 than it had been in 2015 was Germany, presumably because of the large influx of young migrants in 2015 but not counted in that year's data. With its particularly heavy toll on the elderly, Covid-19 could have a similar albeit temporary effect on a much wider scale.

5 See for example Cincotta, Richard P., 'Demographic Security Come of Age', *ESCP Report*, 10, 2004, pp. 24–9; Urdal, Henrik R., 'A Clash of Generations? Youth Bulges and Political Violence', *International Studies Quarterly*, 50, 2006, pp. 607–29; Leuprecht, Christian, 'The Demography of Interethnic Violence', paper presented to the American Political Science Association, 2007. But see Guinnane, Timothy, 'The Human Tide: A Review Essay', *Journal of Economic Literature* 59 (4), 2021, p. 1330.

6 Leahy, Elizabeth et al., *The Shape of Things to Come: Why Age Structure Matters to a Safer, more Equitable World*, Washington DC, Population Action International, 2007.

7 Staveteig, Sarah, 'The Young and Restless: Population Age Structure and Civil War', in *Population and Conflict, Exploring the Links*, edited by Dalbeko, Geoffrey D. et al., Woodrow Wilson Center for Scholars, Environmental Change and Security Program report 11, 2005, pp. 12–19; Fearon, James D. and Laitin, David D., 'Sons of the Soil, Migrants and Civil War', *World Development*, 39 (2), 2010, pp. 199–211

8 Staveteig, op. cit.

9 Statista: https://www.statista.com/statistics/454349/population-by-age-group-germany/ (impression: 2 October 2020).

10 BBC, 10 August 2015: https://www.bbc.co.uk/news/newsbeat-33713015 (impression: 14 December 2020).

11 *Independent*, 18 February 2016: https://www.independent.co.uk/news/science/why-areteenagers-so-moody-a6874856.html (impression: 6 March 2020).

12 Johnson, Sara B., Blum, Robert W. and Giedd, Jay N., 'Adolescent Maturity and the Brain: The Promise and Pitfalls of Neuroscience

Research in Adolescent Health Policy', *Journal of Adolescent Health*, 45 (3), 2009, pp. 216–21.

13 Brake: http://www.brake.org.uk/news/15-facts-a-resources/facts/488-young-drivers-the-hard-facts (impression: 8 March 2020).

14 Regev, Shirley, Rolison, Jonathan J. and Moutari, Salissou, 'Crash risk by driver age, gender, and time of day using a new exposure methodology', *Journal of Safety Research*, 66, 2018, pp. 131–40.

15 Mulderig, M. Chloe, 'An Uncertain Future: Youth Frustration and the Arab Spring', *Boston University Pardee Papers*, 16 2013, pp. 15, 23 and passim.

16 *Guardian*, 19 March 2014: https://www.theguardian.com/world/2014/mar/19/growing-youth-population-fuel-political-unrest-middle-east-south-america (impression: 8 March 2020).

17 *Jerusalem Post*, 4 September 2019: https://www.jpost.com/Opinion/Hezbollahs-demographic-problem-explains-its-restraint-600568 (impression: 8 March 2020).

18 See UN Population Division, https://population.un.org/wpp/Download/Standard/Population/ (impression: 24 October 2021).

19 *Pacific Standard*, 14 July 2017: https://psmag.com/social-justice/pax-americana-geriatrica-4416 (impression: 24 October 2021).

20 Morland, Paul, *Demographic Engineering: Population Strategies in Ethnic Conflict*, Farnham, Ashgate, 2014.

21 Ibid., passim.

22 Ceterchi, Ioan, Zlatescu, Victor, Copil, Dan, and Anca, Peter, *Law and Population Growth in Romania*, Bucharest, Legislative Council of the Socialist Republic of Romania, 1974.

23 Gatrell, Peter, *The Unsettling of Europe: The Great Migration, 1945 to the Present*, London, Allen Lane, 2019.

24 King, Leslie, 'Demographic Trends, Pro-Natalism and Nationalist Ideologies', *Ethnic and Racial Studies*, 25 (3), 2002, pp. 21–51.

25 Morland, Paul, *Demographic Engineering*, pp. 99–109.

26 Ibid., pp. 93–8.

27 *Guardian*, 7 March 2018: https://www.theguardian.com/media/2018/mar/07/nme-ceases-print-edition-weekly-music-magazine (impression: 25 March 2019); 2018 Cruise Industry Overview: https://www.f-cca.com/downloads/2018-Cruise-Industry-Overview-and-Statistics.pdf (impression: 25 March 2020).

28 BBC News, 15 March 2019: https://www.bbc.co.uk/news/uk-england-london-35126667 (impression: 13 March 2020).

29 *Guardian*, 25 June 2018: https://www.theguardian.com/film/2018/jun/25/hatton-garden-job-v-king-of-thieves-trailers-michael-caine (impression: 13 March 2020).

30 *Evening Standard*, 4 February 2021, https://www.standard.co.uk/news/crime/half-of-london-knife-crime-carried-out-by-teenagers-and-children-as-young-as-ten-police-figures-reveal-a4056596.html (impression: 24 October 2021).

31 World Atlas: https://www.worldatlas.com/articles/murder-rates-by-country.html (impression: 23 August 2019).

32 *Evening Standard*, 23 June 2018: https://www.standard.co.uk/news/crime/revealed-the-boroughs-with-the-highest-and-lowest-murder-rates-in-london-a3869671.html (impression: 29 January 2019); CBRE London Living 2016: https://www.cbreresidential.com/uk/sites/uk-residential/files/CBRE0352%20%20Borough%20by%20Borough%202016.pdf (impression: 29 January 2019).

33 E.g. Kahn, Samuel, 'Reconsidering the Donohue–Levitt Hypothesis', *American Catholic Philosophical Quarterly*, September 2016, pp. 583–620.

34 Griffith, Gwyn and Norris, Gareth, 'Explaining the Crime Drop: Contributions to Declining Crime Rates from Youth Cohorts since 2005', *Crime, Law and Social Change*, 73, 2020, pp. 25–53.

35 Dyson, Tim and Wilson, Ben, 'Democracy and the Demographic Transition', LSE Research Online, 2016: http://eprints.lse.ac.uk/66620/1/Wilson_Democracy%20and%20the%20demographic%20transition.pdf (impression: 25 September 2020).

第六章

1 There is probably a slightly greater number of centenarians in the US, but it has a population two-and-half times that of Japan. China has a similar number, but in a population more than ten times larger.

2 *Washington Post*, 27 July: https://www.washingtonpost.com/news/worldviews/wp/2018/07/27/after-a-life-filled-with-sushi-and-calligraphy-worlds-oldest-person-dies-at-117/ (impression: 3 April 2020).

3 *Guinness Book of World Records*, 21 January 2019: https://www.guinnessworldrecords.com/news/2019/1/worlds-oldest-man-masazo-nonaka-dies-at-his-home-in-japan-aged-113-556396/ (impression: 27 August 2019).

4 *Jewish Chronicle*, 3 April 2020, p. 41.

5 *Prospect*, May 2020, p. 8.

6 Zak, Nikolay, Jeanne Calment: The Secret of Longevity: https://www.researchgate.net/publication/329773795_Jeanne_Calment_the_secret_of_longevity (impression: 7 April 2020).

7 National Geographic, 6 April 2017: https://www.nationalgeographic.com/books/features/5-blue-zones-where-the-worlds-healthiest-people-live/ (impression: 7 April 2020).

8 For a full explanation of life expectancy, see Morland, Paul, *The Human Tide: How Population Shaped the Modern World*, London, John Murray, 2020, pp. 283–5; for a somewhat simplified explanation, see the 2019 version of the same work.

9 Gratton, Lynda and Scott, Andrew, *The 100-Year Life: Living and Working in an Age of Longevity*, London, Bloomsbury Business, 2017, p. 26.

10 CNA, 24 April 20219: https://www.channelnewsasia.com/news/commentary/japan-ageing-population-old-harassing-young-working-age-11471252 (impression: 14 April 2020).

11 *Financial Times*, 23 April 2019: https://www.ft.com/content/b1369286-60f4-11e9-a27a-fdd51850994c (impression: 14 April 2020).

12 For an example of the growing literature linking stagnant economies with low fertility and slow population growth, see Jones, Charles I., *The End of Economic Growth? Unintended Consequences of a Declining Population*, Stanford NBER, 2020.

13 World Economic Forum: https://www.weforum.org/agenda/2019/02/japan-s-workforce-will-shrink-20-by-2040/ (impression: 31 March 2020).

14 Macrotrends: https://www.macrotrends.net/2593/nikkei-225-index-historical-chart-data (impression: 31 March 2020).

15 World Bank: https://data.worldbank.org/indicator/NY.GDP.MKTP.KD.ZG?locations=JP (impression: 31 March 2020).

16 Macrotrends: https://www.macrotrends.net/countries/JPN/japan/inflation-rate-cpi (impression: 31 March 2020).

17 ONS https://www.ons.gov.uk/employmentandlabourmarket/peopleinwork/employmentandemployeetypes/timeseries/bbfw/lms (impression: 24 October 2021).

18 Vollrath, Dietrich, *Fully Grown: Why a Stagnant Economy is a Sign of Success*, Chicago and London, University of Chicago Press, 2020, p. 63.

19 *Financial Times*, 17 October 2020: https://www.ft.com/content/8b2fbf82-8cbe-487e-af63-b3b006f9672d (impression: 18 October 2020).

20 See for example Kelton, Stephanie, *The Deficit Myth: Modern Monetary Theory and the Birth of the People's Economy*, New York, Public Affairs, 2020. Kelton's work provides a thorough outline of the theory and a

justification for it but does not make the argument that it is required now in a way it has not been in the past because of demography.

21 For share of wealth by cohort see *Washington Post*, 13 December 2019: https://www.washingtonpost.com/business/2019/12/03/precariousness-modern-young-adulthood-one-chart/ (impression: 14 December 2020).

22 Goodhart, Charles and Pradhan, Manoj, *The Great Demographic Reversal: Ageing Societies, Waning Inequality and an Inflation Revival*, Cham Switzerland, Palgrave Macmillan, 2020.

23 A Measured View of Healthcare: https://measuredview.wordpress.com/2014/10/07/15/ (impression: 3 April 2020).

24 Global Spending on Health: A World Transition, World Health Organization 2019, p. 6: https://www.who.int/health_financing/documents/health-expenditure-report-2019.pdf?ua=1 (impression: 14 April 2019).

25 Forbes, 6 March 2020: https://www.forbes.com/sites/stephenpope/2020/03/06/migrating-european-youth-threatens-europes-pension-program/ (impression: 3 April 2020).

26 *The Gerontologist*, 54 (1), February 2014: https://academic.oup.com/gerontologist/article/54/1/5/561938 (impression: 3 April 2020).

27 As to whether pay-as-you-go welfare is a Ponzi scheme, it may appear so on the face of the matter. But once again, it is worth referring to the proponents of Modern Monetary Theory who argue that, providing the country is able to produce the resources and services required without inflation or unfinanceable trade deficits, it is not. This is a debate I am happy to leave to the economist.

28 *New York Times*, 11 January 2020: https://www.nytimes.com/2020/01/11/world/europe/france-pension-protests.html (impression: 3 April 2020).

29 Goodhart and Pradhan, op. cit., pp. 49–50.

30 Eurostat: https://ec.europa.eu/eurostat/statistics-explained/index.php?title=Ageing_Europe_-_statistics_on_working_and_moving_into_retirement (impression: 24 October 2021).

31 Rest Less / ONS 27 May 2019: https://restless.co.uk/press/the-number-of-over-70s-still-working-has-more-than-doubled-in-a-decade/ (impression: 12 April 2020).

32 *Washington Post*, 30 March 2020: https://www.washingtonpost.com/business/2020/03/30/retail-workers-their-60s-70s-80s-say-theyre-worried-about-their-health-need-money/ (impression: 1 September 2020).

33 British Election Study, 12 February 2018: https://www.britishelectionstudy.com/bes-impact/youthquake-a-reply-to-our-critics/#.XpLlI25FyUm

(impression: 12 April 2020).

34 *Nature*, 28 August 2020: https://www.nature.com/articles/d41586-020-02483-2 (impression: 19 October 2020).

35 *Guardian*, 7 October 2019: https://www.theguardian.com/commentisfree/2019/oct/27/age-rather-than-class-now-determines-how-britain-votes (impression: 5 April 2020).

36 Lord Ashcroft Polls, 15 March 2019: https://lordashcroftpolls.com/2019/03/a-reminder-of-how-britain-voted-in-the-eu-referendum-and-why/ (impression: 12 April 2020).

37 For the American case see *Washington Post*, 11 February 2019: https://www.washingtonpost.com/news/monkey-cage/wp/2019/02/11/yes-young-people-voted-at-higher-rates-in-2018-but-so-did-every-age-group/ (impression: 25 September 2020).

38 Pew Research Center, 9 August 2018: https://www.people-press.org/2018/08/09/an-examination-of-the-2016-electorate-based-on-validated-voters/ (impression: 5 April 2020).

39 *Guardian*, 5 November 2020: https://www.theguardian.com/us-news/2020/nov/05/us-election-demographics-race-gender-age-biden-trump (impression: 14 December 2020).

40 *Independent*, 7 March 2017: https://www.independent.co.uk/news/nearly-half-young-french-voters-marine-le-pen-emmanuel-macron-french-election-2017-a7723291.html (impression: 12 April 2020).

41 This Retirement Life, 20 February 2020: https://thisretirementlife.com/2020/02/28/retiring-to-costa-rica/ (impression: 16 October 2020).

42 *The Economist*, 4 April 2020, p. 45.

43 *Financial Times*, 13 December 2019: https://www.ft.com/content/b909e162-11f6-44f3-8eab-ebc48d8c6976 (impression: 13 April 2020).

44 UN Desa, 25 February 2019: https://www.un.org/en/development/desa/population/events/pdf/expert/29/session3/EGM_25Feb2019_S3_VipanPrachuabmoh.pdf (impression: 13 April 2020).

45 *Bangkok Post*, 11 December 2018: https://www.bangkokpost.com/life/social-and-lifestyle/1591554/how-the-old-stay-young (impression: 11 December 2018).

46 *Wall Street Journal*, p. B4, 14 January 2019: https://assets.website-files.com/5b036b7ed0a90fe56e35e376/5c771db8776d024333636dcc_elder-care-in-japan-propels-innovation.pdf (impression: 15 April 2020).

47 *Independent*, 9 April 2019: https://www.independent.co.uk/arts-entertainment/photography/japan-robot-elderly-care-ageing-population-

exercises-movement-a8295706.html (impression: 14 April 2020).

48 Ibid.

49 Health Equity in England: The Marmot Review 10 Years On: Institute of Health Equity, pp. 15–18: https://www.health.org.uk/sites/default/files/upload/publications/2020/Health%20Equity%20in%20England_The%20Marmot%20Review%2010%20Years%20On_full%20report.pdf (impression: 14 April 2020).

50 ONS https://www.ons.gov.uk/peoplepopulationandcommunity/birthsdeathsandmarriages/lifeexpectancies/articles/ethnicdifferences inlifeexpectancyandmortalityfromselectedcausesinenglandandwales/2011to2014 (impression: 24 October 2021).

51 Continuous Mortality Investigation Briefing Note 2018: https://www.actuaries.org.uk/system/files/field/document/CMI%20WP119%20v01%202019-03-07%20-%20CMI%20Mortality%20Projections%20Model%20CMI_2018%20Briefing%20Note.pdf; *Financial Times*, 1 March 2018: https://www.ft.com/content/dc7337a4-1c91-11e8-aaca-4574d7dabfb6 (impressions: 14 April 2020).

52 Cavendish, Camilla, *Extra Time: 10 Lessons for an Ageing World*, London, HarperCollins, 2019, p. 24.

53 Dorling, Danny and Gietel-Basten, Stuart, *Why Demography Matters*, Cambridge, Polity, 2018, p. 49.

第七章

1 Making the History of 1989, item #310: http://chnm.gmu.edu/1989/items/show/319 (impression: 17 December 2018).

2 Öktem, Kerem, 'The Nation's Imprint: Demographic Engineering and the Change of Toponymes in Republican Turkey', *European Journal of Turkish Studies*, 7, 2008, passim.

3 Morland, Paul, *The Human Tide: How Population Shaped the Modern World*, London, John Murray, 2019, p. 188.

4 Note that Bulgarian women are in fact having their children relatively early, with the average first birth at around twenty-six.

5 Euractiv, 26 December 2019: https://www.euractiv.com/section/economy-jobs/news/alarming-low-birth-rates-shut-down-schools-in-greece/ (impression: 17 April 2020).

6 *Financial Times*, 15 October 2020: https://www.ft.com/content/5dafc7e1-d233-48c4-bd6b-90a2ed45a6e7 (impression: 16 October 2020).

7 DW, 25 November 2018: https://www.dw.com/en/germanys-lonely-dead/a-46429694 (impression: 27 August 2019).

8 Politico, 6 January 2016, https://www.politico.eu/article/germany-set-immigration-record-in-2015/ (impression: 25 October 2021).

9 *Guardian*, 7 May 2019: https://www.theguardian.com/cities/2019/may/07/reversing-the-brain-drain-how-plovdiv-lures-young-bulgarians-home (impression: 17 April 2020).

10 Caritas Bulgaria, *The Bulgarian Migration Paradox: Migration and Development in Bulgaria*, 2019: https://www.caritas.eu/wordpress/wp-content/uploads/2019/06/CommonHomeBulgariaEN.pdf p.7 (impression: 17 April 2019).

11 *Guardian*, 7 May 2019, op. cit.

12 *Financial Times*, 15 October 2020, op. cit.

13 Keen, M. H, *England in the Later Middle Ages: A Political History*, Routledge, London and New York, 1973, p. 170.

14 Outram, Quentin, 'The Demographic Impact of Early Modern Warfare', *Social Science History*, 26 (2), 2002, pp. 245–72, 248.

15 Lee, Harry F. and Zhang, David D., 'A Tale of Two Population Crises in Recent Chinese History', *Climatic Change*, 2013, 116, pp. 285–308; Liebmann, Matthew J., Farella, Joshua, Roos, Christopher I., Stack, Adam, Martini, Sarah and Swetnam, Thomas W., 'Native American Depopulation, Forestation and Fire Regimes in South West United States 1492–1900', *PNAS*, 113 (6), 2013, pp. 696–704.

16 Georgieva-Stankova, N., Yarkova, Y. and Mutafov, E., 'Can Depopulated Villages Benefit from the Social and Economic Incorporation of Ethnic and Immigrant Communities? A Survey from Bulgaria', *Trakia Journal of Sciences*, 16 (2), 2018, p. 140.

17 Mladenov, Čavdar and Ilieva, Margarita, 'The Depopulation of the Bulgarian Villages', *Bulletin of Geography: Socio Economic Series*, 17, 2012, p. 100.

18 BBC News, 17 September 2017: https://www.bbc.co.uk/news/world-europe-41109572 (impression: 27 August 2019).

19 Balkan Insight, 26 February 2020: https://balkaninsight.com/2020/02/26/where-did-everyone-go-the-sad-slow-emptying-of-bulgarias-vidin/ (impression: 27 April 2020).

20 NBC News, 14 May 2019, https://www.nbcnews.com/news/world/russia-s-dying-villages-inspire-rising-star-art-world-n994436 (impression: 24 October 2021).

21 Radio Free Europe / Radio Liberty, 10 December 2018: https://www.rferl.org/a/russia-shelepovo-dying-village/29648412.html (impression: 20 April 2020).

22 Russia Matters, 13 September 2019: https://www.russiamatters.org/blog/ russian-population-decline-spotlight-again (impression: 20 April 2020).

23 Interview with Emily Ferris, Research Fellow, Royal United Services Institute, 21 April 2020; SCMP: https://www.scmp.com/week-asia/ geopolitics/article/2100228/chinese-russian-far-east-geopolitical-time-bomb (impression: 21 April 2020).

24 *South China Morning Post*, 18 April 2018: https://www.scmp.com/news/ china/society/article/2142363/rural-exodus-leaves-shrinking-chinese-village-full-ageing-poor (impression: 21 April 2020).

25 National Bureau of Statistics of China: http://www.stats.gov.cn/english/ PressRelease/202105/t20210510_1817185.html (impression: 9 September 2021).

26 *The Economist*, 1 May 2021, pp. 48–9.

27 *Guardian*, 13 June 2016: https://www.theguardian.com/world/2016/jun/13/ warning-four-killed-bear-attacks-akita-japan (impression: 17 December 2018).

28 BBC, 31 October 2019: https://www.bbc.com/worklife/article/20191023-what-will-japan-do-with-all-of-its-empty-ghost-homes (impression: 21 April 2020).

29 Brickunderground, 24 August 2015: https://www.brickunderground.com/ blog/2015/08/japanese_suburbs_are_the_polar_opposites_of_ (impression: 24 October 2021).

30 A Vision of Britain Through Time: https://www.visionofbritain.org.uk/ unit/10217647/cube/AGESEX_85UP (impression: 22 April 2020).

31 Stoke on Trent Live, 16 January 2020: https://www.stokesentinel.co.uk/ news/stoke-on-trent-news/stoke-trent-pubs-decline-numbers-3744849 (impression: 22 April 2020).

32 A Vision of Britain Through Time: https://www.visionofbritain.org.uk/ unit/10217647/cube/TOT_POP (impression: 8 October 2020).

33 Lane, Laura, Grubb, Ben and Power, Anne, 'Sheffield City Story', *LSE Centre for Analysis of Social Exclusion*, 2016, pp. 4, 14.

34 *Financial Times*, 25 August 2019: https://www.ft.com/content/c88b4c54-b925-11e9-96bd-8e884d3ea203 (impression: 22 April 2020).

35 Bricker, Darrell and Ibbitson, John, *Empty Planet: The Shock of Global Population Decline*, New York, Crown, 2019, p. 172.

36 Morland, Paul, *The Human Tide: How Population Shaped the Modern World*, London, John Murray, p. 89; *Pittsburgh Post-Gazette*, 24 March 2020:https://www.post-gazette.com/opinion/Op-Ed/2019/03/24/The-eternal-fear-of-race-suicide/stories/201903240066 (impression: 26 April 2020).

37 Sabin, Paul, *The Bet: Paul Ehrlich, Julian Simon, and Our Gamble over the Earth's Future*, New Haven and London, Yale University Press, 2013, p. 22.

38 NBS (Nigeria), 2017 Demographic Statistics Bulletin, May 2018, p. 10.

39 Bricker and Ibbitson, op. cit., p. 68.

40 See for example Webb, Stephen, *If the Universe is Teeming with Aliens, Where is Everybody? Fifty Solutions to the Fermi Paradox and the Problem of Extraterrestrial Life*, Copernicus Books, New York, 2002.

41 *Financial Times*, 9 June 2019: https://www.ft.com/content/05baa6ae-86dd-11e9-a028-86cea8523dc2 (impression: 2 September 2019).

第八章

1 Kidsdata: https://www.kidsdata.org/topic/36/school-enrollment-race/table#fmt (impression: 2 September 2021).

2 Lewis, Edward R., *America – Nation or Confusion? A Study of our Immigration Problems*, New York and London, Harper and Brothers, 1928, p. 13.

3 Kaufmann, Eric, *The Rise and Fall of Anglo-America*, Cambridge, Mass., Harvard University Press, 2004.

4 Morland, Paul, *Demographic Engineering: Population Strategies in Ethnic Conflict*, Farnham, Ashgate, 2014, pp. 149–51.

5 Lepore, Jill, *These Truths: A History of the United States*, London and New York, W.W. Norton, 2018, p. 468.

6 Public Policy Institute for California: https://www.ppic.org/publication/californias-population/ (impression: 27 August 2019).

7 Public Policy Institute of California: https://www.ppic.org/publication/californias-population/ (impression: 1 May 2020).

8 Kidsdata, op. cit.

9 US Census: https://www.census.gov/quickfacts/TX (impression: 8 September 2020).

10 Texas Demographic Center 14 September 2017: https://demographics.texas.gov/Resources/Presentations/OSD/2017/2017_09_14_Departmentof SavingsandMortgageLending.pdf (impression: 8 September 2020).

11 Brookings Institute, 14 March 2018: https://www.brookings.edu/blog/the-avenue/2018/03/14/the-us-will-become-minority-white-in-2045-census-projects/ (impression: 1 May 2020).

12 *New York Times*, 8 June 2019: https://www.nytimes.com/2019/06/08/us/politics/migrants-drown-rio-grande.html (impression: 4 May 2020).

13 CBS, 26 June 2019: https://www.cbsnews.com/news/tragic-photo-

migrant-father-oscar-alberto-martinez-ramirez-toddler-who-died-trying-to-cross-the-rio-grande/ (impression: 4 May 2019).

14 Eschbach, Karl, Hagan, Jacqueline, Rodriguez, Nestor, Hérnandez-Léon, Rubén and Bailey, Stanley, 'Death at the Border', *International Migration Review*, 33 (2), 1999, pp. 430–54.

15 Darwin, Charles, *The Descent of Man and Selection in Relation to Sex*, New York, Appleton and Company, 1871, p. 193.

16 *Guardian*, 2 September 2015: https://www.theguardian.com/world/2015/sep/02/shocking-image-of-drowned-syrian-boy-shows-tragic-plight-of-refugees (impression: 5 May 2020).

17 *Sunday Times*, 22 August 2021, p. 25.

18 Pew Research, 2 August 2016: https://www.pewresearch.org/global/2016/08/02/number-of-refugees-to-europe-surges-to-record-1-3-million-in-2015/pgm_2016-08-02_europe-asylum-01/ (impression: 5 May 2020).

19 ONS: https://www.ons.gov.uk/peoplepopulationandcommunity/populationandmigration/internationalmigration/bulletins/ukpopulationbycountryofbirthandnationality/2017 (impression: 6 May 2020).

20 *The Times*, 9 May 2019: https://www.thetimes.co.uk/article/up-to-75-of-babies-are-born-to-migrant-mothers-in-parts-of-uk-j2xv9r858 (impression: 5 May 2020).

21 2011 Census: A Profile of Brent: https://www.whatdotheyknow.com/request/520769/response/1251473/attach/11/Equalities%20Assement%20Document%208.pdf?cookie_passthrough=1 (impression: 25 September 2020).

22 DW.com, 4 October 2016: https://www.dw.com/en/record-rise-in-babies-with-foreign-mothers-in-germany/a-35952212 (impression: 5 May 2020).

23 Coleman, David, 'Projections of Ethnic Minority Population in the United Kingdom 2006–2056', *Population and Development Review*, 36 (3) 2010, pp. 456, 462.

24 Pew Research Center, 29 November 2017: http://www.pewforum.org/2017/11/29/europes-growing-muslim-population/ (impression: 17 December 2018).

25 Les Observateurs.ch, 28 September 2015: https://lesobservateurs.ch/2015/09/28/charles-de-gaulle-colombey-les-deux-mosquees/ (impression: 17 December 2018).

26 *New York Times*, 7 March 2019: https://www.nytimes.com/2019/03/07/us/us-birthrate-hispanics-latinos.html (impression: 3 May 2020).

27 Dubuc, Sylvie, 'Immigration to the UK from High Fertility Countries:

Intergenerational Adaptation and Fertility Convergence', *Population and Development Review*, 38 (2), p. 358.

28 The Migration Observatory, 20 January2020: https://migrationobservatory.ox.ac.uk/resources/briefings/uk-public-opinion-toward-immigration-overall-attitudes-and-level-of-concern/ (impression: 7 May 2020).

29 British Social Attitudes: https://www.bsa.natcen.ac.uk/latest-report/british-social-attitudes-31/immigration/introduction.aspx (impression: 25 September 2020).

30 BBC, 28 April 2015: https://www.bbc.co.uk/news/election-2015-32490861 (impression: 7 May 2020).

31 Kaufmann, Eric, *Whiteshift: Populism, Immigration and the Future of White Majorities*, London, Allen Lane, 2018, pp. 201–4.

32 Dorling, Danny, *Slowdown: The End of the Great Acceleration and Why It's Good for the Economy, the Planet and Our Lives*, New Haven and London, Yale, 2020, pp. 153–4.

33 *Guardian*, 24 May 2019: https://www.theguardian.com/uk-news/2019/may/24/uk-government-misses-net-migration-target-for-37th-time-in-a-row (impression: 25 September 2020).

34 ONS: https://www.ons.gov.uk/peoplepopulationandcommunity/populationandmigration/internationalmigration/bulletins/migrationstatisticsquarterlyreport/november2019 (impression: 25 September 2020).

35 France 24, 21 April 2017: https://www.france24.com/en/20170420-france-presidential-history-looking-back-jean-marie-le-pen-thunderclap-election-shocker (impression: 7 September 2020); France 24: https://graphics.france24.com/results-second-round-french-presidential-election-2017/ (impression: 7 September 2020).

36 Morland, op. cit., pp. 53–83.

37 Ibid., p. 57.

38 Thatcher, Margaret, *The Downing Street Years*, London, Harper Collins, 1993, p. 385; Irish Central, 30 June 2013: https://www.irishcentral.com/news/margaret-thatcher-admitted-to-irish-roots-a-great-great-irish-grandmother-at-1982-dinne-213737941-237760641 (impression: 15 May 2020).

39 Pew Research Center – Hispanic Trends, 20 December 2017: https://www.pewresearch.org/fact-tank/2019/08/08/hispanic-women-no-longer-account-for-the-majority-of-immigrant-births-in-the-u-s/ (impression: 8 September 2020).

40 Pew Research Center – Religion and Public Life, 17 October 2017: https://www.pewforum.org/2019/10/17/in-u-s-decline-of-christianity-continues-at-rapid-pace/ (impression: 8 September 2020).

41 Pew Research Center – Hispanic Identify Fades Across Generations as Immigrant Connections Fall Away, 20 December 2017: https://www.pewresearch.org/hispanic/2017/12/20/hispanic-identity-fades-across-generations-as-immigrant-connections-fall-away/ (impression: 14 June 2021).

第九章

1 CountryEconomy.com: https://countryeconomy.com/demography/literacy-rate/bangladesh (impression: 23 August 2019).

2 Smil, Vaclav, *Growth: From Microorganisms to Megacities*, Cambridge, Mass., Massachusetts Institute of Technology, 2019, p. 429.

3 Our World Data: https://ourworldindata.org/how-is-literacy-measured (impression: 16 July 2020).

4 Ranjan, Amit, 'Bangladesh Liberation War of 1971: Narratives, Impacts and Actors', *Indian Quarterly*, 72 (2), 2016, p. 135; as Ranjan points out, there are divergent views on this number, with many believing the actual figure to be substantially lower.

5 The Forum: https://archive.thedailystar.net/forum/2008/march/basket.htm (impression: 14 July 2020); in fact it appears that it was not Kissinger but a more junior US official who used the term.

6 Banglapedia: http://en.banglapedia.org/index.php?title=Literacy (impression: 27 October 2019).

7 Bangladesh Bureau of Statistics http://bbs.portal.gov.bd/sites/default/files/files/bbs.portal.gov.bd/page/4c7eb0f0_e780_4686_b546_b4fa0a8889a5/BDcountry%20project_final%20draft_010317.pdf (impression: 23 August 2020).

8 Our World Data, 8 June 2018: https://ourworldindata.org/how-is-literacy-measured (impression: 16 July 2020).

9 World Concern, 19 December 2017: https://humanitarian.worldconcern.org/2017/12/19/girls-education-bangladesh/ (impression: 22 May 2020).

10 The Diplomat, December 2017: https://thediplomat.com/2017/12/bangladesh-empowers-women/ (impression: 22 May 2020)

11 Smil, op. cit., p. 305.

12 World Bank: https://data.worldbank.org/indicator/SE.TER.

ENRR?locations=KR (impression: 27 October 2020).

13 Fact Maps: https://factsmaps.com/pisa-2018-worldwide-ranking-average-score-of-mathematics-science-reading/ (impression: 14 July 2020).

14 World Bank: https://data.worldbank.org/indicator/NY.GDP.MKTP.CD?most_recent_value_desc=true (impression: 14 July 2020).

15 Wolla, A. Scott and Sullivan, Jessica, 'Education, Income and Wealth' https://research.stlouisfed.org/publications/page1-econ/2017/01/03/education-income-and-wealth/ (impression: 25 October 2021).

16 Schwab, Klaus, and Sala i Martín, Xavier, *The Global Competitiveness Report 2017–2018*, World Economic Forum, 2017, p. 110.

17 Loveluck, Louisa, *Education in Egypt: Key Challenges*, Chatham House, March 2012.

18 Ghafar, Adel Abdel, *Educated but Unemployed: The Challenge Facing Egypt's Youth*, Washington and Doha, Brookings, 2016.

19 *The Economist*, 18 July 2020, p. 37.

20 Turchin, Peter, 'Political instability may be a contributor in the coming decade', *Nature*, 463, 2010, p. 608; *The Economist*, 24 October 2020, p. 76.

21 *Daily Star*, 11 October 2019: https://www.thedailystar.net/backpage/world-bank-latest-report-one-in-three-graduates-unemployed-in-bangladesh-1812070 (impression: 19 October 2020).

22 *Independent*, 22 November 2015: https://www.independent.co.uk/news/education/education-news/the-19-countries-with-the-highest-ratio-of-women-to-men-in-higher-education-a6743976.html (impression: 20 December 2020).

23 Kharas, Homi and Zhang, Christine, *Women in Development*, 21 March 2014, Brookings Institute: https://www.brookings.edu/blog/education-plus-development/2014/03/21/women-in-development/ (impression: 25 May 2020); Ugbomeh, George M. M., 'Empowering Women in Agricultural Education for Sustainable Rural Development', *Community Development Journal*, 36 (4), 2001, pp. 289–302.

24 Cornell Alliance for Science, December 2019: https://allianceforscience.cornell.edu/blog/2019/12/new-initiative-aims-to-empower-africas-female-farmers/ (impression: 15 July 2020).

25 Reimers, Malte and Klasen, Stephan, 'Revisiting the Role of Education for Agricultural Productivity', *American Journal of Agricultural Economics*, 95 (1), pp. 131–52, 2013.

26 Government of India – Ministry of Statistics and Programme Implementation, Literacy and Education http://www.mospi.gov.in/sites/default/files/reports_and_publication/statistical_publication/social_statistics/Chapter_3.pdf, p. 4 (impression: 15 July 2020).

27 Glaeser, Edward L., Ponzetto, Giacomo and Shleifer, Andrei, *Why Does Democracy Need Education?*, NBER Working Paper 12128: https://www.nber.org/papers/w12128.pdf (impression: 15 July 2020); Acemoglu, Daron, Johnson, Simon, Robinson, James A. and Yared, Pierre 2005, 'From Education to Democracy', *AEA Papers and Proceedings,* 95 (2): https://pubs.aeaweb.org/doi/pdf/10.1257/000282805774669916 (impression: 15 July 2020).

28 Case, Anne and Deaton, Angus, *Deaths of Despair and the Future of Capitalism*, Princeton and Oxford, Princeton University Press, 2020, pp. 57, 59, 66.

29 Harber, Clive, *Education and International Development: Theory, Practice and Issues*, Oxford, Symposium Books, 2014, p. 31.

30 Global Citizen, 18 June 2017: https://www.globalcitizen.org/en/content/rihanna-learned-challenges-facing-students-in-mala/ (impression: 19 October 2020).

31 Harber, op. cit., p. 72.

32 Allais, Stephanie Matseleng, 'Livelihood and Skills', in McCowan, Tristan and Unterhalter, Elaine, eds, *Education and International Development: An Introduction*, London, Bloomsbury, 2015, p. 248.

33 UPI, 26 August 2015: https://www.upi.com/Top_News/World-News/2015/08/26/86-percent-of-South-Korean-students-suffer-from-schoolwork-stress/8191440611783/#:~:text=The%20study%20habits%20among%20South,early%2C%20according%20to%20the%20survey.&text=But%20the%20system%20is%20taking,if%20they%20take%20a%20break. (impression: 15 July 2020).

34 Berkeley Political Review, 31 October 2017: https://bpr.berkeley.edu/2017/10/31/the-scourge-of-south-korea-stress-and-suicide-in-korean-society/ (impression: 15 July 2020).

35 Unterhalter, Elaine, 'Education and International Development: A History of the Field', in McCowan and Unterhalter, op. cit., p. 17.

36 Garnett Russell, Susan and Bajaj, Monisha, 'Schools, Citizens and Nation State', in McCowan and Unterhalter, op. cit., p. 103.

37 See for example Gellner, Ernest, *Nations and Nationalism*, Ithaca and New York, Cornell University Press, 1983.

38 Goodhart, David, *Hand, Head, Heart: The Struggle for Dignity and Status in the 21ˢᵗ-Century*, London, Penguin, 2020; Vollrath, Dietrich, *Fully*

Grown: Why a Stagnant Economy is a Sign of Success, Chicago and London, University of Chicago Press, 2020, pp. 26–34.

39 HESA, 22 October 2019: https://www.hesa.ac.uk/news/22-10-2019/ return-to-degree-research (impression: 8 October 2020).

40 UNESCO: http://uis.unesco.org/country/TD (impression: 14 July 2020).

41 UNESCO Fact Sheet 45, Literacy Rates Continue to Rise from One Generation to the Next, September 2017, pp. 7, 9.

42 UNESCO: http://uis.unesco.org/en/country/gq (impression: 15 July 2020).

43 *Financial Times*, 14 June 2018: https://www.ft.com/content/d110fbba-8b69–11e9-a1c1–51bf8f989972 (impression: 25 May 2020).

44 The work in question is Riley, Matthew and Smith, Anthony D., *Nation and Classical Music*, Woodbridge, The Boydell Press, 2016.

第十章

1 World Bank, data for 1993 to 2018: https://data.worldbank.org/ indicator/AG.PRD.CREL.MT?locations=ET (impression: 26 October 2021).

2 This further assumes unchanging mortality rates and age structures. Even if these further assumptions did not hold, the impact on the rate of population growth would not be material or affect the argument. The start of the Common Era is arbitrary; in principle, an earlier or later date for the exponential growth of humans could have been chosen.

3 Buck, Pearl S., *The Good Earth*, New York, Washington Square Press, 2005, p. 37.

4 *Huffington Post*, 6 September 2017: https://www.huffingtonpost.ca/ development-unplugged/how-women-in-ethiopia-empower-communities-through-nutrition_a_23197349/ (impression: 7 June 2018).

5 Kidane, Asmeron, 'Mortality Estimates of the 1984–85 Ethiopian Famine', *Scandinavian Journal of Social Medicine*, 18 (4), 1990, pp. 281–6.

6 *Guardian*, 22 October 2014: https://www.theguardian.com/world/2014/ oct/22/-sp-ethiopia-30-years-famine-human-rights (impression: 22 September 2020).

7 Knoema: https://knoema.com/atlas/Ethiopia/topics/Education/Literacy/ Adult-literacy-rate (impression: 5 February 2019).

8 World Bank: https://data.worldbank.org/indicator/ag.yld.crel.kg

(impression: 27 August 2019).

9   Global Nutrition Report: https://globalnutritionreport.org/resources/ nutrition-profiles/africa/eastern-africa/ethiopia/ (impression: 16 September 2020).

10 Ibid.

11 Bourne, Joel K. Jr., *The End of Plenty: The Race to Feed a Crowded World*, Melbourne and London, Scribe, 2015, p. 79.

12 Earth Policy Institute, January 2013, http://www.earth-policy.org/ indicators/C54 (impression: 16 September 2020); World Bank: https:// data.worldbank.org/indicator/AG.PRD.CREL.MT (impression: 26 October 2021).

13 Anadolu Agency, 21 March 2016: https://www.aa.com.tr/en/todays-headlines/ethiopia-struggling-to-cope-with-deforestation/541174 (impression: 17 September 2020).

14 BBC, 11 August 2019: https://www.bbc.co.uk/news/world-africa-49266983 (impression: 17 September 2020).

15 Lindstrom, David P. and Woubalem, Zewdu, 'The Demographic Components of Fertility Decline in Addis Ababa, Ethiopia: A Decomposition Analysis', *Genus*, 59 (3/4), 2–3, 2003, p. 149.

16 UNEP: https://www.unenvironment.org/news-and-stories/story/towards-sustainable-desalination (impression: 1 October 2020); Advisian: https:// www.advisian.com/en-gb/global-perspectives/the-cost-of-desalination# (impression: 1 October 2020).

17 Kumar, Amit et al., 'Direct Electrosynthesis of Sodium Hydroxide and Hydrochloric Acid from Brine Streams', *Nature Catalysis*, (2), 2019, pp. 106–13.

18 *Nature*, 28 July 2010: https://www.nature.com/articles/466531a (impression: 21 September 2020).

19 Woodruff, William, *America's Impact on the World: A Study of the Role of the United States in the World Economy, 1750–1970*, London, Macmillan, 1975, p. 38.

20 Collingham, Lizzie, *The Hungry Empire: How Britain's Quest for Food Shaped the Modern World*, London, The Bodley Head, 2017, pp. 220, 222.

21 For a full discussion, see Morland, Paul, *The Human Tide: How Population Shaped the Modern World*, London, John Murray, 2019, pp. 69–99.

22 Otter, Chris, *Diet for a Large Planet: Industrial Britain, Food Systems and World Ecology* (Chicago and London, Chicago University Press, 2020), pp. 48, 50.

23 New World Encyclopaedia: https://www.newworldencyclopedia.org/entry/

War_of_the_Pacific (impression: 21 September 2020).

24 Charles, Daniel, *Between Genius and Genocide: The Tragedy of Fritz Haber, Father of Chemical Warfare*, London, Jonathan Cape, 2005, p. 73.

25 Smil, Vaclav, 'Detonator of the Population Explosion', *Nature*, 400, 29 July 1999, p. 415.

26 Smil, Vaclav, *Growth: From Microorganisms to Megacities*, Cambridge Mass., The MIT Press, 2019, p. 390.

27 Snyder, Timothy, *Black Earth: The Holocaust as History and Warning*, London, The Bodley Head, 2015, p. 10.

28 For a fuller discussion of this topic see Staudenmaier, Peter, 'Organic Farming in Nazi Germany: The Politics of Biodynamic Agriculture 1933–1945', *Environmental History*, 18 (2), 2013, pp. 383–411.

29 Bourne, op. cit., p. 74.

30 *Guardian*, 1 April 2014: https://www.theguardian.com/global-development/poverty-matters/2014/apr/01/norman-borlaug-humanitarian-hero-menace-society (impression: 16 September 2020).

31 Mackinac Center, 15 December 2009: https://www.mackinac.org/11516#:~:text=Gregg%20Easterbrook%20quotes%20Borlaug%20saying,suites%20in%20Washington%20or%20Brussels. (impression: 6 October 2020).

32 Sinha, Manish, 'The Bengal Famine of 1943 and the American Insensitivity to Food Aid', *Proceedings of the Indian History Congress*, 70, 2009–10, p. 887.

33 Kuromiya, Hiroaki, 'The Soviet Famine of 1932–1933 Revisited', *Europe-Asia Studies*, 60 (4), 2008, pp. 663–75.

34 Messing, Simon D., 'Politics as a Factor in the 1984–1985 Ethiopian Famine', *Africa Today*, 35 (3/4), 1988, p. 100.

35 Our World in Data – Famines: https://ourworldindata.org/famines (impression: 18 September 2020).

36 Mogie, Michael, 'Malthus and Darwin: World Views Apart', *Evolution*, 50 (5), pp. 2086–8.

37 Ehrlich, Paul, *The Population Bomb*, New York, Ballantyne Books, 1968, p. 11.

38 1 News Day, 24 March 2018 https://1newsday.com/world/doomsday-biologist-warns-of-collapse-of-civilization-in-near-future.html (impression: 25 October 2021)

39 Brown, Lester, *Outgrowing the Earth: Food Security and Challenge in an Age of Falling Water Tables and Rising Temperatures*, London, Earthscan, 2005, p. 188.

40 Fuglie, Keith Owen, 'Is Agricultural Productivity Slowing?', *Global Food Security*, 17, 2018, pp. 73–83.

41 Our World In Data: https://ourworldindata.org/employment-in-agriculture (impression: 6 October 2020).

42 Ibid.

43 *Science Magazine*, 21 April 2020: https://www.sciencemag.org/news/2020/04/rice-genetically-engineered-resist-heat-waves-can-also-produce-20-more-grain (impression: 13 October 2020).

44 BBC: https://www.bbc.co.uk/worldservice/specials/119_wag_climate/page10.shtml#:~:text=Well%2C%20it%27s%20cultivated%20on%20six,%2C%20environmental%2C%20political%20and%20cultural (impression: 17 September 2020).

45 Ricepidia: http://ricepedia.org/rice-as-a-crop/rice-productivity (impression: 17 September 2020).

46 FAO: http://www.fao.org/faostat/en/#data/QCL - select regions / world total, elements / production quantity, items / crops primary / rice paddy, years 2000 and 2019(impression: 17 September 2020).

47 Our World in Data: https://ourworldindata.org/hunger-and-undernourishment (impression: 17 September 2020).

48 World Economic Forum 23 July 2020: https://www.weforum.org/agenda/2020/07/global-hunger-rising-food-agriculture-organization-report/ (impression: 1 October 2020).

49 FAO: http://www.fao.org/worldfoodsituation/foodpricesindex/en/ (impression: 1 October 2020).

50 Patel, Raj, *Stuffed and Starved: Markets, Power and the Hidden Battle for the World Food System*, London, Portobello, 2007, p. 1.

51 Al Lahham, Saad et al., 'The Prevalence of Underweight, Overweight and Obesity Among Palestinian School-Aged Children and Associated Risk Factors: A Cross Sectional Study', *BMC Paediatrics*, 19, 2019: https://www.ncbi.nlm.nih.gov/pmc/articles/PMC6902423/ (impression: 17 September 2020).

52 Schwekendiek, Daniel, 'Height and Weight Differences between North and South Korea', *Journal of Biosocial Science*, 41 (1), 2009, pp. 51–5.

53 *Hindustan Times*, 1 August 2017: https://www.hindustantimes.com/india-news/agricultural-output-rose-five-fold-in-60-years-but-farming-sector-is-in-distress/story-cu3zGEbBAb5yB9l2LoJAvN.html (impression: 17 September 2020).

54 Dorling, Danny and Gietel-Basten, Stuart, *Why Demography Matters*, London, Polity, 2018, p. 66.

55 Paltasingh, Kirtti Ranjan and Goyari, Phanindra, 'Impact of Farm Education on Farm Productivity Under Varying Technologies: Case of Paddy Growers in India', *Agricultural and Food Economics*, 6 (1), 2018, pp. 1–19.

56 Vikaspedia: https://vikaspedia.in/agriculture/best-practices/agri-based-enterprises/case-studies-agri-enterprises (impression: 17 September 2020).

57 Farm Radio International, 28 June 2016: https://farmradio.org/mobile-phones-transforming-african-agriculture/ (impression: 1 October 2020).

58 *Financial Times*, 15 October 2018: https://www.ft.com/content/331688sc-b07d-11e8-87e0-d84e0d934341 (impression: 1 October 2020).

59 Blum, Jerome, 'Michael Confino's "Systèmes Agraires et Progrès Agricole" ', *The Journal of Modern History*, 43 (3), 1971, pp. 295–8.

60 Business Standard, 2 October 2018: https://www.business-standard.com/article/economy-policy/indian-farm-size-shrank-further-by-6-in-5-years-to-2015-16-census-shows-118100101057_1.html#:~:text=The%20average%20size%20of%20the,census%20released%20on%20Monday%20showed (impression: 1 October 2020).

61 UN Report: https://www.un.org/en/chronicle/article/biotechnology-solution-hunger#:~:text=GM%20crops%20will%20hopefully%20produce,farmers%22%20are%20from%20developing%20countries (impression: 21 September 2020).

62 The Verge, 18 February 2015: https://www.theverge.com/2015/2/18/8056163/bill-gates-gmo-farming-world-hunger-africa-poverty (impression: 21 September 2020).

63 Conway, Gordon, *One Billion Hungry: Can We Feed the World?*, Ithaca, New York, and London, Cornell University Press, 2012, pp. 180–1.

64 Harvard University, 10 August 2015: http://sitn.hms.harvard.edu/flash/2015/will-gmos-hurt-my-body/ (impression: 21 September 2020).

65 See for example Conway, op. cit., pp. 103–24.

66 Bourne, op. cit., pp. 42–52.

67 *Wired*, 13 April 2017: https://www.wired.co.uk/article/underground-hydroponic-farm (impression: 18 September 2020).

68 Growing Underground: http://growing-underground.com/ (impression: 18 September 2020).

69 Food Processing Technology, 16 August 2017: https://www.foodprocessing-technology.com/features/featurehydroponics-the-future-of-farming-5901289/#:~:text=Hydroponics%20has%20the%20potential%20to,places%20where%20space%20is%20scarce (impression: 16 September 2020).

70 Science Focus, 23 May 2019: https://www.sciencefocus.com/future-technology/the-artificial-meat-factory-the-science-of-your-synthetic-supper/ (impression: 18 September 2020).

71 VegNews, 14 July 2019: https://vegnews.com/2019/7/price-of-lab-grown-meat-to-plummet-from-280000-to-10-per-patty-by-2021 (impression: 18 September 2020).

72 Conway, op. cit., p. 194.

73 George, Henry, *Progress and Poverty: An Inquiry into the Cause of Industrial Depression and of Increase of Want with Increase of Wealth – The Remedy*, New York, Sterling Publishing Company, 1879.

74 Churchill, Winston S., *Thoughts and Adventures*, London, Macmillan, 1942, p. 234.

结语

1 See for example Shellengberger, Michael, *Apocalypse Never: Why Environmental Alarmism Hurts Us All*, New York, Harper, 2020 and Lomborg, Bjorn, *False Alarm: How Climate Change Panic Costs us Trillions, Hurts the Poor, and Fails to Fix the Planet*, New York, Basic Books, 2020.

2 Our World in Data: https://ourworldindata.org/natural-disasters#:~:text=Natural%20disasters%20kill%20on%20average,from%200.01%25%20to%200.4%25. (impression: 24 September 2020).

3 Our World in Data: https://ourworldindata.org/war-and-peace (impression: 26 October 2021).

4 Al Jazeera, 24 September 2021, https://www.aljazeera.com/news/2021/9/24/at-least-350000-people-killed-in-syria-war-new-un-count (impression: 26 October 2021).

5 UNHCR: https://data2.unhcr.org/en/situations/syria#_ga=2.91817306.1525884202.1600957949–632148859.1600957949 (impression: 24 September 2020).

6 *New York Times*, 1 January 2018: https://www.nytimes.com/2018/01/01/world/asia/korean-war-history.html (impression: 24 September 2020).

7 *The Economist*, 16 October 2021, p. 21.

8 Barro, Robert J., Ursula, José F. and Weng, Joanna, 'The Corona Virus and the Great Influenza Epidemic: Lessons from the Spanish 'Flu for the Coronavirus's Potential Effects on Mortality and Economic Activity', *American Enterprise Institute*, 1 March 2020, p. 2.

9 *The Times*, 1 October 2020, p. 10.

10 *Guardian*, 7 October 2020: https://www.theguardian.com/world/2020/oct/07/singapore-to-offer-baby-bonus-as-people-put-plans-on-hold-in-covid-crisis?CMP=Share_iOSApp_Other (impression: 8 October 2020); *The Times*, 24 October 2020, p. 13; *The Economist*, 31 October 2020, pp. 61–2.

11 Medical News Today, 24 September 2010: https://www.medicalnewstoday.com/articles/202473#1 (impression: 29 September 2020).

12 Brainerd, Elizabeth and Cutler, David M., 'Autopsy of an Empire: Understanding Mortality in Russia and the Former Soviet Union', *Journal of Economic Perspectives*, 19 (1), 2005, pp. 107–30.

13 For a comprehensive review of the subject see Steele, Andrew, *Ageless: The New Science of Getting Older Without Getting Old*, London, Bloomsbury, 2020.

14 *New Scientist*, 27 September 2016: https://www.newscientist.com/article/2107219-exclusive-worlds-first-baby-born-with-new-3-parent-technique/ (impression: 29 September 2020).

15 Collin, Lindsay, Reisner, Sari L., Tangpricha, Vin and Goodman, Michael, 'Prevalence of Transgender Depends on the "Case" Definition: A Systematic Review', *Journal of Sexual Medicine*, 13 (4), 2016, pp. 613–26.

16 On this subject see, for example, Kurzweil, Ray, *The Singularity is Near: When Humans Transcend Biology*, London, Viking, 2005; Tegmark, Max, *Life 3.0: Being Human in the Age of Artificial Intelligence*, London, Allen Lane, 2017.

17 For a fuller discussion see Mic, 25 May 2020: https://www.mic.com/p/11-brutally-honest-reasons-millenials-dont-want-kids-19629045 (impression: 26 October 2020).

18 OECD, 17 December 2016: https://www.oecd.org/els/family/SF_2_2-Ideal-actual-number-children.pdf (impression: 26 October 2020).

19 Liang, Morita, 'Some Manifestations of Japanese Exclusionism', 13 August 2015: https://journals.sagepub.com/doi/full/10.1177/2158244015600036 (impression: 27 September 2020).

20 For a discussion from the US perspective see for example Borjas, George J., 'Lessons from Immigration Economics', *The Independent Review*, 22 (3), 2018, pp. 329–40.

21 Haaretz, 31 December 2019: https://www.haaretz.com/israel-news/.premium-in-first-for-israel-jewish-fertility-rate-surpasses-that-of-arabs-1.8343039 (impression: 27 September 2020).